华东师范大学国际关系与地区发展研究院

奥匈帝国民族治理研究

高晓川 · 著

时事出版社

序言

近年来，帝国研究成为国内外学术界的热点之一。人类历史上在由部落制度演进到国家制度的过程中大都经历了帝国治理阶段。特别是在近代，欧洲多个帝国通过殖民化扩张将西方政治、经济、法律、社会制度扩展到世界各地。帝国的统治曾延续了数千年，先后出现的较大规模的帝国数以十计。在今天的世界政治版图上，联合国成员国中大约有三分之二曾经受过欧洲各大帝国的殖民统治，人口达到五分之三。再加上那些从事殖民统治和扩展的宗主国，几乎所有国家都在不同程度上、在帝国时代扮演了不同的角色。若以世界范围内帝国统治制度的存在为标志，那么人类历史从公元前帝国在亚非欧大陆产生之时起直到二战结束后的非殖民化为止，均可称之为帝国时期。而自那以后的半个多世纪可称之为后帝国时期或民族国家时期。

民族国家相对于帝国，在反殖民主义方面具有进步意义。非殖民化的合法性基础就是民族国家创建及生存的合法性及其民族自决原则。从治理的角度来看，帝国具有民族压迫性质，强调宗主国民族与殖民地民族的不平等关系，并不在意帝国与民族的同一性，反而注重帝国对于各民族的控制，因此帝国是一种多民族构成的政体。不过，帝国之间的竞争和冲突却十分激烈，造成的后果主要有两种：一是通过国际会议达成条约和协定；二是战争。1884—1885 年柏林会议和第一次世界大战便是明证。民族国家则不同，其坚持国家与民族的同一性和单一性，对于“我族”与“他族”或“异族”的认知十分强烈，在国境以内倾向于采取民族同化政策，而在国境以外倾向于采取民族排斥政策。结果，在帝国时代被压抑的民族矛盾在民族国家时代却爆发了出来，演变为大规模的流血冲突，如非洲的卢旺达、巴尔干的南斯拉夫和中东的巴勒斯坦和以色列冲突等等。当然，民族国家也在推出新的政策和举措改变这种状况，如在国内推行多元文化政策和在对外关系上采取和解及睦邻政策等，但仍然遇到诸多挑战。

聚集了欧洲大多数小民族的中东欧地区历史上曾是文明冲突、融合与交汇之处，它比欧洲其他地区经历了更多历史风雨的吹打。作为长久以来欧洲大陆最主要的多民族混居地区，首先作为地域概念出现的中东欧地区的历史碎片化特征显著。阿伦特（Hannah Arendt）说，从波罗的海到亚得里亚海的“混合居民地带”在奥匈帝国表现得最明显，“混合居民地带”比欧洲其他地区更容易暴露在历史风暴面前。多民族的哈布斯堡王朝在18—19世纪的欧洲均势格局中占据了重要位置。19世纪中期后，随着民族意识的不断增强，帝国中各地区的民族运动此起彼伏，帝国把民族关系治理作为优先目标，坚守长期以来惯用的同化和分而治之等手段。德国政治家俾斯麦称中东欧为“上帝的堡垒”，其含义主要是指该地区民族关系治理的难度。1867年在争夺德意志领导权的普奥战争中，普鲁士击败奥地利并将后者逐出德意志邦联也反映了当时普鲁士对治理民族混居地区的担忧。

依据其构成形式，帝国可分为两大类别：海洋型帝国和大陆型帝国。海洋型帝国突破了大陆和区域的限制，通过海外扩张和拥有海外殖民地，将控制和影响范围扩展到本区域以外，逐渐具有世界性的特征。近代以来的大部分西方帝国均属这种类型。大陆型帝国曾是近代之前大部分帝国的典型类型。帝国的扩张和统治范围可以十分辽阔，但难以突破浩瀚海洋的阻隔，帝国以本区域为统治单位，具有区域性特征，其影响力无法扩展到本区域之外，未能形成帝国体系或网络。近代之后这类帝国所存甚少，奥地利是其中的典型代表。

在普奥战争中失利后，奥地利帝国改制为二元结构的奥匈帝国，成为19世纪中期到20世纪初欧洲最典型的多民族大陆型帝国，其民族构成和分布具有内在的特殊性，这决定了帝国社会结构的脆弱性和不稳定性。与当时其他帝国进行海外扩张不同，奥匈帝国把民族关系治理作为帝国治理的优先目标，因此它主要在内陆进行扩张，从直接统治与间接统治结合的前提出发，帝国权力精英采用了同化、分而治之、交叉治理、文化自治等多种方式。它希望通过构建日耳曼和马扎尔两个强势民族间的平衡关系来维系帝国的继续存在，但终究无力招架民族运动的冲击。作为近现代史上重要的多民族国家，奥匈帝国的治理模式给人们留下了很大的思考空间，研究其民族及民族关系治理有助于把握中东欧历史发展轨迹的突出特点。

该书具有较高的学术价值，选题尽管是历史问题，但作者字里行间透露着对当代国际政治和国际关系，特别是对多民族国家民族关系治理的关切。该书对奥匈帝国民族和民族关系问题展开了系统而深入的研究和剖析，得出民族关系是中东欧政治地图变化的决定性因素之一的客观结论，这一结论符合中东欧历史发展的突出特点。虽然一战后帝国解体，但绝大多数中东欧国家中的民族问题并没有得到根本解决，一些国家在民族关系处理上仍沿用了帝国时期的做法，导致民族矛盾积弱成疾，并在20世纪90年代再次爆发。民族关系是影响中东欧历史发展的重要因素，它决定了该地区的政治地图从多民族帝国向民族国家的演变。研究奥匈帝国民族关系治理具有历史和现实的重要意义，爱沙尼亚、匈牙利、罗马尼亚以及俄罗斯等国在民族关系治理上至今仍用源于奥匈帝国的文化自治这一模式。民族问题仍是现今世界的热点，在较长历史时期内，以民族融和与和睦相处为目标的民族关系治理仍将是多民族国家面临的现实挑战。历史研究的重要意义之一在于鉴往知来，经世致用，在这一过程中，只有通过深入历史的深层才能厘清历史发展的特点，才能有助于人们对当下问题有更全面、深入的思考与认识。

国内从事奥匈帝国研究的学者不多，有关问题的研究也有较大的提升空间。高晓川博士从事中东欧研究多年，颇有建树，著述丰富，特别是精通捷克文，有长期在捷克工作的经历，为该研究领域十分突出的中青年学者。在书中，作者将动态与静态、横面与纵面、历史与现实等研究方法和手段有机融合起来，时空结合，史论渗透，很好地揭示了奥匈帝国民族与民族关系的万花筒，解读了帝国无法摆脱的认同困境问题。书中大量运用了第一手的外文资料，文献翔实，论之有据，结论明确。作为探索与拓荒之作，书中不足在所难免，但仍相信，该书将有助于进一步拓展和丰富国内的帝国学研究，也有助于读者更加深入地认识多民族大陆型帝国的制衡之道及其影响。

潘兴明

2017年1月5日

目录

Contents

绪　论

第一节　课题的提出和研究意义

帝国一般是指领土辽阔、统治或支配民族众多、拥有极大国际影响力的强大国家。作为历史上重要的一种政治体制，帝国一直占据着世界历史舞台的中心地位，对人类社会发展的影响深远。《韦氏新大学词典》把“帝国”定义为拥有广阔领土的政治单位或唯一主权治下的许多地区或民族。[①]《现代汉语词典》的定义是：一般指版图很大或有殖民地的君主国家，如罗马帝国、英帝国。没有帝王而向外扩张的国家，有时也称为帝国，如第三帝国。[②] 如果从罗马帝国开始算起，人类历史上帝国的统治延续了数千年，先后出现的较大规模的帝国数以十计，在较长的历史阶段里一大部分的人类生活在帝国的统治下。在今天的世界政治版图上，联合国成员国中大约有三分之二曾经受过欧洲各大帝国的殖民统治，人口达到五分之三。[③] 再加上那些从事殖民统治和扩张的宗主国，几乎所有国家都在不同程度上，在帝国时代扮演了不同的角色。

帝国的特点主要包括庞大领土、多民族、中央集权、侵略或殖民扩

① Webster's New Collegiate Dictionary, Springfield, Massathussetts: Merriam Company, 1997, p. 373.

② 《现代汉语词典》，商务印书馆2012年版，第287页。

③ David B. Abernethy, *The Dynamics of Global Dominance*: *European Overseas Empires*, *1415—1980*, New Haven: Yale University Press, 2000, p. 12.

张、中心与边缘地区间的统治与从属关系等。学者们对帝国的研究视角是多重的，侧重也有所不同。如强调政治控制和主权问题，多伊尔（Michael Doyle）认为帝国“是两个政治实体之间的互动体系，其中占支配地位的宗主国实体对另一个处于依附边缘地位的实体内外政策行使政治控制，即行使有效的主权”。[①] 有学者强调帝国的非民主特点与中心边缘的结构性特点，列文（Dominic Leiven）将帝国定义为具有国际影响力、地域辽阔、民族众多的大国，作为一个非民主政体，其核心与边缘地区在种族及民族构成、历史、宗教、文化方面存在着巨大差异。[②] 明克勒通过对比帝国与主权国家的不同提出帝国在时空上的主要特征：一是在时间跨度上一个帝国至少经历一个兴衰周期，并开始一个新的周期。二是在空间跨度上，与边界泾渭分明的主权国家不同，帝国的边界多变并更多体现权力的等级差异；主权国家都承认邻国与自己平等，帝国不承认有平等的邻国。帝国追求霸权的目标驱使它将处于劣势地位的国家贬低至附庸国或卫星国的位置。帝国实力形成过程中，地缘政治和地理经济的因素交织得更加紧密。第三，主权国家在同化境内人民方面采取一视同仁的态度，即不管国民居住在这个国家的核心还是边疆，他们都会得到同样的权利，帝国中有一个从中心到边缘的同化递减梯度，因为交通等瓶颈因素会对中央直接控制能力和法律约束力产生约束作用，在与帝国中心距离远的地方，帝国的控制力会递减。[③] 也有学者强调民族关系的不平等。罗迪逊（Maxime Rodinson）认为帝国是内部存在一个民族群体支配其他民族群体的国家单位。[④] 多伊奇（Karl Deutsch）从民族关系角度把帝国定义为一种复合国家，即当处于受惠地位的民族是一个较小的少数民族，而又在一个相对庞大的国度内统治着许多国家和人口时，

---

① 转引自潘兴明：“帝国研究视角下的苏联解体研究”，《俄罗斯研究》2011年第6期。

② Dominic Leiven, “The Russian Empire and the Soviet Union as Imperial Polities”, *Journal of Contemporary History*, Vol. 30, No. 4, October 1995, p. 608.

③ ［德］赫尔弗里德·明克勒，阎振江、孟翰译：《帝国统治世界的逻辑——从古罗马到美国》，中央编译出版社2008年版，第5—7页。

④ 转引自 Ariel Cohen, *Russian Imperialism*, Westport: Praeger, 1996, p. 1。

如果他们运用自己的权利、财富和其他价值方面的优势，以使存在于他们自己和受冷落的多数民族之间的差距永远存在，甚至还要扩大，这一庞大的复合国家就是帝国。这一类型的帝国通常包括一个支持和捍卫其政府的、占支配地位的民族，还有一个围绕着帝国首都的大部分地区以及由隶属省份或殖民地组成的周边地区，周边地区必须屈从于各种形式的经济、军事、政治和社会剥削，隶属省份或殖民地从帝国的和平、法律和行政管理中获得好处，但其必须承担帝国在和平时期以及战争期间的大部分费用。① 总的来看，帝国内部的突出特点是区域间和民族间存在两种不平等：中心与边缘间的支配与被支配、主导民族与从属民族间的统治与被统治。

20 世纪 60 年代，传统意义上的各大帝国崩溃消失，退出历史舞台，但其历史痕迹今天仍存在。一方面，帝国统治带来的多元文化交流与融合对于促进人类历史从分散走向整体的过程具有积极意义；另一方面，因孕育了近现代民族国家，在当今世界帝国的历史痕迹仍然存在，如英联邦和中欧的维谢赫拉德集团分别具有英帝国和奥匈帝国的痕迹。从帝国与民族国家的关系看，帝国也是民族国家发展的第一个阶段，即在中世纪后期，首先在西欧出现的国家统一和民族自立结束了中世纪的混乱状况，虽然这时的国家属于君主——“朕即国家”，但这也使国家的发展具备了初步条件。到 18—19 世纪，农民逐步摆脱对封建主和土地的依附关系是欧洲社会生产关系的重大变化，这为工业化发展创造了有利条件，加上交通条件改善、文化知识普及以及农村人口进入城市，欧洲范围内，特别是落后的中东欧地区民族意识开始增强，民族运动逐步展开。民族运动以否定帝国或专制王权的合法性为目标，对帝国或王权统治发起挑战，两者间出现对抗，最终人民主权推翻专制王权，国家不再属于个人，而是民族的国家，民族国家确立了以民族为主体建立和维持国家

---

① ［美］卡尔·多伊奇，周启明译：《国际关系分析》，世界知识出版社 1992 年版，第 104 页。

政体的合法性，其人口构成和文化认同均呈现明显的共同性和单一的民族性。虽然当今世界上民族国家已成为世界政体的基本形式，但帝国也是社会发展一定阶段的必然产物，作为一种客观存在的历史实体，其出现与消亡都符合生产关系适应生产力发展的历史规律。

依据扩张形式，可把近代以来的西方帝国分为跨洋型和大陆型。15世纪末期的新航路开辟、文艺复兴、宗教改革等一系列具有划时代意义的重大事件给欧洲带来了发展和扩张的机遇。16—17世纪，葡、西、荷、英、法等欧洲帝国率先发起第一阶段的对外殖民扩张，并相继成为跨洋型帝国。跨洋帝国的势力与影响不仅体现在对区域的有形控制上，更多地体现在对商品、货币流通及经济交通要道的控制权中。对跨洋帝国来说，对这些可变因素的无形控制比对领土的有形控制更重要，跨洋帝国容易发展成世界帝国。大陆型帝国以本区域为统治单位，具有区域性特征，其影响力一般没有扩展到本区域外，如俄罗斯、奥匈帝国和奥斯曼帝国等，其中奥匈仅局限在中东欧地区，主要致力于统治疆域的有形扩张。大陆型帝国在与跨洋型帝国的竞争中常处于弱势，16世纪中欧的波希米亚地区曾是欧洲大陆主要的白银产地，统治该地区的奥地利哈布斯堡王朝因控制欧洲货币流通而在欧洲经济格局中占据了重要地位，但西班牙对美洲殖民开始后，美洲白银大量进入欧洲使得哈布斯堡王朝在欧洲经济中的地位急剧下降。18—19世纪之交，随着德、意、日、俄、美、比等国先后加入掠夺海外殖民地和对外殖民侵略的行列，帝国开启了第二阶段的扩张，终将整个世界纳入西方帝国治下的全球性殖民体系。近代以来的西方帝国中，海洋型帝国的数目多于大陆型帝国，其根本原因是帝国的殖民化目标是以整个世界为对象，以满足工业化对于远远超出本国范围的市场和资源方面的需要，而欧陆地域范围有限，难以容纳下各大帝国。信奉伊斯兰教的奥斯曼帝国阻碍了欧洲通往亚洲的传统陆上通道，也是欧洲帝国走上海洋殖民扩张之路的原因之一。[①]“他

① 潘兴明：“帝国研究视角下的苏联解体研究”，《俄罗斯研究》2011年第6期。

们突破大陆的局限到外面去追寻财富，而这块大陆受制于贵族与君主之间的紧张关系、宗教冲突和奥斯曼帝国对东地中海地区的阻隔。”①

奥匈帝国是19世纪中期到20世纪初欧洲唯一未对欧洲以外地区扩张的大陆型帝国，也是哈布斯堡王朝衰落的最后阶段。因具有“欧洲之必需”的重要地缘政治意义，哈布斯堡王朝作为欧洲大国之一长期存在，其“欧洲之必需”有两层含义：一是帝国地处欧洲基督教文明和奥斯曼伊斯兰文明的交接处；二是在大国间，特别是在法、俄之间起着均势平衡作用。帝国所统治的多瑙河中下游的多民族混居地区具有“文明断层带”、“上帝创造的堡垒”等不同层面的含义，这一地区民族关系治理的意义超出了帝国本身的范围，这是帝国所具有的不同寻常的历史使命所在。

帝国是11个民族和最少7种宗教文化的共同体。欧洲历史上早期的迁徙和殖民等历史发展原因使得日耳曼人在帝国的众多民族中占据着政治和经济上的强势地位。19世纪上半叶，在西欧民族运动风起云涌的影响下，帝国中各地区民众的民族意识不断增强，民族运动逐步席卷帝国各个地区。但与西欧不同的是，在较长时间里，帝国中各地区民族运动的目标是追求包括文化、经济和政治在内的自治地位和与日耳曼民族平等的权利。

在18—19世纪欧洲民族运动发展过程中，帝国民族构成的特殊性决定了其面临着马扎尔、捷克、斯洛伐克、克罗地亚等境内民族的民族自治运动以及日耳曼、意大利、罗马尼亚、波兰、塞尔维亚、乌克兰等跨境民族的民族统一运动（irredentism）的双重挑战。帝国政治家卡尔·伦纳（Karl Renner）称民族关系的复杂性使其成为帝国政府面临的所有问题中最困难的问题。民族关系治理是帝国的首要目标，对帝国来说，维持帝国统一为目标的民族关系治理的重要性大于经济发展和对外扩张的

---

① Jane Burbank and Frederick Cooper, *Empires in World History: Power and the Politics of Difference*, Princeton, NJ: Princeton University Press, 2010, p. 149.

重要性。作为帝国治理的主线，民族关系治理贯穿在帝国政治、经济和社会文化等各层面上，形成了帝国具有自身特色的治理模式。这不仅丰富了历史上帝国治理的形式与内涵，而且其民族关系治理给现代欧洲留下了宝贵遗产。

帝国在民族关系治理上采取了多种方式，如区域间的直接和间接治理，处理民族关系中采取了同化、分割、多元共处等多种方式。在民族关系问题上，帝国政府延续了考尼茨（Anton Kaunitz-Rietberg）、梅特涅（Klemens Mettemich）等早期政治家确立的维持现状的对内对外保守政策，一方面缺乏长远的民族政策规划，另一方面又试图在维持现状的国策中超越民族问题。只是每当民族矛盾激化时，又往往在日耳曼人或马扎尔人的压力下采取有利于两个强势民族的措施，以维持帝国表面上的统一。在现代化过程中产生的日益强烈的人民主权观念和民族运动不断高涨的背景中，各民族的忠诚对象逐步从帝国转向民族自身，民族认同超越了帝国认同。帝国逐渐背离了历史发展的轨道。虽然在一战爆发前，帝国经济增速加快、文化繁荣，但内部民族矛盾的固瘤愈加恶化，它最终没有成为一个诸多民族较长时间里曾希望的民族联邦，而是一个在1918 年之前仍然沿着维持现状轨迹运行的前现代政治体，其历史结构和现代存在形式之间的矛盾造成了深刻的内部危机，成为众多史学家一致认为的欧洲过时的一片土地。

民族关系是影响中东欧历史发展的决定性因素之一。这一地区自 16 世纪到 20 世纪初的 400 年历史与哈布斯堡王朝紧密联系在一起。麦金德把多民族混居的中东欧地区称为“欧洲的心脏”，英国史学家沃森视之为“欧洲患病的心脏”。这个延续了 4 个世纪之久的王朝（从封建王朝过渡到君主制国家）在世界史上留下了独特的轨迹，特别是其扩张、整合与分裂、经济社会发展都与民族多元性紧密相关。19 世纪下半叶后，尽管在国力对比上奥匈帝国只能纳入二流国家，但在哲学、音乐、艺术等文化领域帝国却成就了欧洲的大国地位。在阿克顿、哈耶克、雅西等人看来，民族文化多元是帝国独有的优势，但帝国民族关系治理不力使得这一优势未能转化为现实的有助于提高帝国凝聚力及竞争力的积极因素，相反却成为导致帝国衰落的根本内因。帝国在民族关系治理上的经验和教训给近现代欧洲留下了珍贵的遗产。研究奥匈帝国民族与民族关系治理的经验和教训兼具学术和现实意义。本书拟以帝国民族和民族关系治理为主线，结合中东欧民族形成和发展的特点，研究帝国在横向的区域层面（二元结构及二元次结构）和纵向的非区域层面（政治、经济、文化）上民族关系治理的措施和效果，总结其基本特点，并分析帝国民族关系治理对中东欧地区带来的影响。

第二节 研究现状综述

目前，对奥匈帝国的研究主要集中在国外学术界，研究成果全面丰富，其中包括了东欧国家学者以及欧美学者的研究。欧美学者的研究多数集中在帝国经济、社会发展各方面，而东欧学者的研究虽然在数量和种类上也很多，但其共同点是对于帝国范围内区域性的研究更深入，即关于本国的研究更多，而将帝国作为一个整体研究对象的文献相对其他西欧和美国学者明显要少一些。国外学界的研究主要分为几类：

第一是关于帝国民族关系和文化的专题研究。帝国是多民族的大国，关于其民族和民族关系的研究在专题类著作中占据绝大多数。罗伯特·凯恩（Robert Kann）、休·希顿—沃森（H. Seton-Watson）、彼得·萨格尔（Peter Sugar）、雷蒙德·佩尔森（Raymond Pearson）、莫妮卡·巴尔（Monika Baar）、保拉·菲齐特（Paula Fichtner）、凯斯·希吉斯（Keith Hitchins）、米洛斯拉夫·赫洛奇（Miroslav Hroch）等都是专注于东欧民族和历史研究的学者，其中中东欧学者对帝国民族关系的研究更深入。

奥地利学者凯恩著有三部关于民族形成和民族关系的合著或专著，其与捷克学者戴维（Zdeněk V. David）的合著《1526—1914 年哈布斯堡帝国东部的人们》[①] 是一部介绍哈布斯堡王朝历史的专著，该书把哈布斯堡王朝的统治分成四个主要时期：1526—1620 年的封建主割据时期，1620—1740 年封建主割据与王朝专制共存时期、1740—1847 年君主专制时期以及 1848—1918 年的君主宪政时期，书中详细分析介绍了各个时期的经济和社会发展特点以及部分民族（捷克、马扎尔、斯洛伐克、乌克兰、克罗地亚、罗马尼亚和塞尔维亚等）在不同时期的社会文化发展状况。其专著《多民族帝国——1848—1918 哈布斯堡王朝的民族主义和民族改革》[②]（两卷本）以及《哈布斯堡帝国——整合与解体的研究》[③] 侧重依靠丰富史料，分析 1848 年宪政时期以后帝国经济社会和民族运动发展状况，认为民族运动是帝国工业化发展进程中的必然产物和社会进步的表现，在民主、自由思想被民众普遍接受后，人民主权的理念对保守的专制主义发起挑战，并认为民族关系治理失败是导致帝国解体的首要原因。艾伦·帕尔默（Alan Palmer）著《夹缝中的六国——维也纳会议以来的中东欧历史》[④] 从史学角度系统论述 1815—1968 年东欧六国的历史，其中对东欧民族复兴运动的发展、建立独立民族国家等有详细分析，是了解中东欧历史发展的重要文献。

休·希顿—沃森在专著《新欧洲的建立：R. W. 希顿—沃森与奥匈帝国的最后几年》[⑤] 和《现代欧洲患病的心脏——多瑙河地区的问题》[⑥] 分别以纪实和随笔的手法介绍 20 世纪初至一战结束期间帝国的社会与民

---

① Robert A. Kann and Zdenek V. David, *The Peoples of the Eastern Habsburg Lands 1526—1918*, Seattle: University of Washington Press, 1984.

② Robert A. Kann, *The Multinational Empire*: *Nationalism and National Reform in the Habsburg Monarchy 1848—1918*, New York: Columbia University Press, 1977.

③ Robert A. Kann, *The Habsburg Empire*: *a Study in Integration and Disintegration*, New York: Praeger, 1957.

④ ［英］艾伦·帕尔默，于亚伦等译：《夹缝中的六国——维也纳会议以来的中东欧历史》，商务印书馆 1997 年版。

⑤ Huge Seton-Watson, *The Making of a New Europe-R. W. Seton-Watson and the last years of Austria-Hungary*, Seattle: University of Washington Press, 1981.

⑥ Huge Seton-Watson, *The Sick Heart of Modern Europe*: *the problem of the Danubian lands*, Seattle: Washington Press, 1975.

族问题，认为建立战后新欧洲的关键是要解决多瑙河地区的民族问题，这一地区的和平事关欧洲全局。另其著作《民族与国家：对民族起源与民族主义政治的探讨》[①] 是论述民族与国家的权威性著作之一，认为东欧民族运动是少数民族以争取语言文化平等权利为主要目标的文化民族运动，提出这一地区民族形成的突出特点是"不同的语言族群变成不同民族"的观点，这是与中世纪晚期西欧地区出现的不同语言族群变成同一个民族的区别所在。

萨格尔编著的《东欧民族主义、政治及宗教》[②] 针对19—20世纪东欧民族运动与政治和宗教之间的关系进行论述，对奥匈帝国的民族关系治理提出了"对不同民族的不同政策却导致了相同结果"的观点，认为帝国在民族关系治理上所采取的主要措施——分而治之尽管在较长时间里起到了维持帝国统一的作用，但这一措施的保守性和落后性与各地区民族运动提出的文化和政治目标间存在着根本的对立，最终帝国认同被民族认同所超越，代表封建落后体制的帝国走向解体。书中还详细分析了巴尔干地区的民族问题与发展前景以及宗教在一战后中东欧国家治理中的作用。佩尔森（Raymond Pearson）所著《1848—1945年东欧少数民族》[③] 针对19世纪后期以来中东欧少数民族结构与分布、民族关系和民族运动、民族与帝国关系等进行了深入分析，并结合大国关系论证了这一地区民族矛盾的根源，认为自19世纪下半叶以来，除了强势民族压迫外，大国干预等也是导致这一地区民族关系不断恶化的重要原因。其他如奥凯（Robin Okey）所著《哈布斯堡王朝：从启蒙运动到消失》[④]、巴尔（Monika Barr）所著《历史学家与民族主义：19世纪的中东欧》也提

---

① ［英］休·希顿—沃森，吴洪英、黄群译：《民族与国家：对民族起源与民族主义政治的探讨》，中央民族大学出版社2009年版。

② Peter F. Sugar, *East European Nationalism, Politics and Religion*, Hampshire: Ashgate Variorum, 1999.

③ Raymond Pearson, *National Minorities in Eastern Europe 1848—1945*, London: Macmillan Press, 1983.

④ Robin Okey, *The Habsburg Monarchy: From Enlightenment to Eclipse*, New York: Palgrave, 2002.

出了中东欧民族思想和运动的发展导致了多民族帝国的解体，其中后者深入分析和对比了19世纪奥匈帝国不同民族的五位历史学家倡导的民族理念，认为这些理念成为帝国中不同地区民族运动的思想起源，他们在各自民族运动发展中起到的历史作用与西欧国家的思想家一样重要，但他们却常被欧洲史学家所忽略。

捷克学者赫洛奇针对欧洲小民族运动和民族形成的理论研究独树一帜。他从分析欧洲小民族形成和发展入手，提出了民族形成三阶段理论，得到了国际学术界的认可。其著作《民族不是偶然的产物》①《以民族的名义——19世纪欧洲民族运动的要求和目标》②《欧洲民族复兴的社会条件》③《现代欧洲历史比较研究》④《民族出现的前夕：愿望与现实》⑤和《对民族和民族运动的认识》⑥等重点论述了欧洲东部地区在民族形成和发展中不同于西欧的特点。归纳起来，他的观点主要包括：（1）基于东欧地区民族形成的特点，他提出了民族形成三阶段论，称之为“小民族”及“小民族运动”理论，认为现代民族不是凭空构造或偶然的产物，而是社会发展与进步的产物，虽然在主观层面上存在民族构建的愿望，但在更主要的客观层面上，社会发展是民族形成的基石和建立民族的动力，即在现代欧洲从封建社会向资本主义社会过渡的过程中，民族构建与工业化、资本主义和宪政主义同时构成了这一社会转型期的重要组成部分。（2）民族运动是东欧地区不同族群转变为现代民族的唯一载体。民族运动多数是以知识分子为首的社会阶层自下而上发起的，其目标多是追求民族语言文化发展权利，反对主导民族的语言同化和政治压

---

① Miroslav Hroch, *Národy nejsou dílem náhody*, Praha: Slon, 2009.

② Miroslav Hroch, *V národním zájmu-požadavky a cíle evropských národních hnutí devatenáctého století ve srovnávací perspektivě*, Praha: NLN (Nakladatelství Lidové noviny), 1999.

③ Miroslav Hroch, *Social Preconditions of National Revival in Europe*, London: Cambridge University Press, 1985.

④ Miroslav Hroch, *Comparative Studies in Modern European History*, Hampshire: Ashgate Variorum, 2007.

⑤ Miroslav Hroch, *Na prahu národní existence*: touha a skutečnost, Praha: MF, 1999.

⑥ Miroslav Hroch, *Pohledy na národ a nacionalismus*, Praha: Slon, 2004.

迫，这也是东欧典型的文化民族主义的体现。他的研究丰富了民族学理论。

匈牙利学者图尔达（Marius Turda）的著作《1880—1918 年中欧的民族优越思想》[①] 重点分析 19 世纪 80 年代后匈牙利民族政策的思想根源和实施效果。温特斯与赫德合著的《从特蕾莎到一战时哈布斯堡帝国的人文与社会发展》[②] 介绍了 18 世纪中叶到一战时哈布斯堡王朝的社会发展状况。其他一些东欧学者，如匈牙利的比博（István Bibo）、捷克的霍利（Jaroslav Holý）等分别著有《欧洲小民族的苦难》[③]《小捷克人与杰出的捷克民族》[④]，重点论述东欧小民族在欧洲历史发展中的作用，认为这些受压制的小民族也为欧洲文化成就做出了贡献。马萨里克（Tomáš G. Masaryk）所著《一个国家的诞生》[⑤] 从柏拉图和卢梭政治思想角度叙述作者对奥匈帝国专制体制和民族运动的看法，认为奥匈帝国（与俄国和奥斯曼一起作为三个东方帝国）是落后政治体制的代表，也是被内部矛盾撕裂最深刻的国家之一，奥匈帝国中民族运动的目标不应是追求帝国范围内的民族自治地位，而应是建立独立民族国家，这是民族自决的高级目标。他的思想对捷克以及帝国其他地区民族运动的方向——解体帝国和建立独立民族国家起到了重要的指导作用。

第二类是关于帝国社会发展和解体的系统性研究，主要从政治、经济结构和民族关系与矛盾视角介绍帝国社会发展，分析解体原因。帝国时期匈牙利政治家及学者雅西（Oscar Jaszi）的著作《哈布斯堡王朝的

---

① Marius Turda, *The Idea of National Superiority in Central Europe 1880—1918*, Lampeter: Edwin Mellen Press, 2004.

② Stanley Winters and Joseph Held, *Intellectual and Social Developments in the Habsburg Empire From Maria Theresa to World War I*, New York and London: East European Quarterly, 1975.

③ István Bibo, *Bída malých národů východní Evropy*, Brno-Bratislava: Doplněk-Kalligram, 1997.

④ Jaroslav Holý, *Malý český člověk a skvělý český národ*, Praha: Slon, 2010.

⑤ Tomáš G. Masaryk, *The Making of a State: Memories and Observations 1914—1918*, London: Geoge Allen &Unwin Ltd., 1927.

解体》① 具有代表性，该书分析了帝国各种离心和向心因素，认为帝国衰落的原因在于民族政策造成各民族间形成了交错性的矛盾关系。他指出，历史上的大帝国中从来没有民族平等原则，而在多民族的奥匈帝国这一情况更加严重。在 19 世纪中期以后，帝国中各地区民族意识和运动不断发展的过程中，众多民族清楚地意识到他们所希望建立的民族平等和自治的联邦国家与统治阶层的目标不一致，他们开始寻求冲破帝国框架的解决方案。他提出按照瑞士模式建立由民族自治区域组成的联邦国家，即多瑙河合众国。在他看来，帝国东西部之间天然的经济互补和民族多元构成是建立自治联邦的有利基石，但只有实施民族平等政策才能消除帝国中日益严重的社会阶层对立与民族矛盾。匈牙利学者加斯帕（Zsuzsa Cáspár）近年编著的《1867—1918 年奥匈帝国》② 是关于帝国政治社会经济的全景式著作，以偏重于社会人文的视角介绍帝国各方面基本情况。值得一提的是，该书以对比视角认为今天欧盟倡导的多样性中的统一原则已在奥匈帝国经历了半个多世纪的实践，帝国的治理经验对于今天欧洲的发展仍具有现实借鉴意义，即和谐的民族关系有助于促进欧州的共同繁荣。这是该书审视帝国的视角与诸多其他专著所不同的地方，也反映了 20 世纪 90 年代后期以来，国外学界、首先是东欧学界在奥匈帝国研究中出现的新特点，即认为虽然帝国最终解体，但它在促进多元文化构建与融合上做出的一些努力和尝试对现代欧洲发展具有借鉴意义。

帝国的发展是与现代新欧洲的形成联系在一起的。捷克学者普罗克施（Petr Prokš）编著的《哈布斯堡帝国的终结》③ 重点论述 19 世纪中期至一战爆发时期奥匈帝国与德国、俄国的关系，认为大国利益左右着中

① Oscar Jászi, *The Dissolution of The Habsburg Monarchy*, Chicago: University of Chicago Press, 1964.

② Zsuzsa Gáspár, *Rakousko-uherská monarchie*, Praha: Slovart, 2011.

③ Petr Prokš, *Kone cříše Habsburků*, Praha: ISV, 2004.

东欧小民族的命运。其《捷克与现代欧洲历史》① 从捷克角度论述帝国解体的原因，认为日耳曼和捷克人之间的矛盾关系是帝国众多民族矛盾中的主要矛盾，原因在于奥地利和捷克是帝国中经济最发达的两个地区。捷克学者佩内斯（Jiří Pernes）所著《哈布斯堡鹰之下》② 论述19—20世纪之交帝国中捷克人与日耳曼人关系变化的特点。

第三类是关于帝国工业化的研究。主要著作有博伦特（Ivan T. Berend）和兰基（Gyorgy Ranki）合著的《19和20世纪东欧经济发展》③以及特诺克所著《1815—1989东欧经济》④，通过对工业化的研究，探讨了帝国工业化的模式及其不平衡发展对于国家经济产生的影响。哈耶克（Friedrich August Hayek）在其《通往奴役之路》⑤ 中也探讨了帝国的经济模式，指出某些特殊的行业针对某一特定民族的经济模式就是帝国的对内经济殖民。

第四类是关于帝国政治体制和外交的研究。《1867—1939年哈布斯堡的遗产》⑥ 不仅涉及到对帝国政体、民主化、民族问题、战争影响等分析，而且分析了帝国治理对二战前东欧政治、民族关系的影响。《奥地利帝国——流产的联邦》⑦ 是一本论文集，书中汇集了一些20世纪初中东欧政治家，如考茨基（Karl Kautzky）、卡尔·伦纳、爱德华·贝奈斯（Edvard Beneš）等，或学者如德罗兹（Jacques Droz）、凯恩（Robert A. Kann）、波索蒂（Stephen Borsody）从宪政、工业化、工运、联邦改造

---

① Petr Prokš, *České země a moderní dějiny Evropy*, Praha: Historický ústav AV, 2010.

② Jiří Pernes, *Pod Habsburským orlem*, Praha: Brána, 2006.

③ Ivan T. Berend and Gyorgy Ranki, *Economic Development in East-Central Europe in 19 and 20th Centuries*, New York: Columbia University Press, 1974.

④ David Turnock, *The Economy of East Central Europe 1815—1989*, London: Routledge, 2006.

⑤ ［英］弗·哈耶克，王明毅、冯兴元等译：《通往奴役之路》，中国社会科学出版社1997年版。

⑥ Bruce F. Pauley, *The Habsburg Legacy 1867—1939*, New York: Robert E. Krieger Publishing Company, 1977.

⑦ Harold J. Gordon, *The Austrian Empire: Abortive Federation?*, Lexington: D. C. Health and Company, 1974.

等多角度对帝国的认识和看法，具有很高的史料价值。布里奇（F. R. Bridge）所著《从萨多瓦到萨拉热窝：1866—1914 年奥匈帝国外交国策》[①]和耶拉维奇（Barbara Jelavich）所著《1814—1918 年欧洲事务中的哈布斯堡帝国》[②]主要分析帝国外交和欧州大国关系。

国内学术界对奥匈帝国的系统研究几乎是盲点，相关的文章和专著比较少。即使在世界史一类的教科书中，有关奥匈帝国的部分通常也仅占较少篇幅或处于次要的位置。康春林所著《世界战争起源新论——东欧与两次世界大战》[③] 一书从东欧视角探讨两次大战的原因，在肯定帝国主义列强垄断资本的扩张和竞争是大战爆发主要原因的同时，认为民族主义同样是大战爆发的根源。该书一些章节涉及到奥匈帝国民族关系和矛盾。孔寒冰的《东欧政治与外交》[④]《东欧史》[⑤] 两部著作都有涉及奥匈帝国时期东欧经济社会发展的较多论述，其他诸多历史类著作中一般对奥匈帝国的论述不多。在不少东欧国家的国别史著作中也有涉及到奥匈帝国历史发展的部分章节。《民族与国家——民族关系与民族政策的国际比较》[⑥] 书中部分章节介绍了奥匈帝国以及一战后至 20 世纪 90 年代捷克斯洛伐克、南斯拉夫的民族关系，很有启发意义。《奥匈帝国》[⑦] 主要以叙事手法描述帝国发生的历史大事件，没有针对帝国治理展开研究。《帝国的末日：奥匈帝国（公元 1848—1918）》[⑧] 也是介绍帝国社会

---

① F. R. Bridge, *From Saldova to Sarajevo: the Foreign Policy of Austria-Hungary 1866—1914*, London: Routledge, 2002.

② Barbara Jelavich, *The Habsburg Empire in European Affairs, 1814—1918*, Chicago: Rand Mcnally & Company, 1969.

③ 康春林：《世界战争起源新论——东欧与两次世界大战》，社会科学文献出版社 2003 年版。

④ 孔寒冰：《东欧政治与外交》，北京大学出版社 2009 年版。

⑤ 孔寒冰：《东欧史》，上海人民出版社 2010 年。

⑥ 宁骚：《民族与国家——民族关系与民族政策的国际比较》，北京大学出版社 1995 年版。

⑦ 何蓉：《奥匈帝国》，三秦出版社 2001 年版。

⑧ 美国生活—时代图书公司编著，张帆译：《帝国的末日：奥匈帝国（公元 1848—1918）》，山东画报出版社 2001 年版。

生活与民族状况的普及读物。《欧洲文明：民族的冲突与融合》[①] 分析了欧洲不同地区民族关系与矛盾的历史演变特点，提出了一些对欧洲民族问题的认识和思考，书中部分章节涉及到中东欧地区的民族关系与问题。《东欧的民族与国家》[②] 主要从东欧地区民族分布的角度分析该地区民族国家关系特点。其他有关帝国的研究论文散见于一些政治、史学期刊中，主要涉及政治结构、民族自治等问题（如《中国民族报》《郑州大学学报》发表过多篇奥匈帝国政治结构、公民社会建设、教育制度等的论文）。相比英、德、法、俄帝国而言，国内学术界对于奥匈帝国缺乏系统和深入的研究，针对民族关系与治理的研究更少。

国内学术界对其关注和研究不多的原因也许有两个：第一是与帝国的多民族、多文化特点直接相关，全面了解帝国社会经济状况离不开语言的支持，而帝国的语言纷繁复杂，这无疑增加了研究帝国的难度；第二，帝国在一战后解体，该地区出现了众多新民族国家，人们把关注的目标多转向这些民族国家，而对帝国的研究较少。

第三节 研究方法与主要内容

一、研究方法

本书运用历史学、民族学、社会学等多学科知识分析奥匈帝国民族与民族关系治理。在研究和写作方法上遵循以下原则：（1）以历史学、民族学为主，同时吸收借鉴其他学科研究方法。历史分析方法就是按照事物发展的过程，把过去发生的事情置于特定的历史背景下分析研究。事物的发展都有其内在规律，民族关系具有纵向的结构性特点，可从纵

① 钱乘旦主编：《欧洲文明：民族的冲突与融合》，贵州人民出版社 1999 年版。
② 夏庆宇：《东欧的民族与国家》，社会科学文献出版社 2015 年版。

向的区域、非区域层面及从横向的政治、经济和文化等内部治理层面入手，探讨政策及其实施效果，在此基础上总结一些中东欧民族关系演变的内在规律。(2) 注重参考中东欧学者的研究成果，以更贴近历史事实。国内外学界对于民族和民族学的研究成果非常丰富，但是相对于西欧国家，学者们对东欧小民族或者说奥匈帝国的民族和民族关系的研究明显少一些。较长时间里，对近代早期东欧民族运动和民族关系研究在国外学界也一直处于边缘化地位。奥匈帝国民族构成有其不同于其他大国的自身特点，这决定了帝国在民族关系治理上采取了比其他国家更多的方式和手段。为了更贴近历史事实，本书注重参考东欧学者的研究成果，从他们的角度分析帝国的民族关系治理。比如，捷克学者赫洛奇提出的小民族形成理论得到了国际学术界的普遍认可，本书在东欧民族形成和民族运动部分较多运用了其理论进行分析。(3) 注重使用案例分析。在民族关系和政策研究中，案例分析有助于对一些问题有更直观的理解。捷克斯洛伐克是典型的例子，学术界在分析其在 1993 年分裂的原因时，通常的解释是民族关系不平等，但到底是怎样的不平等，则论述不够深入。本书通过实证和数据分析，提出了联邦时期两个民族间不平等关系与奥匈帝国中民族间不平等关系在一些方面如出一辙的观点，可能会有助于我们对 20 世纪 90 年代东欧地区出现的民族问题有更深的认识。

二、主要内容

本书以帝国民族关系治理作为主线，分析帝国经济、社会、文化等层面反映出的民族关系治理政策及效果。

第一章分析东欧民族形成的特点。多民族混居是帝国最显著的社会结构特点。东欧多民族混居地区的斯拉夫人的民族意识形成晚于西欧地区，最早出现在 18 世纪末至 19 世纪初，这一过程是与经济、社会发展、人口流动、教育普及等因素密切联系在一起的。民族运动是封建社会向资本主义社会过渡阶段的组成部分，它把族群演变成现代民族，因此民族是社会发展与进步的产物。与更早时期通过同化其他少数民族形成强大、单一的西欧民族运动不同，东欧地区民族形成的突出特点是不同语言团体变成不同民族。民族运动最终过渡到以否定和摧毁旧国家的合法性、否定旧王朝权威为目标，民族运动是对旧体制危机的反应，也是对旧的社会关系和价值体系崩溃的反应。

第二章从区域层面分析民族关系特点与治理路径。区域层面上的民族关系及特点可以从二元结构和二元次结构两个层面来分析。在二元结构上，尽管奥匈合治协议给予了匈牙利自治权以及参与帝国决策的权利，但在根本上其与哈布斯堡王朝的日耳曼人之间仍存在不平等关系，二元结构的本质是通过帝国对匈牙利的妥协换取后者对帝国的忠诚以继续维持帝国的统一。这一层面上主要的治理方式是间接治理。在二元次结构层面，奥地利和匈牙利各自负责内部事务，日耳曼人和马扎尔人与其各自统治下的捷克人、斯洛伐克人和罗马尼亚人等之间存在着不平等关系，这一层面上采用直接治理模式。帝国民族关系的复杂性正是在于日耳曼人、马扎尔人和其他弱势民族之间形成一种彼此冲突的三角关系。在区域层面上采用分而治之的方式是为了避免一个民族过度集中于一个区域而形成强大的民族团结力量，民族成员的分散化有助于帝国对抗不同民族的民族运动。

第三章从非区域层面（或社会层面）分析民族关系与治理特点。民族关系具有纵向的结构性特点，反映在政治、经济与文化教育等方面。在纵向层面上，通过分析对内经济殖民、政党与选举制度、文化教育政策以及宗教政策运用等来探讨民族关系特点和民族政策的实施效果。帝国在纵向层面上采取的措施本质上与西欧国家在中世纪晚期对少数民族的做法无异，但社会发展阶段已变化，在民族意识不断觉醒和民族运动如火如荼开展的18—19世纪中，帝国在处理民族关系上仍然采取漠视民族性、维持强势民族特权的做法，不仅难以收到与西欧国家同样的效果，相反却不断恶化民族关系和矛盾，加剧了社会分歧和对立。1867年后，捷克民族运动在帝国中起到了领头羊的作用，帝国政府出于维持两个强势民族的既有利益，难以满足其他更多民族提出的民族平等要求，帝国中民族关系，特别是强势民族和弱势民族的关系逐步发展到不可调和的地步，最终成为帝国解体的重要内因。

第四章从民族认同与帝国认同的关系角度分析民族运动发展目标的转变。帝国认同和民族认同之间存在着关联性。在民族运动出现前，帝国认同在维系帝国统一上发挥着重要作用，帝国的辉煌和强大是各民族、特别是小民族所希望的。但是作为从族群向现代民族转变的载体，民族运动提出了新的民族认同后对原有的帝国认同构成威胁，并由此产生了对新共同体的认同以及新的社会关系认同的需要。这样不可避免地与原有王朝或帝国认同发生冲突。在两者较量中，代表历史进步的民族认同最终占据上风并超越帝国认同。弱势民族对帝国认同的基础是其政治或经济文化发展权利得到保障，在民族生存和发展的权利得到保障的情况下，其对帝国认同感很强，分离的动力几乎没有，如加里西亚波兰人、克罗地亚人和作为宗教团体的犹太人的帝国认同感之所以较捷克、斯洛伐克、罗马尼亚等其他民族更强，是因为其民族的经济文化发展权利得到保障；相反，如果民族生存或发展权利得不到保障，则会提出民族独立或自决的政治目标，捷克人就是很好的例子。但捷克民族运动目标从自治到自决的转变得到一战爆发后美国为首的协约国的支持，民族自决原则在中东欧的应用使得这一地区第一次出现了民族国家。历史发展证明，帝国在其最致命的敌人——民族主义和运动面前不进行深刻的内部结构改造是无法应对民族运动冲击的。

第五章分析帝国民族关系治理对现代欧洲的影响。奥匈帝国具有跨文明秩序架构的历史意义，它不仅在政治上，而且在文化上整合了中东欧地区，构成了欧洲东南边缘地区与中西欧地区之间的一座桥梁。欧洲文化多样性主要体现在中东部和东南部众多小民族国家身上。20 世纪初，奥匈帝国解体后众多民族国家的建立改变了自《威斯特伐利亚和约》以来的欧洲地图，这不仅是以民族国家为主的现代欧洲形成的重要标志，而且也是欧洲确立多元文化共存普世价值观的重要标志。曾经作为这一地区超民族概念的政治化身，奥匈帝国在多元文化治理上的经验对现代欧洲具有重要的历史借鉴意义，如帝国政治家曾提出的泛欧思想和民族文化自治思想一战后在欧洲具有一定影响，前者与20世纪中出现的欧洲一体化具有关联，后者今天仍被一些中东欧国家作为发展少数民族权益的办法之一。这说明帝国民族关系治理的痕迹仍在影响着今天的欧洲。

第四节　创新与不足

一、创新

第一，从中东欧民族形成和民族国家建立的过程来理解这一地区民族关系的复杂性和变化性，并提出民族关系是决定这一地区政治地图变化的内在主因。在哈布斯堡王朝的长期统治和其他大国的干预下，历史上形成的弱势民族情结是中东欧民族的重要心理特点，其民族关系演变的内在规律都是在摆脱一种作为弱势或少数民族的地位，这一点从日耳曼与捷克、捷克与斯洛伐克、塞尔维亚与克罗地亚、匈牙利与罗马尼亚的民族关系中得到印证，由此得出的结论是民族关系直接影响了中东欧政治格局的变化，这一变化的趋势是中东欧沿着王朝—帝国—联邦—民族国家的轨迹朝着更小的政治体发展，这一过程中体现出来的民族关系就是从属民族不断追求主导地位的过程。第二，国内关于奥匈帝国的史学著作为数不多，这些著作大多也都是按照历史发展的顺序对帝国进行研究。本书以民族关系治理为主线分析和研究帝国治理模式，洞悉其政治、经济及社会发展特点，力图构建一个动态化、立体化的历史研究空间。这虽然困难不少，但是更有意义。

二、不足

第一，中东欧的历史曲折复杂，本书论述的重点主要集中在日耳曼人、马扎尔人、捷克人、斯洛伐克人、罗马尼亚人以及波兰人等民族关系的分析，特别是在一些案例分析上使用捷克的材料偏多。限于种种客观因素，书中对帝国中其他更多的少数民族，如塞尔维亚人、斯洛文尼亚人、犹太人等论述较少，这种文献平衡上的欠缺会使论证分析不够全面。第二，法律法规是确定民族关系的基础，限于这方面资料查询难度大，书中所涉及的多数法律法规上的文献都是阅读综合文献过程中得到的一些零星或者不全面的资料，这必然会在一定程度上影响到分析论证的合理性，对某些问题的分析和看法难免疏浅，比如工人运动和民族运动的关系以及帝国与欧盟在文化多元上的比较都是值得思考的亮点，本书在这方面虽有论述，但明显还有深入探讨的空间。第三，与其他帝国或大国的对比不够。

第一章　奥匈帝国中的民族与民族运动

多民族混居是奥匈帝国最突出的社会结构特点。奥匈帝国中汇集了欧洲众多的民族和宗教信仰群体，为民族学研究提供了现实版本。英国学者霍布斯鲍姆（Eric Hobsbawn）、希顿—沃森、盖尔纳（Ernest Gellner，生于奥匈帝国的捷克裔学者）、捷克学者赫洛奇、奥地利学者凯恩等都把民族及民族关系作为研究奥匈帝国和中东欧问题的切入点。中东欧地区不同族群的民族意识最晚在18世纪出现，这一过程是与经济、社会发展，人口流动，教育普及等因素密切联系在一起的。在法国大革命后自由、民主等新思想开始成为包括斯拉夫人在内的欧洲民族运动的有力武器。德国思想家赫尔德（J. G. Herder）提出的民族平等与和平相处的理念极大地鼓舞着各斯拉夫民族投身于帝国范围内的民族运动中。经过民族运动的淬炼，族群转变为现代民族，民族构建与工业化、资本主义和宪政主义同时构成了近代东欧从封建社会向资本主义社会过渡的组成部分。与西欧国家不同的是，中欧民族发育和民族运动发展过程中语言文化起到了关键的作用，一些学者称之为文化民族主义。①

---

① 这是相对于18世纪法国启蒙思想家提出的以建立统一的民族国家为目标的政治民族主义而言，两者都被认为是民族主义的表现形式。文化民族主义强调通过弘扬民族语言文化来唤醒民族意识和促进民族复兴运动，最初不以建立民族国家为目标。最早由18世纪晚期日耳曼思想家提出来，当时日耳曼仍处在分裂割据状况下，民族统一目标尚未形成。有学者认为这是民族意识较晚觉醒的中东欧地区特有的民族主义思想，或称之为欠成熟民族的民族主义。相关文献可参见李宏图的《西欧近代民族主义思潮研究》及余建华的《民族主义》。

第一节　奥匈帝国的历史回顾

1526年，奥地利哈布斯堡王朝吞并波希米亚和匈牙利王国，建立了多瑙河流域统治众多民族的奥地利帝国。1743年，哈布斯堡正式宣布对两地的统治权。在主要由这三个地区组成的奥地利帝国及1867年后的奥匈帝国中，每个地区都曾有自己不同的历史背景和语言文化。1866年6月在与普鲁士争夺日耳曼邦联主导权的萨多瓦战役失利后，奥地利帝国与其附属的匈牙利在1867年签署奥匈合治协议，奥地利帝国改称奥匈帝国，标志着帝国开始向自由宪政和多元化过渡。作为近代史上特有的二元结构帝国，它有两个政府和两个议会，一个共同的国家首领，执行统一的军事、外交、货币政策和关税联盟。协议每10年修订一次，由两国政府代表协商后由各自议会通过。这一制度的设计意味着帝国政治权力转移到两个次级政体上，实现了换上新装的哈布斯堡王朝统治的延续。

如果从1526年哈布斯堡家族第一次夺取波希米亚和匈牙利算起到1918年奥匈帝国解体，哈布斯堡王朝在东欧的延续长达数世纪。其主要原因之一是得益于王朝联姻与贵族政治，这是16世纪以来欧洲国家政治生活中突出和重要的组成部分，而这在奥匈帝国更突出，是帝国得以长时间维系的重要原因之一。安德森（Perry Anderson）把帝国的联姻政治形容为“幸福的奥地利模式”。他认为，其特点是国家被视为君主的祖传产业，通过个人的结合便可以得到所有权。联姻成为了外交的最高方式，而联姻又常常引起战争，因为联姻虽然比武装扩张所付出的代价要小一些，但联姻计划并非总能获得直接结果，有时往往又返回到战争的捷径上。许多战争的名称便能说明战争的性质，如西班牙王位继承战、奥地利王位继承战争、巴伐利亚王位继承战争。哈布斯堡王朝在中欧最宏伟、最独特的成就是，它把五花八门的地域聚拢在一个王朝屋顶下，而且最终使它们都重新回归天主教。哈布斯堡王朝的王朝联姻方针带来了异乎寻常的好运，超过了它的实际能力，但最终并没有真正弥补它的能力缺陷。归根结底，外交手段不能取代军事实力。①

直到19世纪末，贵族都是帝国政治和经济体系的重要支柱。只是到帝国消亡前最后几十年中，贵族阶层的力量有所减弱。不管是在维也纳还是整个帝国，贵族阶层的整个链条在数量和影响上都非常巨大，构成了帝国政治的核心层。特别是在加里西亚自治省和匈牙利王国，贵族阶层处在政治和经济结构的核心位置。帝国中的贵族可分为三个等级，第一级是高级贵族（aristocracy），包括亲王、公爵、伯爵等在内的社会上层，可与皇室接触，多信仰天主教。他们都是最古老和最有威望的贵族家族，在帝国中经常被提到的这类贵族家庭有约100个，其中21个家族可与皇室联姻，最有威望的有利希腾斯坦（Lichtenstein）、埃斯特哈奇（Esterhazy）、巴特尼（Battyany）、洛布科维茨（Lobkowizc），施瓦岑贝格（Scharzenberg）、温迪施格拉茨（Windischgraz）等。② 他们拥有广大的地产，垄断了帝国军政要职，构成了帝国政治的核心层。第二级是中层贵族—骑士（通常其姓名之前加上Von的前缀），这一阶层虽然出身高贵，但其地产财富和特权与高级贵族相比微不足道。第三级的下层贵族则到处可见，其境况多数时候只比自由农稍好一些，③ 特别是在加里

---

① ［英］佩里·安德森，刘北成、龚晓庄译：《绝对主义国家的系谱》，上海人民出版社2001年版，第330页。

② Zsuzsa Gáspár, *Rakousko-Uherská Monarchie*, Praha: Slovart, 2011, ss. 344－346. 在历史上，捷克贵族曾是哈布斯堡王朝中最富有的贵族之一，到了19世纪，情况发生了变化，施瓦岑贝格家族在波希米亚拥有47.9万公顷土地，但是埃斯特哈奇家族在匈牙利则拥有700万公顷土地。

③ 温盖尔在《匈牙利史》书中写道：19世纪上半叶，相对来说人数众多的匈牙利贵族（50万—60万），就其财产和社会地位而言，有着巨大差别。大量所谓只有"7棵李子树"的穷贵族与拥有成万或十几万霍尔特土地的大贵族相比无异于赤贫。其"贫穷"的生活条件与农奴相差无几。参见温盖尔·马加什：《匈牙利史》，第166页。美国经济史学家Jarome Blum提出，1846年贵族数量占到匈牙利成年人口的近10%。参见Jarome Blum, *Noble Landowners and Agriculture in Austria 1815—1848*, Johns Hopkins Press, 1948, p. 36。根据托克维尔在1836年发表的《1789年前后法国社会政治状况》文中数据，1791年法国贵族阶级人数占王国人口的3%。参见托克维尔：《旧制度与大革命》，商务印书馆2012年版，第286页。

西亚和匈牙利，低级贵族数量庞大，他们统治了多数乡村，是地方统治和治理的支柱。到 19 世纪末，贵族力量虽有所削弱，但是相比西欧国家，奥匈帝国的贵族化治理特征仍然突出，被众多历史学家视为 19 世纪的史前遗迹。捷克学者佩内斯把帝国贵族政治的特点总结为：自 16 世纪哈布斯堡王朝开始统治中欧以来，帝国领土的扩大通常首先是成功的贵族政治联姻的结果；相反，领土的缩小多是在战争中失利的结果。[①] 在奥地利，政府首相一职直到 1890 年仍属高级贵族专有，最后一个贵族首相是在 1893—1895 年任职的温迪施格拉茨亲王，随后才有更多的中小贵族家庭出身的人担任这一职位。贵族政治还具有跨区域的显著特点，有时一个家族的政治影响力会超出帝国的范围。正是在这个意义上，帕尔默提出，哈布斯堡君主国是由若干大的贵族家族组成的联盟，而不是一个真正的专制帝国，其程度还胜于俄国和普鲁士。[②]

相比于西欧地区，多民族混居的多瑙河地区从中世纪开始就比西欧经历了更多的历史风雨的吹打，其历史发展与社会变迁的特点也因此与西欧有很多不同。阿伦特（Hannah Arendt）说，从波罗的海到亚得里亚海的“混合居民地带”在奥匈帝国表现得最明显。这里，不存在实现西方民族那种“人民—领土—国家”三位一体的条件，千百年来，他们的边界经常变动，居民不断地迁移。“混合居民地带”比欧洲其他地区更容易暴露在历史风暴面前。[③] 自 13 世纪起，当西欧通过君主制把民族联合起来、建立民族国家的时候，在中东欧却出现一种相反的历史运动。16—17 世纪以奥地利、俄罗斯和奥斯曼土耳其为权力中心建立的三个大帝国统治了整个欧洲东部和东南部地区，虽然表面上看起来这三个帝国的政治发展过程与西欧形成的民族国家的过程有很多相似性，如强化王权、实行中央集权制、加强文化同质性建设，但是东西欧地区出现的结

---

① Jiří Pernes, *Pod Habsburským Orlem*, Praha: Nakladatelství Brána, 2001, ss. 77 – 78.

② ［英］艾伦·帕尔默，于亚伦等译：《夹缝中的六国——维也纳会议以来的中东欧历史》，商务印书馆 1997 年版，第 63 页。

③ ［美］汉娜·阿伦特，林骧华译：《极权主义的起源》，生活·读书·新知三联书店 2008 年版，第 315、319 页。

图 1—1　帝国行政图

果却相反，后者的帝国统治压制和阻碍了中东欧地区民族国家的形成，特别是在民族结构复杂、在欧洲均势格局中起到重要作用的奥地利帝国中的日耳曼、匈牙利、意大利以及诸多斯拉夫民族之间形成了以统治与从属、强势与弱势为主要特征的盘根错节的民族关系。

对帝国来说，出于维持帝国统一目标的民族关系治理的重要性大于经济发展和对外扩张，有学者认为这是帝国没有进行海外扩张的原因之一。[①] 1848 年欧洲民族革命运动爆发后，民族主义思潮在帝国中赢得了各民族广泛的认同，自此以争取民族平等权利和地方自治地位为目标的的民族运动风起云涌。1867 年奥匈协议签署后，马扎尔人首先获得了自治地位，基本实现了民族运动的目标，自此帝国中出现了两个政治上相

---

① 在 18 世纪 60 年代特蕾莎女皇时代，哈布斯堡一度试办殖民事业，为奥地利效劳的荷兰航海者在东非建立了一个站，在印度马拉巴尔海岸和尼克巴尔也立住脚跟。过了 10 年（1775—1785 年）所有的基地又都被放弃了。对传统殖民强国的顾虑对此起到了很大的作用。在 1848 年 3 月前，帝国不再争取海外属地，却建立起一个效率很高的航运业。见［奥］埃里希·策尔纳，李澍泖、杜文棠译：《奥地利史》，商务印书馆 1981 年版，第 257 页。

对强势的民族。但其他民族争取获得与马扎尔人一样的自治地位的目标并没有实现，因而这就成为帝国中其他民族运动的现实目标。在19世纪后半叶，帝国各地区掀起了民族运动浪潮，在1914年前，多数民族运动领导者的立场是温和的，其目标是通过政治结构的民主化改造实现某种形式的族群自治。捷克民族运动是其中的领头羊，其与主要代表日耳曼人利益的帝国政府在议会展开了激烈的斗争，由于选举权门槛的限制，斯洛伐克、罗马尼亚等其他民族无法通过议会斗争争取民族权利，主要是通过请愿政治的方式表达政治诉求。在一战爆发后，捷克民族运动的目标发生了变化，以马萨里克为首的思想家和政治家最早提出了解体帝国、建立民族独立国家的设想，并最终得到了协约国的支持。帝国在战后和平解体，中东欧出现了众多新兴民族独立国家。

关于奥匈帝国的合法性，一般认为，从欧洲地缘政治角度看，从中世纪到1683年的莫哈奇战役之前，以奥地利为中心的哈布斯堡王朝不是欧洲大国关系和政治生活中的主要角色，在奥斯曼帝国对欧洲东部构成威胁时，欧洲天主教的统治者们才认识到在对抗土耳其的东部前线地区需要有一个大国的存在。这就是所谓“欧洲之必需”的地缘政治含义。英国学者沃森把此理解为：奥地利占据着一部机器中重要和关键的部位，所有欧洲国家的生存与其息息相关。[①] 奥地利历史学家望克（Solomon Wank）提出，帝国的持久存在不是依靠自己的实力，而是出于防止中东欧地区出现权力真空的必要性，真空会导致大国间战争。[②] 最早提出奥地利帝国合法性的是捷克近代政治思想创始人——帕拉斯基（František Palacký），他在1848年4月致日耳曼邦联法兰克福议会的信中指出，奥地利是联合中东欧民族的最佳政治体，它作为一个完整统一的国家存在，对捷克民族和整个欧洲都意义重大，多瑙河流域诸多小斯拉夫民族的联

---

① Seton-Watson, R. W., “Austria-Hunagary and the Federal Solution”, *Comtemporary Review*, 1918 Jan. /June, p. 258.

② Solomon Wank, *The Nationalities Question in the Habsburg Monarchy*: *Reflections on the Historical Record*, Fanklin & Marshall College, Apr. 1993, p. 7.

合可以平衡东方强大的俄国。[①] 这是第一次从地缘政治角度阐明了帝国存在的合理性。帝国中众多斯拉夫小民族从一开始的时候，就把其民族的安全保障寄托在奥匈帝国身上。

一战前，在欧洲大国中，奥匈帝国面积居第二，人口数量居第三，工业产值居第四（在英国27%、德国22%和法国13%之后），其中煤炭产量排欧洲第三，石油产量排第四，钢铁产量排第五。整体上看，作为一个参与大陆竞争的主要国家，帝国的自然禀赋和经济指标等硬件条件可谓不差，但软实力，如经济综合竞争力、民族凝聚力显然落后于英、法、德、意等国家，只能跻身欧洲二流帝国。大卫·休谟（David Hume）说，帝国时代的奥地利统治总体来说是人口众多、农业兴旺的国家，它幅员辽阔，但在欧洲的力量对比中却没有获得与之相称的力量。[②] 其中的原因与帝国多民族特点直接有关。匈牙利史学家温盖尔认为，奥地利不可能成为一个强大的国家，因为有一个永远在背后威胁着的匈牙利。[③] 清朝大臣瑞芳曾指出，奥匈帝国民族矛盾是导致其从一流大国变成二流国家的原因所在。[④] 比如在欧洲其他帝国都开始海外殖民的时候，奥匈帝国只把扩张的目标对准了巴尔干半岛，走上了对内扩张的道路。从历史惯性看，奥地利帝国的扩张较少使用武力，而主要是通过王朝继承和贵族联姻的方式实现帝国疆域的不断变化。在武力扩张上，1859年

① Frantisek Palacky, "Letter sent by Palacky to Frankfurt", *Slanovic and Eastern European Review*, Vol. 26, No. 67, April, 1848, pp. 303 - 308.

② ［英］大卫·休谟，张正萍译：《论政治与经济——休谟论说文集（卷一）》，浙江大学出版社2011年版，第164页。

③ ［匈］温盖尔·马加什，阚思静、龚余坤等译：《匈牙利史》，黑龙江人民出版社1982年版，第224页。

④ 中国史学会主编：《辛亥革命》（第四册），上海人民出版社2000年版，第47页。清末出洋考察各国宪政的大臣瑞方曾在1901年9月1日的一份关于奥匈帝国民族关系的密折中认为，日耳曼人和匈牙利人两族之间的斗争危及哈布斯堡王朝的统一。文中说："奥地利与匈牙利合为一国者已二百年，两族積不相下，近年革命厌起，奥政府以全力镇抚之，仅免分立，而杌隍之形，不可终日。此皆两民族共处一国不能调和，而国基因以动摇，前车之最可鉴者也。其次焉者，虽幸未置国家之分裂，而国中诸族，尔虞我诈，人各有心，不能拼力一致，以谋国家利益，则国亦日趋衰弱而无图自强。"

和 1866 年帝国分别败于意大利和普鲁士后，帝国实力与国际地位急剧下降。1914 年 7 月帝国对塞尔维亚的宣战导致一战爆发，战后帝国解体。

第二节　民族构成及特点

欧洲东部的民族关系比西部要复杂，其始自于罗马帝国分为东西，在东部斯拉夫人与拉丁各族更加分散支离，并晚熟得多，建立民族国家的进程更加复杂曲折。[①] 与西欧相比，中东欧族群或民族分布有两个突出的特点：第一，在数量上，前者族群的数量几乎是西欧的三倍。第二，在地域分布上，族群交织混居程度高。传统的人口分布类型分为集中型、混合型和散居性。中东欧族群的分布包括着全部三种类型，如相对集中型的捷克人和阿尔巴尼亚人，他们主要集中在一个单独的区域中，在区域之外居住的人口数量不多。犹太人和吉普赛人属于高度分散的族群。其他绝大多数族群属于混居型，如马扎尔人、塞尔维亚人、日耳曼人和罗马尼亚人等，虽然拥有主要的居住区域，但其相当比例的人口居住在其他族群的飞地地区，如特兰西瓦尼亚的马扎尔人，波希米亚和摩拉维亚的日耳曼人等。这一点与中东欧地区历史上族群迁徙模式有直接联系。公元 5—6 世纪，日耳曼人的入侵使得斯拉夫人分散为四个支翼，向北进入波罗的海地区，向西进入波希米亚和斯洛文尼亚地区，东北进入俄国，南部进入马其顿和保加利亚。[②]

在民族构成上，与同时期另一个主要的多民族国家俄国不同的是，奥匈帝国没有一个在数量上明显处于支配地位的主要民族。其民族构成

---

① 《民族问题译丛》编译室编译：《马克思恩格斯关于殖民地及民族问题的论著》，中央民族学院研究部，1956 年，第 432 页。

② Raymond Pearson, *National Minorities in Eastern Europe 1848—1945*, Macmillian Press Ltd., 1983, p. 4.

的主要特点体现在以下方面：第一，没有一个民族人口超过总人口的四分之一。根据1910年帝国人口统计，帝国人口达到5100万，在欧洲居俄国和德国之后。主要民族包括：日耳曼人占24%，马扎尔人占20%，捷克人占12.5%，波兰人占10%，乌克兰人占8%，罗马尼亚人占6.4%，斯洛伐克人占3.9%，克罗地亚人占3.8%，塞尔维亚人占3.8%，斯洛文尼亚人占2.6%。在奥地利一边，日耳曼人占35.6%，捷克人占23%，波兰人占17.8%，乌克兰人占12.6%，克罗地亚人、塞尔维亚人、斯洛文尼亚人和意大利人比例低于5%。在匈牙利地区，马扎尔人占48%，罗马尼亚人占14%，日耳曼人占10%，斯洛伐克人占9.5%，克罗地亚人占8.8%，塞尔维亚人占5.3%，乌克兰人占2.3%。[①] 捷克学者佩内斯的统计是1908年在帝国533000平方公里的领土上，有超过20个民族。[②] 从数据中看出，如同同时期其他大国人口构成相比，奥匈帝国中所有民族都可称为少数民族，民族关系反映在政治结构中就是两个少数民族统治众多少数民族。绪论中所述多伊奇对帝国的定义非常契合奥匈帝国的结构特点。只是在匈牙利部分，匈族占据了相对的主体民族位置。这也是匈牙利实行语言和民族同化政策的客观基础之一。

第二，帝国中近60%的民族人口属于跨国民族，即在帝国之外有自己的同一民族国家存在，这是帝国民族人口构成中不同于同时期其他欧洲大国的重要一点，它决定了帝国统治基础的非稳定性和周边治理的重要性。按照1910年人口统计，人口都在帝国境内的民族有马扎尔人、捷克人、斯洛伐克人、斯洛文尼亚人，这些族群人口占帝国人口总数的39%。在帝国范围之外有同一民族，但是仍未建立民族国家的有波兰人、乌克兰人，他们占到帝国人口的18%。在帝国之外，已建立民族国家的

① Kanstantinos Raptis, "Disocrd or Achievement? Reflections on the Habsburg Empire 1848—1918", *Historien*, Vol. 5, 2005, p. 121.

② 除了前面的主要民族外，其他还有赛克勒人、波斯尼亚人、犹太人、茨冈人、保加利亚人、俄国人、亚美尼亚人、土耳其人、胡克尔人等。参见：Jiří Pernes, *Pod Habsurským orlem*, nakladatelstvi Brúna, 2006, s. 46。

民族有日耳曼人、塞尔维亚人和克罗地亚人、罗马尼亚人、意大利人，占到帝国人口的39%。[①] 这一民族构成的特点被列文视为帝国致命的弱点，因为在民族运动发展过程中，帝国面临着境内民族运动和跨境的民族统一运动的双重挑战。正是在这个意义上，帝国政治家及奥地利社民党领袖之一的卡尔·伦纳提出，民族关系的复杂性和前所未有的特点使其成为帝国政府面临的所有问题中最困难的问题。[②]

第三，犹太人也是帝国社会生活和民族关系中的重要组成部分。自中世纪以来，犹太人就已经在欧洲建立了自己的居住区，但其处于政治、社会和文化生活的主流之外，构成了一个被剥夺公民权利的特殊阶层。长久以来，欧洲国家就把犹太人视为基督教社会中的外来侵入者或者异教徒。1781 年，约瑟夫二世（Josef II）颁布宗教宽容法令。1848 年，奥地利又废除了对犹太人的其他歧视法令，犹太人获得了平等权利。1867 年之后，由于反犹势力相对较弱，帝国中犹太人数量增长很快。在人口统计中，帝国中的犹太人不被视为一个单独的民族，而是按照其所讲的语言归入其他民族。据 1910 年人口统计，在奥地利共有 1313635 信仰犹太教的人，其中 339981 讲德语，810460 人将波兰语，50670 人讲捷克语，23615 人讲乌克兰语，近 3000 人讲其他语言。犹太人占奥地利人口的 4.6%，占讲德语人口的 3.65%；[③] 在匈牙利犹太人约有 90 万，占人口的 5%（不包括克罗地亚和斯洛文尼亚），他们在人口登记中全部登记为马扎尔人。[④]

从宗教信仰来看，罗马天主教是主要的宗教信仰。据统计，1880 年，信仰天主教的人占到人口总数的 78.28%，其中，罗马天主教占

---

① Peter F. Sugar, *East Europeean Nationalism and Religion*, Hampshire: Ashgate, 1999, p. IV 10.

② Karl Renner, "State and Nation", *National Cultural Autonomy and its Contemporary Critics*, Edited by Ephraim Nimni, Roudledge, 2005, p. 16.

③ Robert A. Kann, "German-Speaking Jewry During Austria-Hungary Constitutional Era (1867—1918)", *Jewish Social Studies*, Vol. 10, No. 4, 1948, p. 240.

④ Robert A. Kann, "Hungary Jewry During Austria-Hungary's Constitutional Period (1867—1918)", *Jewish Social Studies*, Vol. 7, No. 4, 1945, p. 366.

67.58%，希腊天主教占10.7%，东正教占7.75%，路德教占3.74%，新教占5.67%，犹太教占4.35%。[①] 从这一统计数字看，帝国中犹太人占总人口的比例与犹太教教徒的人口比例大致相等，这说明虽然犹太人在人口统计中被纳入其他民族，但改变宗教信仰的比例并不高。

第三节　民族运动和民族形成

与西欧民族形成和民族国家建立不同，东欧民族运动和民族形成的时间较晚，有着自己不同的过程和目标。西欧民族启蒙和运动比东欧早半个世纪。西欧民族经过同化，变成了统一的民族国家，即不同语言族群变成了相同的民族，这一点在英、法民族国家建立的过程中非常明显。直到19世纪中，中东欧地区大多数居民的民族意识尚不强烈。帕拉斯基在1849年发表的一篇报刊文章中写道，在这里，民族观念还没有渗透到所有人的思想意识中。不能否认，对于很多人来讲民族观念甚至是可恶的。但他预言：这些地区、特别是奥地利的迄今对民族认同漠不关心或无动于衷的民众，在10年、20年或30年以后将不会是这样。[②] 东西欧民族形成的过程有所不同，多数学者的共识是西欧民族运动更多具有以建立国家为目标的政治倾向，东欧民族运动中强调不同民族的文化属性与特点，结果是不同的语言族群变成了不同的民族国家。

一、族群与民族

在较长时间里，学术界对欧洲民族运动和民族国家形成的研究主要

① Zsuzsa Gáspár, *Rakousko-Uherská Monarchie*, Praha: Slovart, 2011, s. 154.

② Jeremy King, "The Nationalization of East Central Europe: Ethnicism, Ethnicity, and Beyond", *Staging the Past The Politics of Commemoration in Habsburg Central Europe, 1848 to the Present*, Edited by Maria Bucur and Nancy M. Wingfield, Purdue University Press, 2001, p. 131.

集中在西欧，主流的观点认为这里的民族运动属于国家民族主义，以建立民族国家作为目标。东欧则是另外一种情况，这里民族意识和民族运动晚于西欧，是在西欧民族国家理念的影响下才出现的。在西欧形成若干民族国家的时代，在东欧的俄国和奥地利帝国和1867年以后的奥匈帝国却形成了多民族帝国。马克思在1877年致俄国《祖国纪事》杂志编辑部的信中也提出，不同国家的不同情况下的民族起源和形成也有不同，要采取具体情况具体分析的实事求是的方法，不能把他的有关民族形成的论述——“关于西欧资本主义起源的历史概述彻底变成一般发展道路的历史哲学理论，一切民族，不管它们所处的历史环境如何，都注定要走这条道路”——教条化。[①] 事实上也是如此，始于19世纪初的东欧民族运动呈现出不同的特点，在较长的时间里其民族运动不以建立民族独立国家为目标，而是把争取平等的民族文化、经济和社会发展权利作为目标。

在东欧小民族研究领域，捷克学者赫洛奇的小民族形成三阶段理论得到了学术界的一致赞同。他针对中东欧小民族（或非主导民族、弱势民族、非完全结构民族）的研究全面客观，形成独树一帜的理论风格，不仅充实了欧洲民族运动的研究，而且从历史发展角度论证了东欧民族矛盾的根源。霍布斯鲍姆说，赫洛奇的杰出贡献开启了论述民族解放运动的新页；并认为，赫洛奇针对欧洲小民族运动的比较研究使得民族走向国家建立的研究有了长足进步。[②] 赫洛奇的研究从实证主义的角度分析了18—19世纪欧洲小民族的民族运动和民族国家形成的特点，对欧洲民族运动和民族国家构建做出了更客观、更辩证的分析。哈布斯堡王朝治下汇集了东欧众多族群，了解这些族群向民族的演变过程有利于对奥匈帝国的民族关系有更深刻的认识。赫洛奇的小民族运动理论主要包括以下方面：

---

① 《马克思恩格斯全集》第19卷，人民出版社1974年版，第63页。

② ［英］霍布斯鲍姆，李金梅译：《民族与民族主义》，上海世纪出版集团2006年版，第3、11页。

（一）在民族与族群的关系中，民族代表着族群更高的发展阶段，或者说是现代化的族群表现形式

关于民族的讨论是一个涉及面广泛的话题，政治家和社会学家就民族定义的讨论已进行了持续一个多世纪。现在多数语言中的“民族”一词来源于拉丁语“nation”，原意为“一个出生物”（a born creature），后来意指以真实或虚假的同一血统或种族的生活为基础的社会集团，这一集团共同体只限于超越于每个家庭之外的部族。“民族”一词在早期一直与血缘或地区相联系，到16、17世纪，其词意才发生了明显变化，具有了不管其种族集团而把一国之内的人民统称为“民族”的含义。[①] 到18世纪，在欧洲不同语言中这一词有不同的含义。在英语和法语中，“nation”主要被理解为一个国家中的居民，再后来这个词便与国家和国家地位联系在一起，如法国大革命时期把“民族”理解为一个国家的公民。《人权与公民权宣言》开宗明义地宣称：整个主权的本原主要是寄托于国民（the Nation）。[②] 此后法语中“民族”一词意指讲同一种语言的国家公民的共同体。英语中“nation”也强调国家共同体的含义，不包含族群特点，所以直到今天在英语中“nation”常用来指“国家”的同义词。与此相反，东欧地区民族运动出现的时间较晚，在日耳曼语和斯拉夫语中，民族首先是与族群语言及其历史特点联系在一起，从一开始民族就是以族群来定义的。族群转变为民族的过程是两个具有内在关联性的现象。在欧洲，从族群向民族的演变通常以两种方式来实现，一是族群消失（如西欧的巴斯克人、弗拉芒人），一是转变成一个新民族（如东欧的不同民族）。赫洛奇认为，从族群向现代民族的发展演变有两个阶段，民族代表着族群更高的发展阶段，或者说是现代化的族群表现形

---

① 李宏图：《西欧近代民族主义思潮研究》，上海社会科学出版社1997年版，第1—2页。
② ［英］埃里·凯杜里，张明明译：《民族主义》，中央编译出版社2002年版，第5页。

式。[1] 族群和民族的差别在于：民族是一个大规模的社会集团，以包括经济、地域、政治、宗教、文化和语言等多种关系的综合体为特点构成的社会集团。一方面，这些关系产生于在一个特定区域中人与自然之间的对抗关系，另一方面来自于在人的意识中对这些关系的认识。[2] 民族主义是从民族存在中派生出的一种现象。在他看来，那种认为民族是民族主义产物的观点过于主观，民族是客观存在，民族主义或民族运动只是加速唤醒了民众心中沉睡的民族意识。

确定现代民族和族群间的关系很重要。在民族运动发生前，族群认同就已经存在，一些客观因素如习俗、宗教、方言、地域等决定了族群的基本特点。如从最初斯拉夫人和日耳曼人混居开始，他们就已经认识到自己与日耳曼人的区别。多数斯拉夫语中，“日耳曼人”（单数阳性）一词写法基本接近，捷克语中写成“Němec”，斯洛伐克语是“Nemec”，波兰语是“Niemiec”，克罗地亚语是“Nijemac”，不同语言中的这个词都有“不是我们”的意思，即和我们不能沟通的人。[3] 18 世纪末受到法国革命的影响，欧洲出现了以传播民族主义和自由主义为主的思想解放运动，民族运动和认同思想主要来源于两个方面，一是语言、宗教、习俗等共同文化意识使得某一族群对同一文化有归属感，也就是斯宾格勒（Oswald Spengler）所说的“心灵的单位”。[4] 二是同一区域或相邻区域的人更容易形成团结的意识，如波希米亚、摩拉维亚首先是指一个区域，而不是人的群体，在这个区域范围内的人对区域繁荣和福祉有共同愿望时，他们首先就有了区域认同，并愿意为区域发展做出共同努力，这样就有了初步的凝聚感和团结感。族群向现代民族的转变就是族群认同转

---

① Miroslav Hroch, *V národním zájmu-požadavky a cíle evropských národních hnutí devatenáctého století ve srovnávací perspektivě*, Praha: NLN, 1999, s. 2.

② Miroslav Hroch, *Social Preconditions of National Revival in Europe*, Cambridge University Press, 1985, p. 4.

③ 匈牙利语中日耳曼人一词是 Németh，应是从斯拉夫语而来，马扎尔人到达多瑙河流域的时间晚于斯拉夫人和日耳曼人。

④ ［德］奥·斯宾格勒，江月译：《西方的没落》，湖南文艺出版社 2011 年版，第 134 页。

变为民族认同的过程。民族运动起到了促进族群认同转变为民族认同的催化剂的作用，在这一过程中，民族运动和认同的思想不是一下子从天上掉下来的，而是经过一定的时间、在一定环境下逐步在族群成员中传播后才被接受。作为一个社会集团，民族是在长期和复杂的历史进程中形成的，其成员由一系列不同的关系和长期共存的意识联系在一起，其中有些关系是长久以来一直存在的，具有原生性特点，如语言、文化、宗教等，有些关系是可变的，如政治、经济关系。民族产生的客观基础是族群，相对于族群而言，更高发展阶段的民族具有一些新特点。从社会结构看，民族具有完全或接近完全的等级社会结构（贵族、社会精英和民众），这是与其经济和社会发展水平相适应的社会结构。在这一结构中，不仅有社会各阶层的代表，也有参与或者希望参与政治权利的受教育的知识精英。从成员看，民族成员既是等级社会的成员，也是权利平等的共同体成员，民族成员拥有平等权利，而在以人与人之间不平等关系为基础的封建社会，这种平等关系不能实现。现代民族生活在自己管理内部事务的区域中，其成员通常把这一地区视为是自己的。从民族语言看，民族成员使用修订后的标准化语言，内部沟通以同质化语言为前提，民族宣称可以创造具有自身民族特点的高级文化，这种文化实际上包含了民族出现之前的族群文化因素。从历史连续性看，民族成员都认同自己的共同起源和历史记忆，对共同历史的认识使民族成员具有了共同的“集体记忆”。如在中世纪，波希米亚和摩拉维亚以讲捷克语的居民为主，日耳曼语居民占少数。1526 年，波希米亚王国在哈布斯堡统治下逐渐失去了独立地位，它并没有消失，其名字、边界、首都以及一些机构，如最高法院以及 1627 年制定的赋予捷克语与德语相同地位的宪法都保留下来。直到 17 世纪捷克语一直是地方行政的官方语言。但在哈布斯堡王朝自 18 世纪起逐步推行日耳曼化的中央集权政策后，德语变成行政、经济和文化生活中的主要语言。[1] 中欧史学者希钦斯（Keith Hitchins）在对18—19世纪中特兰西瓦尼亚地区的罗马尼亚人民族意识形成和民族运动发展进行分析后，提出了该地区罗马尼亚人是“被发现的民族”的观点，[2] 也强调民族本身的客观存在性。

（二）民族不是民族主义的产物，而是封建社会向资本主义社会过渡时期社会进步的结果，民族构建是现代欧洲社会向工业化、资本主义和宪政主义转型的自然组成部分

在赫洛奇的语境中，他较多使用“民族运动”，而很少使用“民族主义”的术语，因为在他看来，和民族运动相比，民族主义是较晚出现的思潮。针对欧洲民族形成的主要时期——18—19世纪的民族孕育和构建而言，民族运动一词更能体现历史的真实性和客观性。他认为，民族运动及现代民族的构建都是社会现代化转型进程的组成部分，即传统农业社会向资本主义社会和工业化社会转型的进程中，社会生产关系的变化构成了民族运动出现的现实基础，而资产阶级革命则把族群、民族运动和民族构建连成一个有机体。经过民族运动的淬炼，族群转变为现代民族。在这一点上，很多学者具有共识。如盖尔纳、多伊奇、霍布斯鲍姆、赫克特（M. Hecther）等都提出了类似的观点，认为社会转型的根源在于旧体制的震荡和现代化的出现。霍布斯鲍姆说，民族价值倾向是对旧的封建和宗族关系崩溃的反应，是市场关系发展、群众动员和商业发展等带来的结果。[3] 同时期的艾森斯塔得（S. N. Eisenstadt）把民族主义视为是传统共同体崩溃和解体的产物。[4] 赫洛奇认为，在捷克和匈牙利

---

① Miroslav Hroch, “From ethnic group toward the modern nation: the Czech case”, *Comparative Studies in Modern Europe History*, Hampshire: Ashgate, 2007, pp. II－97.

② Keith Hitchins. A Nation Discovered: *Romanian Intellectuals in Transyvania and the Idea of Nation 1700—1848*, Bucharest: The Encyclopaedic Publishing House, 1999, p. 8.

③ ［英］霍布斯鲍姆，王章辉等译：《革命的年代》，江苏人民出版社1999年版，第178—183页。

④ Miroslav Hroch, *V národním zájmu-požadavky a cíle evropských národních hnutí devatenáctého století ve srovnávací perspektivě*, Praha: NLN, 1999, s. 14.

出现的民族动员和民族认同的新概念与哈布斯堡王朝出现了一系列社会关系新变化和社会震荡有关，如18世纪下半叶约瑟夫二世（1780—1790年在位）开明专制时期取消农奴制的尝试、税赋改革、宗教宽容、弱化教会影响、强化中央集权主义等都引起了旧体制的支持者——贵族和教会阶层的强烈反对，但同时他却赢得了农民和自由民的支持。[①] 社会关系的新变化是民族运动发展的物质基础，它带来了包括民族认同在内的新观念，民族运动是对旧体制危机的反应，对旧的社会关系和旧的价值体系崩溃的反应，并由此产生了新的共同体认同的需要、新的社会关系构建的需要。

二、民族发展三阶段模式

他提出的民族发展三阶段论认为，民族运动和民族国家的形成经历了由学院兴趣期（A阶段）到爱国鼓动期（B阶段）和最后的群众民族运动兴起期（C阶段）。

（一）在A阶段，启蒙知识分子把一个族群的历史文化、生活方式、习俗有时甚至是地域特点作为研究目标，致力于族群语言文化的复兴[②]

他们的研究兴趣首先是由对族群的感情所引发的。这一阶段，重要的社会背景是社会流动性增强、现代化初始时期的知识扩散和教育普及程度提高，为以教士为主的知识分子在族群语言文化复兴中发挥作用提供了现实条件。这一阶段的目标是形成标准化的民族语言并进行传播，因此这是民族意识酝酿和运动准备时期。恩格斯说，一旦分为语族，这些语族就成了建立民族国家的一定基础，民族（nationalitaten）开始向民族（nation）转变。[③] 他这句话中的前一个民族——nationnalitaten应具体指民族运动之

---

① Miroslav Hroch, *V národním zájmu-požadavky a cíle evropských národních hnutí devatenáctého století ve srovnávací perspektivě*, Praha: NLN, 1999, s. 15.

② Miroslav Hroch, *Narody nejsou dilem nahody*, Praha: Slon, 2009, s. 158.

③ "论封建制度的瓦解和民族国家的产生"，《马克思恩格斯全集》第21卷，人民出版社1974年版，第443页。

前的只知有教的族群，后一个民族——nation 应是指经过民族运动后形成的已知有国的现代民族，从两者的关系看，后者是前者的发展。

从历史发展看，奥匈帝国中经济最发达和贵族力量最弱的捷克人的民族意识在所有斯拉夫人中觉醒最早。在 18 世纪 80 年代，约瑟夫二世强令帝国中非德语臣民使用德语，标志着捷克地区日耳曼化的开始。在这种背景下，捷克知识分子从规范民族语言、搜集整理民间传说着手培育和宣传民族文化，在帝国中掀起了最早的民族语言和文化复兴运动。教士多布罗夫斯基（Josef Dobrovský）1809 年第一次修订了捷克语规范语法，教师出身的荣格曼（Josef Jungmann）在 1825 年出版了《捷克文学史》，帕拉斯基在 1836 年出版了《波希米亚史》丛书。在斯洛伐克，施图尔（Ludivit Štúr）在 1843 年修订了斯洛伐克书面语语法。语言成为唤醒民族意识的起点，从语言入手，延伸到对历史、文学、民俗等的研究，逐步形成民族个性和认同的广泛基础。斯洛伐克民族启蒙运动先驱科拉尔（Ján Kollár）认为，斯拉夫民族文化复兴只在捷克地区以最明显的形式出现，捷克人所经历的深刻的政治、社会和文化变革是其他斯拉夫民族所没有的。[①] 到 19 世纪中期以后，各民族的语言文化复兴运动开始与争取民族独立的政治运动汇集在一起。霍利认为，18 世纪末至 19 世纪上半叶，语言文化复兴运动使得更多的捷克民众开始形成了相对于日耳曼人的自我认同，尽管他们长久以来在奥地利帝国的范围内与日耳曼人共享地理、经济和政治空间。[②]

（二）B 阶段是传播民族认同的阶段，也是民族运动能否成功的关键期[③]

这一阶段，启蒙知识分子开始向自己同族群的人进行宣传，称他们

---

① Tomáš G. Masaryk, “Jan Hus and the Czech Reformation”, *The Meaning of Czech History*, edited by Rene Wellek, University of North Carolina Press, 1974, p. 12.

② Ladislav Holý, *Malý český člověk a skvělý česky národ*, Praha: Slon, 2010, s. 246.

③ ［英］霍布斯鲍姆，张晓华等译：《资本的年代》，江苏人民出版社 1999 年版，第 109 页。

也是与西欧民族一样的民族成员，拥有自己的价值和民族属性权利。当族群部分成员认识到自己族群的存在并获得更多和更高层次的教育机会后，他们就开始建立自己的知识分子团体，并把认为唤醒其族群团体沉睡的民族意识视为己任，这样就产生了最初的爱国鼓动，即民族运动的B阶段。由A阶段进入B阶段有三个特点，即旧秩序的社会或政治危机；在人群中有相当多的成员产生不满情绪；对传统体制丧失信心。在第二阶段，族群成员开始寻求新的共同体认同，作为对其原有的专制国家认同或历史王国认同的补充。这两种旧的认同都与政治和社会制度的发展阶段相适应，一个是与统治王朝相关的专制国家认同，另一个是与历史政治延续性有关的地方王国认同，如捷克人历史上曾建立的波希米亚王国和匈牙利建立的斯特凡王国。西欧资产阶级革命提出的人权观念和民族认同对专制国家和地区王国认同都构成了威胁，后两种认同不断被削弱。在19世纪上半叶的捷克、匈牙利、克罗地亚、挪威和加泰罗尼亚等地区已经开始出现这种情况。

进入B阶段以后，几乎所有民族都出版报纸杂志，把民族语言作为学校教学语言，建立自己民族的学校成为民族动员的有效方式。1861年以后，奥地利帝国出现大量的民族学校，在匈牙利、普鲁士和俄国也出现了通过学校教学同化少数民族的倾向，其中匈牙利的匈化教育政策始于19世纪70年代，俄国始于80年代。在这一阶段，语言成为民族认同的重要部分，多数民族运动都把发展族群的语言文化作为优先目标，各族群的知识精英宣传和鼓励其成员热爱和保护自己的语言，正像早期一本捷克语格言书所宣称的那样，“谁不爱自己的语言谁就是自己民族的敌人”。[①] 霍布斯鲍姆认为，当开始用民族语言出版教科书、报纸或进行某些官方活动时，都代表着民族发展迈出了关键一步。19世纪30年代，欧洲许多地区都跨出了这一步，于是有关天文学、化学、人类学、矿物

---

① Miroslav Hroch, “The Social Interpretation of Linguistic Demands in European National Movements”, *Comparative Studies in Modern Europe History*, Ashgate, 2007, p. 75.

学和植物学的第一批重要的捷克文著作，便是在这10年中写作完成的；而在罗马尼亚，用罗马尼亚文代替以前流行的希腊文的第一批学校教科书也是如此。1840年，匈牙利文取代拉丁文作为议会的官方语言，虽然受维也纳控制的布达佩斯大学直到1848年才停止教授拉丁语课程。①

这一阶段，民族运动的主要参与者是知识分子和部分上层社会成员。由于对民族动员不信任或不感兴趣，农民和工人还没有广泛参与其中。具体划分的话，在加泰罗尼亚和苏格兰，运动的主要参与者有律师、医生、艺术家、高级公务员等。在匈牙利、波兰和希腊民族运动中起重要作用的是高级公务员、庄园主和商人等。在捷克、斯洛伐克、克罗地亚、爱沙尼亚等地区，动员精英主要是教师、教士等中低层知识分子。这一阶段，民众作为倾听者或接受者参与到动员中，启蒙知识分子努力争取族群成员支持他们创造未来民族的设想，当越来越多的族群成员的民族自觉意识被这种宣传动员唤醒时，他们就逐渐形成新的民族认同，这样民族运动就过渡到C阶段。

（三）C阶段是政党政治活跃、民族运动目标政治化的阶段

在前两个阶段，民族运动的目标局限于语言文化领域。语言目标之后是政治目标，政治目标有三个要点：替代、参与和自觉。替代是要求获得民族存在的认可，属于较低层次的政治要求。参与是民族成员参与公共事务决策的权利。很多民族在专制主义晚期就已经提出了参与地方治理的方案，如捷克人在1848年3月革命之前提出政治参与的要求；从19世纪60年代起，爱沙尼亚民族运动领导者要求沙皇给予爱沙尼亚自治权，取消日耳曼贵族对乡村治理权力的垄断，到70年代爱沙尼亚和立陶宛民族运动领导者开始参加城市委员会选举。在欧洲多数地区，民族运动中的自决主要是有限自治，是民族成员要求自己决定自己的事务，

① ［英］霍布斯鲍姆，王章辉等译：《革命的年代》，江苏人民出版社1999年版，第178页。

而不是要求建立独立国家。1867 年，与奥地利签署合治协议标志着匈牙利民族运动达到了最高目标：确立了几乎独立的半主权国家地位，此外，奥地利直接管辖的加里西亚波兰人和匈牙利治下克罗地亚人也获得自治权，两个民族对帝国的认同度较高，而那些没有获自治权的其他民族，如捷克、斯洛伐克、罗马尼亚等则不断提出获得平等民族地位的要求。

这一阶段，民族政党政治不断趋于活跃，通常温和派希望帝国进行联邦化改造，各民族获得自治地位；激进派则提出建立民族独立国家的目标。自治要求标志着民族运动政治化阶段的开始，民族运动政治化与地区经济发达程度密切相关。在哈布斯堡王朝，经济发达的捷克地区的民族运动比斯洛伐克地区发展快，在俄国，波罗的海等边远但经济发达地区的民族运动发展更快。① 而在奥斯曼帝国，民族运动也是最早出现在帝国中经济较发达的巴尔干地区。

赫洛奇的民族形成三阶段论与盖尔纳提出的从低层次文化向高层次文化过渡的模式有一定的相通之处，即知识分子（以教师、教士为代表的）通过对已有的低层次文化的整理加工提升到高层次文化的过程是民族自觉和意识形成的过程。民族主义和运动的出现与发展只能发生在工业革命初期，伴随着交通便利、社会流动增加、教育普及、文化传播手段改进等，这些都是帮助民众了解民族文化与思想的积极条件。

沃森认为，奥匈帝国中民族意识出现和民族运动的发展就把先前存在的多语言和多宗教国家变成一个多民族帝国。19 世纪，欧洲人对宗教的崇拜，对语言、历史神话和历史发展的自豪感与对社会经济的不满等因素交织在一起，越来越多的受过良好教育的精英们认为他们各自不同的团体构成不同的民族，当这种信念从少数先驱者传播到大多数普通民众时，真正意义上的民族运动开始形成。② 马克斯·韦伯（Max Weber）

---

① Miroslav Hroch, *V národním zájmu-požadavky a cíle evropských národních hnutí devatenáctého století ve srovnávací perspektivě*, Praha: NLN, 1999, s. 108.

② ［英］西顿—沃森，吴洪英译：《民族与国家》，中央民族大学出版社 2009 年版，第 213 页。

把哈布斯堡帝国中大众语言和文化的发展视为社会民主化发展的重要表现，他认为语言的重要性是与国家、社会和文化民主平行上升的，因为与贵族和资产阶级相比，对于大众来讲，语言具有更重要的作用，前者至少在自己的文化氛围中掌握着别的语言（在帝国中，贵族阶层都掌握着日耳曼语或法语），语言及在其基础上形成的文学是后者首要的，而且从一开始就是其唯一的文化财富。① 在多民族的奥匈帝国，民族意识和民族的出现就是以教士、教师等少数知识精英发起的把不同语言团体发展成不同民族的过程。②

总结赫洛奇的理论，民族运动是族群转变为现代民族的载体，即经过民族运动蜕变的过程，族群转变为现代民族。这是历史发展和进步的规律。这也是从量变到质变转化的过程，通过语言、文学、艺术、习俗等民族潜在特点的宣传，逐步唤醒、培养民众的民族意识，随着民众的接受和参与，民族运动由文化意识上升到政治意识，进而提出政治参与自决的要求，现代民族逐步形成。民族运动成功与否取决于对民众的动员。从族群向现代民族转变迟早会与现行王朝或国家的合理性发生冲突，因为民族运动提出了新的认同，打破了原有的国家认同，所以从族群向民族的演变从一开始就具有否定和摧毁旧的王朝集权制权威合法性的特点，这是其历史进步的意义所在。

三、民族构建中的利益冲突

民族运动中体现着多重和多种的社会利益冲突，纵向层面有地方和中央之间、城乡之间；横向层面有不同社会阶层和团体之间的冲突，其中最主要的是中央和地方间的利益冲突。历史上每个多民族帝国的结构都建立在中央与地方的不平等关系上，而工业化改变了这种传统关系。少数族群或民族的民族运动产生的根本前提是其部分或全部成员有对中

---

① Zsuzsa Gáspár，*Rakousko-Uherská Monarchie*，Praha：Slovart，2011，s. 255.

② Miroslav Hroch，*Národy nejsou dílem náhody*，Praha：Slon，2009，s. 218.

央政府的潜在不满，并试图消除不平等关系。赫洛奇认为这种不满和愿望反映的实质是地方利益被忽略或被侵害后弱势民族产生一种受到不平等或不公正待遇的感觉，这里隐含着民族运动的原始驱动力。[①] 以赛亚·柏林（Isaiah Berlin）提出，民族主义源于自身得到承认的要求，这一要求是人类历史的最强大力量之一。[②] 工业化不仅带来了社会关系的深刻变化，也改变了中央和地方间的传统关系。民族运动的背后体现的是中央和地方之间的利益博弈关系，特别是在进入工业化快速发展阶段后，弱势民族从工业化进程中获取的利益和经济社会发展程度远远小于或低于强势民族，在两者的关系中通常出现的情况是前者或中央认为后者或落后地区提出的要求不合理，而弱势民族或地方则认为受到了不平等待遇。这是两种截然不同的心理感受。在经济结构上，民族意识逐步觉醒后，地方或边缘地区民众越来越关注其所在地区或其族群的繁荣与发展，但帝国的政策往往对非核心或边远地区的发展构成瓶颈约束，因此民族运动和构建首先以克服阻碍边远地区发展的种种障碍为实际目标，具有边缘地区对抗中央的特点。从资源占有与分配看，工业化本身会拉大核心与边远地区间经济发展的差距。美国学者赫克特（Michael Hechter）通过举出凯尔特边远地区的例子证明工业化和现代化强化了英国中心地区的经济权利，加剧了中央和地方间的不平等关系。一般来看，中央与地方的互动关系（联盟或对抗）主要围绕军事与政治、商业和经济、宗教与文化的支配权或控制权而展开，其结果会有所不同：一是中央发起并主导具有整合特点的民族运动，它自上而下发展，通过拓展中央的军事和政治力量来整合地方的经济与文化，实现民族领土和文化的统一，19世纪德国和意大利的民族运动是其中的代表；二是地方拥有足够支撑其独立于中央的经济和社会资源，它通过吸收其他更边远地区或民族实现自己政治上的独立。

---

① Miroslav Hroch, "From ethnic group toward the modern nation: the Czech case", *Comparative Studies in Modern Europe History*, Ashgate, 2007, p. 102.

② ［英］以赛亚·柏林，潘荣荣等译：《现实感》，译林出版社2004年版，第292页。

在这一过程中，通常经济因素具有决定性的作用，即经济越发达的地方，民族动员越广泛和深入，如18世纪末，哈布斯堡王朝最早开始尝试集权化改革，但遭到了捷克和匈牙利地方统治精英反对，原因之一是这些旨在推行和强化日耳曼化的改革与地方统治阶层和精英的利益相冲突，后者通常不仅强调其拥有自己的特色文化，更看重维护地方经济社会发展等利益，只有这样他们才能获得地方民众的有效支持。19世纪中期后，奥匈帝国中经济最发达的捷克地区的民族运动最强劲。奥斯曼帝国中的民族运动最早出现在经济较发达的东南欧地区，同样俄国的民族运动最早始于波罗的海地区，因为在发达地区民族运动发展初期，通常反对中央经济剥夺的口号容易被民众所接受，那些最初的发起者或领导者都提出其民族没有获得与其经济发展相适应的政治权力，遭受着“政治殖民”的侵害。

其次，民族运动中也体现着城乡利益冲突。长久以来，虽然造访城市市场是多数乡村农民日常生活的组成部分，但多数农民仍把城市里的人视为外人，特别是他们和城里的商人以及小生产者之间存在着社会关系上不可弥合的矛盾关系，即简单农业劳动和复杂手工劳动间的矛盾。城乡之间经济发展的差异使得乡村普通民众接受新观念的积极性更低。霍布斯鲍姆说，民族主义是以中产阶级和乡绅为主干的事实就足以使穷人们秉持怀疑立场。① 民族运动早期阶段中体现着明显的城乡矛盾，思想相对保守、忠君意识相对强烈、强调传统基督教价值观的农民总是较晚参与民族运动的群体，他们通常对民族鼓动不信任或不感兴趣，这就需要民族运动的鼓动者传播民族和民族运动思想，并被乡民所接受，使其改变原有的看法后愿意参与到民族运动中。

从社会关系看，19世纪中期后，在较长时间里帝国民族运动有几个主要共同特点：第一，民族运动主要以弱势民族为主，他们希望通过民族运动来获得自治地位并改造帝国政治结构。多数民族运动不是以形成

① ［英］霍布斯鲍姆，王章辉等译：《革命的年代》，江苏人民出版社1999年版，第180页。

国家为预先目标。第二，民族运动直接或间接把反对封建集权主义和统治阶层的旧体制为目标，运动自下而上发展。与西欧民族国家不同的是，民族运动领导者想象中的敌人通常不是邻国，而是统治阶层，如捷克人对于日耳曼人，斯洛伐克和罗马尼亚人对于马扎尔人。第三，工业化发展为文化传播提供了便利手段，文化传播的便利有利于提高民众知识水平，这对民族运动获得民众支持具有重要意义。第四，民族运动发展中具有内在的从文化目标转向政治目标的特点。通常民族运动的初期目标是民族文化和语言要求，即要求在文化、教育、行政等地方治理中使用地方语言，这是维护民族特性的基础。随着运动的开展，他们要求获得公民权利和政治参与、自治与自决的高级目标。参与是在社会发展与转型过程中弱势民族成员参与公共事务决策的权利，这在帝国专制主义晚期就已经出现。作为族群转变为现代民族的载体，民族运动是历史发展的规律。这一过程也是从量变到质变转化的过程，即通过语言文学艺术习俗等民族潜在特点的宣传，逐步唤醒培养民众的民族意识，从民族文化意识上升到政治参与和自决要求的政治意识。但是在这一过程中，强势民族总是希望维持自己既有的利益，不愿与弱势民族分享权益，这样民族间就逐步出现了不可逆的矛盾关系，导致帝国内部社会关系结构向分散、分离的方向发展。

第四节　民族划分

18—19 世纪主流的政治家和思想家把民族划分为“历史民族”（nations）和“非历史民族”（nationalities），尽管其划分的标准多少有些含糊不清。[①] 在 19 世纪中期以前，已经存在民族的历史合法性概念，认为

① Raymond Pearson: *National Minorities in Eastern Europe 1848—1945*, The Macmillian Press Ltd., New York, 1983, p. 33.

民族必须拥有足够发展的幅员，若其领土小于一定的门槛限制，这个民族将不具有历史合法性。这时历史民族的界定主要考虑两个方面：历史上是否建立过独立的王国和领土大小。[①] 德国史学家李斯特（Friedrich List）把民族与幅员、人口的关系表述为：大量的人口、广袤的疆界、丰富的自然资源等，这些都是民族和国家的基本条件。[②] 前者如法兰西、意大利、波兰、日耳曼、匈牙利、西班牙、英格兰和俄罗斯等民族，后者如捷克人、斯洛伐克人、克罗地亚人、巴斯克人、威尔士人、苏格兰人、塞尔维亚人、保加利亚人、罗马尼亚人和斯洛文尼亚人等。

关于历史民族的论述在马克思的著作中也有提及，他在《民主的泛斯拉夫主义》以及《德国和泛斯拉夫主义》等文章中都提出了把政治、经济、历史等综合因素作为判定历史民族的标准。另外一种判断历史民族的重要标准是民族的历史王国和贵族阶层的存在，这也被视为民族的历史合法性所在。奥地利社民党主要理论家鲍威尔（Otto Bauer）就坚持把贵族阶层作为判定民族的首要标准。他认为，在19世纪初，在奥地利帝国有五个历史民族：日耳曼人、意大利人、波兰人以及马扎尔人和克罗地亚人，他们都曾有自己的贵族阶级。除此以外，其他所有的民族都是非历史民族，它们在政治上没有宪法权利，不能进入统治阶层。[③] 对于捷克是否属于历史民族的看法有不一致的观点，多数学者认为历史上曾经存在摩拉维亚公国，捷克具有历史民族的特点；但鲍威尔认为，捷克的贵族阶层在1620年白山战役后基本被消灭，完全成为哈布斯堡的世袭领地，所以它不属于历史民族。

霍布斯鲍姆提出民族构成包含三个要件：第一，它的历史必须与当前某个国家息息相关，或拥有足够长久的建国史；第二是拥有悠久的精

---

① ［加］威尔·金利卡，马莉、张昌耀译：《多元文化的民族身分——一种自由主义的少数民族权利理论》，中央民族大学出版社2009年版，第76页。

② ［德］李斯特，陈万煦译：《政治经济学的国民体系》，商务印书馆1997年版，第153页。

③ ［奥］奥托·鲍威尔著，殷叙彝编：《鲍威尔文选》，人民出版社2008年版，第34页。

英文化传统，并有其独特的民族文学与官方语言；第三是武力征服。[①]他认为，欧洲明显分成两种“民族”：一是对他们的国家或对他们成立国家的愿望几乎不存在什么怀疑的民族；二是对他们的国家或对他们成立国家的愿望存在相当多怀疑的民族。东欧民族中，匈牙利和波兰都属于前一类。[②]

赫洛奇提出的民族结构理论标准与霍布斯鲍姆的民族构建“门槛”标准有类似之处，他从社会及社会关系发展角度把民族划分为完全结构民族和非完全结构民族。他认为，19 世纪初欧洲只有八个民族国家——英国、法国、西班牙、德国、葡萄牙、丹麦、瑞典和俄国，这些国家的主体民族属于完全结构民族。[③] 这类民族具有三个主要特点：民族有建立王国的历史，有自己的统治阶层，有高级文化传统和知识精英。他们较早在欧洲建立了民族国家。相反，同时期在欧洲存在着至少 30 个没有国家的族群或民族，其特点是没有自己的传统统治阶层、没有自己的文学语言或者自己的语言文学发展落后、族群历史连续性弱，他们都属于非完全结构民族。[④] 较前者而言，这些民族发展不够充分，属于“晚熟”民族，他们主要生活在哈布斯堡、奥斯曼和俄国三个东方帝国中。在他看来，这些民族等同于小民族或从属民族，其民族运动和民族国家构建晚于西欧半个多世纪。在这些族群或民族中，有些族群的民族意识觉醒较早，如希腊、捷克、挪威和爱尔兰等在 1800 年左右开始民族启蒙运动；其他一些族群则是在一代人之后才开始，如芬兰、克罗地亚，斯洛文尼亚和威尔士等；立陶宛、爱沙尼亚、加泰罗尼亚等的民族运动始于

---

① ［英］霍布斯鲍姆，李金梅译：《民族与民族主义》，上海世纪出版集团 2006 年版，第 28—34 页。

② ［英］霍布斯鲍姆，张晓华等译：《资本的年代》，江苏人民出版社 1999 年版，第 108 页。

③ Miroslav Hroch, "Nationalism and national movements: comparing the past and the present of Central and Eastern Europe", *Comparative Studies in Modern Europe history*, Ashgate, 2007, pp. X - 37.

④ Miroslav Hroch, "An unwelcome identity", *Comparative Studies in Modern Europe history*, Ashgate, 2007, pp. XI - 269.

19 世纪下半叶。

根据民族关系特点，也有一些学者提出了强势民族与弱势民族、特权民族与非特权民族的划分方法。前述的历史民族被视为强势民族、大民族、主导民族；非历史民族则是弱势民族、小民族、从属民族。多伊奇认为，针对奥匈帝国的具体情况，少数与多数民族的划分并不准确，用强势民族与弱势民族的提法更能反映帝国的实际情况。在每一个民族国家本身，都有一个民族比其他民族更被普遍地认为代表这个国家及其国民，它在政治权利、享有的尊重、财富和其他价值方面，通常也都得到更多的好处。这一处于有利地位的民族需要的不是构成这个国家全部人口数字上的多数，而是要求影响力、优先权和对它的尊重，通常它称自己是“多数”，而这个国家的其他集团，不管每一个集团的实际人数如何，都被称为“少数民族”。① 佩尔森提出，对哈布斯堡王朝中的民族来说，恰当的政治区别不是多数民族和少数民族，而是主导民族（dominant）和从属或被统治民族（subordinate）之间的区别。② 凯恩从政治关系角度把帝国中的民族分为强势与弱势民族，除了日耳曼和马扎尔人外，其他民族都是弱势民族。萨格尔提出，在 1867 年奥匈协议签署后，帝国出现了日耳曼和马扎尔两个特权民族，他们分别是帝国西部和东部的统治民族，较其他民族拥有更多的特权。波兰和克罗地亚属于半特权民族，他们曾建立过自己的王国，被并入哈布斯堡王朝后，其传统王国的地位虽然不复存在，但是在相当长时期里仍享有自己的地方治理和司法体系。其他都属于非特权民族，包括乌克兰、罗马尼亚、斯洛伐克、塞尔维亚、斯洛文尼亚、亚平宁半岛北部蒂罗尔地区的意大利人等，这些民族没有过自己的历史王国和统治阶级，主要受到马扎尔人、波兰人、克罗地亚人的直接统治。③

---

① ［美］卡尔·多伊奇，周启明译：《国际关系分析》，世界知识出版社 1992 年版，第 102 页。

② Raymond Pearson, *National Minorities in Eastern Europe 1848—1945*, The Macmillian Press Ltd. 1983, p. 45.

③ Peter F. Sugar, *East Europeean Nationalism and Religion*, Ashgate, 1999, pp. Ⅳ, 9 – 10.

与民族划分相联系，在民族关系问题上，19 世纪主流思想家赞成历史民族或者大民族的民族独立，反对或否定小民族的自治或独立主张，认为前者应对后者进行强制同化。密尔（John Stuart Mill）较早提出经济、文化先进的民族同化落后民族的思想。在他看来，一个多民族国家想创造共同的民族认同，可能需要对少数民族进行强制同化。他说：历史经验表明，一个民族合并或被合并到另一个民族的事情是可能发生的，并且如果它原来是一个低等的或者较落后的种族时，这种合并就对它大为有利。① 在他看来，苏格兰高地人成为大不列颠的一部分，巴斯克人成为法国的一部分，都具有不可否认的好处。他的结论是：不同民族之间可以融合在一起，小族群会被吸纳在大族群之内而日渐隐没。② 另一方面，他也指出了同化的潜在危险在于：如果一个民族对自己的语言和文化眷恋足够深切，那么试图压制少数民族文化认同和自治诉求，完全可能加剧疏远和分裂的可能。在民族的混合问题上存在的实际障碍中最严重的情况，就是当这些混合在一起的民族在人数以及其他力量因素（如文化发展水平）相差不多的时候。在这种情况下，每个民族都相信自己的力量，认为自己能够坚持和任何其他民族同等的努力，不愿意被融合到其他民族中去。

马克思和恩格斯在东欧民族和民族关系问题上也有不少的论述，其观点较多体现了对大民族的支持和否定小民族的历史地位，呼吁把南部斯拉夫人同化到日耳曼文化中。恩格斯在《民主的泛斯拉夫主义》文中说：除了波兰人、俄罗斯人（以及土耳其的斯拉夫人外），其他斯拉夫民族都不具备为独立和维持生命力所必需的历史、地理、政治和工业的条件。他们没有自己的历史，从达到文明发展的最初阶段即最低阶段的时候就受到异族统治，他们不可能获得独立。③ 在他看来，“欧洲那些大

---

① ［英］密尔，汪瑄译：《论自由、代议制政府》，湖南文艺出版社 2011 年版，第 226 页。

② 同上书，第 228 页。

③ “民主的泛斯拉夫主义”，《马克思恩格斯全集》第 6 卷，人民出版社 1974 年版，第 207 页。

的民族单位”有独立的权利，如法国、意大利和德国，以及西班牙、英国和俄罗斯。在东欧的民族中，只有匈牙利和波兰可以作为两个独立的民族，除此之外的其他民族都是没有历史的民族，是“民族的残余”（remains of nations），应该被日耳曼人并吞和同化，这有利于先进文明的传播。其次，恩格斯否认斯拉夫人的民族性。他认为，奥地利的斯拉夫人从来没有自己的历史，在历史、文学、政治、贸易和工业方面都依赖于日耳曼人和马扎尔人，他们部分地已被同化了。生活在奥地利境内的斯拉夫民族未被承认已形成不同的民族。他们被看成是德意志或者是匈牙利民族的附加部分。① 因为具有高度集中的政治和经济结构，大民族被视为文明的民族和历史发展的载体，合并落后的小民族被视为其“历史使命”。小族体继续存在“只不过是对伟大的历史推动力的一种阻挡力量”，它们没有语言权利以及民族自治权利，应被同化到“大民族”中去。这也是大民族的“历史使命”和历史“活力”的象征。中世纪西欧的巴斯克人和威尔士人没有这样的权利，19 世纪东欧的捷克人、克罗地亚人、罗马尼亚人和斯洛文尼亚人等小族体同样没有独立权利。②

与此不同的是，在东普鲁士斯拉夫人环境中长大的日耳曼启蒙思想家赫尔德提出的民族平等的文化民族主义思想深刻影响着东欧民族运动。首先，他认为民族是自然生长而成的有机体，每个民族有机体的存在本身要在其语言、文学、宗教、风俗等方面表达和体现自我，这些自我表达的总合便成为民族文化。文化是民族有机体的精神产物。其次，每个民族都是有着自己独特民族文化的个体，一个民族必须要保持和发展自己的民族文化和民族特性，这是由民族有机体所具有的内在特性所决定的。③ 第三，他提出民族都享有平等地位，并赞赏斯拉夫民族文化。在

① “德国和泛斯拉夫主义”，《马克思恩格斯全集》第 11 卷，人民出版社 1974 年版，第 130 页。

② ［加］威尔·金利卡，马莉、张昌耀译：《多元文化的民族身分——一种自由主义的少数民族权利理论》，中央民族大学出版社 2009 年版，第 101—102 页。

③ 李宏图：《西欧近代民族主义思潮研究》，上海社会科学出版社 1997 年版，第 124—129 页。

他看来，只要在自己文化的基础上发展，每个民族对人类的进步都有贡献，“每个种族自身都有弥尔赛品质”，有权力根据自己先天的潜能决定自己的命运。地球是一个开满了各民族之花的花园，热爱和平与进步的斯拉夫民族也是世界民族大家庭中的鲜花。赫尔德的思想对中东欧的斯拉夫民族有很大的感召力，被普遍接受，吸引了像科拉尔和马萨里克等生于斯洛伐克和捷克地区的思想家投身于追求民族平等权利的民族运动中。马萨里克曾提出，斯拉夫人的民族觉醒是在法国大革命把人权观念和民族意识，以及日耳曼人和英国人把人文主义思想传播到中欧的大背景下发生的，斯拉夫人实际上是把其他更先进民族的思想用于自身的启蒙运动，特别是用日耳曼哲学思想来反对日耳曼人的统治。① 这被很多捷克史学家认为是日耳曼哲学思想对捷克民族启蒙运动的一种回报，因为15世纪发生在捷克地区的胡斯运动酝酿了德国宗教新思想的成长，② 作为一种回报，18—19世纪的日耳曼哲学启发了捷克人的民族启蒙思想，帮助他们在白山战役后从长期麻木的精神中重新振奋了民族意识。③

① Tomáš G. Masaryk: *The Meaning of Czech History*, edited by Rene Welleck, North Carolina: The University of North Carolina Press, 1974, p. 50.

② 胡斯运动——15世纪初，捷克布拉格大学教授兼校长胡斯号召反对德意志封建主和天主教会的压迫，进行宗教改革。1415年胡斯在康斯坦茨会议上以异端罪被处火刑。其追随者统称胡斯派。该派在宗教上主张以《圣经》为唯一的信仰标准，否定天主教会的权威，主张废除等级特权，建立信徒财物公有制度，提倡人人平等。胡斯派的学说对马丁·路德和托马斯·闵采尔的神学思想都有直接的影响。

③ 白山战役——1620年在布拉格附近的白山波希米亚军队被神圣罗马帝国军队击败，波希米亚地区新教领袖受到审判，很多贵族被剥夺财产，该地区重新改信天主教，从此捷克人处在日耳曼人统治下直到1918年。这场战役是三十年战争早期的一场战役。该役对捷克民族历史和社会发展影响巨大，捷克政治家和史学家认为此后捷克民族历史的发展进入了“黑暗时期”。

第二章 区域层面治理中的民族关系及治理

按照历史民族与非历史民族的划分，奥匈帝国在区域治理上采取了直接统治与间接统治结合的交叉模式。1867 年二元体制的建立意味着帝国治理在横向二元区域层面上强化了间接治理模式，而在次区域层面上继续加强直接治理模式，表现为帝国两部分内部的权力高度集中。这种不平衡治理的结果是区域治理的碎片化特征突出。区域层面中体现出来的民族关系的复杂性在于两个强势民族之间、强势民族和弱势民族之间的不平等关系形成了彼此冲突，具有多重性特点的矛盾关系；从帝国东部看，帝国中日耳曼人—马扎尔人—斯洛伐克人和罗马尼亚人之间的三重矛盾关系与冲突明显；从西部看，首先是日耳曼—捷克人之间的矛盾关系，其次是日耳曼人—波兰人—乌克兰人之间的矛盾关系。采取直接统治和间接统治结合的治理模式，实质上仍是以牺牲其他弱势民族利益为代价维护日耳曼和马扎尔两个强势民族的利益，因为它们是维持帝国二元结构平衡和稳固帝国根基的主要因素。

第一节 二元结构中的民族关系

卢梭（Jean-Jacques Rousseau）在《社会契约论》中指出，同一个政府在一定方面可以再分为若干不同的部分，而且一部分可以以某种方式进行管理，而另一部分则以另一种方式进行管理。[①] 这是关于一国两制的较早描述。美国学者黄仁宇认为，在17世纪初时荷兰首先开创了现代国家双层政治的先河，当时作为尼德兰联邦十一省之一的荷兰商业先进，但尼德兰很多省份保持中世纪落后的农村形态，故不能以同一的法律在全境实施，于是实行双层政治的联邦制，实际上是一国两制的表现。[②]

1866年，奥地利被逐出日耳曼邦联，哈布斯堡王朝受到重挫，为了仍然保持在中欧的大国地位，奥地利同一个之前相当于帝国东部殖民地的匈牙利王国签署合治协议，以帝国权力稀释的代价来换取匈牙利的政治联合与遵从，继续维持帝国的强大和统一。有学者对此提出了一种地缘政治的解释，即1866年在与普鲁士争夺日耳曼领导权的萨多瓦战役失败后，奥地利的势力在南（意大利）、北（德国）和西部（法国）都受到了阻碍，它的目光现在只能转向东方，即匈牙利，这样奥地利的势力范围退却到了多瑙河下游。[③] 也有学者从历史角度提出另一种看法，由于匈牙利王国在16—17世纪的多次战役中抵御了土耳其人进攻后才确立了哈布斯堡王朝对欧洲东南部的统治，所以匈牙利民族的历史功绩是其不同于多瑙河流域其他民族的重要标志。从经济因素看，16世纪以来，匈牙利平原就是欧洲最主要的农业产区之一，哈布斯堡王朝统治的各地区严重依赖匈牙利的农产品供给，在特蕾莎（Maria Therezia）女王执政时期，就已经制定了有关保护匈牙利农业生产的专门政策。从奥地利来看，合治协议的特殊安排虽然有对匈牙利的政治妥协，但实现了换了新装的哈布斯堡王朝统治的延续。从匈牙利来看，虽然继续附属于哈布斯堡王朝，但是拥有了自治权，而且从对抗土耳其的军事角度看，可以继续依靠帝国的战略保护伞。因此，二元结构对双方而言都具有历史和现

---

① ［法］卢梭，施新洲编译：《社会契约论》，北京出版社2007年版，第76页。

② ［美］黄仁宇：《万历十五年》，中华书局2009年版，第229页。

③ ［法］让·德卡尔，火正德译：《奥地利伊丽莎白皇后》，新华出版社1988年版，第229页。

实的原因与需要。这一结构把帝国东西两部分的封建制度和资本主义制度合二为一，即工业化和公民社会发展程度较高的奥地利实行资本主义制度，以农业为主的东部匈牙利地区，封建贵族和大庄园主控制国家政治与经济，具有浓厚的封建专制制度色彩。在这个意义上，也有学者提出二元结构使帝国某种程度上具有了半联邦的特点。

从史料来看，匈牙利民族属于欧洲东部的特殊民族。他们曾在斯拉夫人和日耳曼人的帮助下建立了历史上“斯特凡王国”，这一时期各民族之间建立了平等关系。在较长的历史阶段，匈牙利一直是哈布斯堡王朝与奥斯曼帝国反复争夺的对象，前者视之为奥地利世袭领地各省的缓冲屏障，后者视之为窥觑欧陆的前哨。1526 年在莫哈奇战役中败于奥斯曼后，匈牙利归附哈布斯堡，1687 年正式宣布哈布斯堡家族为世袭君主。18 世纪中期，即约瑟夫二世在帝国中大力推行日耳曼化政策的时期，由于民族的特殊性（唯一一个历史发展与文化不同于日耳曼人和斯拉夫人的民族），传统贵族力量强大的匈牙利开始强调该地区的独立性以及匈族人对于斯拉夫人的优越性。1790 年以后，斯洛伐克出生的主教马丁诺维奇（Ignjat Martinovič）提出了第一个马扎尔化建议，强调为了反对哈布斯堡的种族奴役，匈牙利王国要实现和确保自己在喀尔巴阡平原的独立，各民族要组成一个统一国家。1848 年革命中，主要由贵族阶层领导的匈牙利民族运动在帝国各地区民族运动中起到了领头羊的作用，革命失败后民族运动领袖科苏特（Lajos Kossuth）流亡土耳其等地，匈牙利民族运动开始进入低谷。19 世纪 60 年代后，民族运动成为不可阻挡的社会发展趋势，帝国的集权专制主义无力招架民族主义运动的浪潮，不得不向后者做出让步，改革政治体制。1867 年，匈牙利获得了与奥地利对等化的政治经济权益，得到了较捷克、斯洛伐克及罗马尼亚等其他民族更强势的政治和经济地位。二元治理模式本质是奥地利中央集权主义者对匈牙利贵族阶级领导的民族运动的妥协。

二元结构使得帝国治理出现了明显的分权化特征，未能形成一个强大的中央政府，即使在外交、国防、公共财政领域，奥匈之间也经常争议不断。首先，根据协议奥方文本，即帝国 145 号基本法第 5 章规定，奥皇对军队拥有最高指挥权，以及宣战和缔结和约的权利。但在匈方文本中，即 1867 年 XII 号法令 12 章和 13 章，却对军队的改编、扩大和调动附加了匈牙利议会批准的限制条件，两个文本的不一致是客观存在的。[①] 这可以视为匈牙利方面为了保护自身利益而采取的保留手段。其次，获得自治地位的匈牙利极力反对奥皇干涉其内政，以及从中央向整个帝国推行大一统结构的政策。在帝国东部，匈牙利不仅实行自治，而且宪法赋予其对帝国共同事务进行协商的权利，其经济发展政策、教育政策、选举制度等都与奥地利有很大的不同，如实行严格的有限选举制度，限制非匈族人参与政治生活，并对其实行强硬的语言和民族同化政策，其程度在当时的欧洲国家中无出其右者。第三，匈牙利把协议作为争取权益最大化的方式。每 10 年修订一次的奥匈协议成为了两府之间权益分配的重要方式，匈牙利充分利用这一机制获取自身权益最大化。虽然只承担帝国 30% 的财政支出，但匈牙利看重与奥地利建立对等化的权益分配制度，如匈牙利议会一直不承认作为发钞行的奥地利中央银行，双方经过多次协商，在 1878 年决定成立奥地利—匈牙利中央银行，行长由两国财长共同提名后由国王任命，董事会由各自 6 名奥地利人和匈牙利人组成。1903 年，奥皇坚持要求匈牙利议会批准新兵扩募 20% 的议案，但匈牙利议会许多政党出于担心此举会增加财政负担而反对议案内容。1908 年，帝国做出正式吞并波黑的决定时，匈牙利一些主要政治家担心此举会造成帝国中斯拉夫人口增加，进而威胁马扎尔人的政治地位而反对吞并决定。一战期间，帝国在调动匈牙利军队和与匈牙利政府协商军用物资供应与运输方面都遇到了困难。二元结构层面的权力分散化削弱了帝国权威性，双方权益不协调导致多次出现帝国政治危机，这是二元制的本质缺陷：帝国的两部分在协议框架中的“婚姻生活”遇到了

---

① Tibor Zsuppan, “The Hungarian Political Scene”, *The Last Years of Austria-Hungary*, Edit. by Mark Corwall, University of Exeter Press, 2002, p. 98.

一个实际问题，即维也纳议会和布达佩斯议会都不能代表属于奥皇本身的最高权力，而且其各自的目标也不一致，前者认为合治协议涉及帝国的统一，后者则认为是两个宪法联盟的关系。从 1896 年第一届雅典奥运会开始，奥地利和匈牙利都单独参加，不是作为一个奥匈帝国代表团参加。[①] 建立二元结构的初衷是通过给予匈牙利较大的自治权以维持帝国稳定和大国地位，但是在实际操作中，这一制度被匈牙利作为削弱帝国控制的手段，并没有起到加强帝国凝聚力的实际效果。1867 年 5 月 29 日，匈牙利议会对协议表决的 257 票中，110 票反对。奥地利日耳曼人对协议也有不同的看法，如赞成协议的日耳曼自由派认为协议是比和斯拉夫人共享权利更好的选择，集权派认为协议是奥地利内部遭遇的"萨多瓦战役"。

虽然协议实现了帝国中日耳曼和马扎尔两个强势民族的协商共治，但在两者之间仍存在着实质上的不平等关系。哈布斯堡给予匈牙利自治地位的目的是为换取后者对帝国继续效忠，以维持哈布斯堡王朝在中东欧的统治和在欧洲的大国地位。相对于奥地利和匈牙利治下的其他民族，如奥地利地区的捷克人、匈牙利治下的斯洛伐克人和罗马尼亚人而言，虽然马扎尔人获得了相对帝国其他民族更优越的地位，但其与日耳曼民族间仍存在的主导与附属的关系特点没有改变，协议仅是符合双方现实利益的相互妥协的产物。帝国政府对匈牙利做出的妥协是为换取后者对帝国的遵从和维持帝国统一强大，帝国仍以哈布斯堡为核心，虽然帝国政府外长一职由匈牙利人专有，但是两者间的不平等关系没有改变，因为宪法赋予了兼任匈牙利国王的奥皇解散匈牙利议会的权力，奥皇把这作为干预匈牙利内部事务的杀手锏。日耳曼人仍在帝国政治经济中占据核心和统治的地位，所以两者间关系的本质仍是统治与附属。另一方面，前文已经分析，匈牙利在军事、外交、货币和关税政策上具有与原宗主国——奥地利帝国对等协商的决策参与权，也就是在帝国范围内获得了

① Zsuzsa Gáspár, *Rakousko-Uherská Monarchie*, Praha: Slovart, 2011, s. 55.

为自己王国赢取利益最大化的特殊权力。

第二节　二元次结构中的民族关系

有大量文献说明前现代国家和帝国治理中虽有各种不同的治理方式，但直接和间接相结合的混合治理模式是帝国普遍的现象。墨西哥学者达特洛（Terence N. D'Altroy）通过对印加帝国治理结构的分析提出了一种政治控制距离说，即在这些政治体中，政治控制所能发挥的作用随着距离帝国核心的直线长度变化而变化，从交通成本和通信能力的角度看，这一因素对于军事后勤以及促进经济和政治融合有着直接的意义。只有在与核心地区直接毗邻的地域或关键的生产和防卫区域，才可能实行直接统治；而在其他地区则以间接统治为主。① 在奥匈帝国二元次结构中，帝国两部分内部权力高度集中。奥地利部分包括捷克地区（波希米亚、摩拉维亚）、加里西亚、达尔马提亚、布科维纳等地；匈牙利部分包括斯洛伐克、特兰西瓦尼亚、克罗地亚等地。帝国两部分对所属地区都实行直接统治，民族关系具有不平等特征，这是造成帝国民族关系复杂和矛盾多重的主要原因。

一、奥地利地区的民族关系

近代早期专制国家实行中央集权的惯用方式是把地方权贵变成王朝侍臣，把自治区域变成行政区域。早在1748年特雷莎执政时期，奥地利中央政府就颁布了奥地利—捷克拥有共同中央政府的决定，旨在收缩捷克地区自治权。1780—1790年，在奥皇约瑟夫二世实施开明专制时期，

① 转引自［美］麦克尔·赫克特，韩召颖等译：《遏制民族主义》，中国人民大学出版社2012年版，第65页。

在改革初期帝国仍主要采用间接统治模式，地方政府拥有一定的自治权。虽然开明专制削弱了教会的影响，完成了一定程度的司法行政分离，但后来的一系列措施，如用德语取代拉丁语、通过改革行政区域来削弱传统地方自治权利、建设依靠军队和官僚支持的中央政府等，表明了帝国加强中央集权和强化帝国日耳曼色彩的意图，行政、财政和军事上的一系列集权化改革奠定了近代哈布斯堡王朝官僚政治的基础。在确立德语作为官方语言的问题上，多数学者认为这虽有助于提高行政效率和加强集权化统治，但同时此举也起到了促进帝国中各民族民族意识觉醒的作用，为后来帝国中民族关系恶化埋下了伏笔。当然也有学者提出不同观点，如希钦斯认为，约瑟夫二世重视教育推广和自然科学研究，他推行德语的目的在于促进知识文化的普及与发展，他认为德语是掌握知识和促进文化发展不可或缺的工具，他当时这么做也许不是出于沙文主义的目的，因为他曾说，如果佛拉芒语是他统治的帝国最主要的语言，他愿把佛拉芒语定为官方语言。①

奥地利地区民族关系主要特点表现为奥地利斯拉夫主义与泛日耳曼主义之间的冲突。捷克作曲家斯美塔纳（Bedřich Smetana）的歌剧《Libuše》完成于1872年，其剧本原型是捷克政治家帕拉斯基的《历史》一书。歌剧中有句对白："我亲爱的捷克民族不会消亡，并将克服所有'地狱的恐惧'（Hell's horrors）"，剧中"地狱的恐惧"隐喻哈布斯堡王朝（Habsburg）。在捷克人眼中，哈布斯堡代表着日耳曼人，在1620年白山战役中打败了捷克人后，27名捷克新教徒贵族、骑士、商人在布拉格老城广场被处死，捷克地方贵族的力量受到极大削弱，帝国向该地区派遣了日耳曼贵族和军人负责地方行政管理，并使其重新回归王朝的天主教信仰。安德森说，三十年战争期间摧毁波希米亚的等级会议是哈布斯堡绝对主义的一个最基本的政治胜利。大量富饶的捷克土地落入哈布

① Keith Hitchins, *A Nation Discovered: Romanian Intellectuals in Transylvania and the Idea of Nation 1700—1848*, Bucarest: Encyclopaedic Publishing House, 1999, p. 115.

斯堡的掌心。帝国其他地方的贵族都没有遭遇像波希米亚贵族这种被彻底清算的命运：在他们垮台后，完全由哈布斯堡贵族扶植起来的新地主阶级被移植到他们的地产上。这在欧洲绝对主义的历史上是绝无仅有的。[①] 捷克史学家认为，从此捷克民族历史发展进入了专制下的“黑暗时期”。[②]

1848 年以后，奥地利又对该地区的行政结构进行了大幅度调整，把之前省（邦）的权力分给新设立的州，波希米亚地区设立 7 个州，摩拉维亚 2 个州，进一步强化了对捷克地区的直接治理关系，并在此基础上推行日耳曼化行政管理模式。在捷克地区实行直接统治的原因主要有两个，一是该地区是帝国最重要的财政金库。18 世纪初，捷克地区年交纳的财政收入达到 4.7 万盾，奥地利为 1.5 万盾。[③] 长期以来，帝国扩张和征战军费中的三分之二是由捷克地区来承担的。此外，15 世纪该地区曾发生宗教改革，自视为神圣罗马帝国继承者的奥地利帝国作为反宗教改革运动的主要发起者，镇压了该地区的宗教改革运动后，重新树立并极力维持天主教的正统性。从地理位置来看，捷克地区位于帝国核心地域，这些都决定了在该地区实行直接统治是帝国政府必然的选择。

捷克地区在帝国中拥有特殊的地位。梅特涅在 19 世纪 40 年代呈递奥皇的一封奏折中曾说：“在臣属于陛下的斯拉夫人中，文明程度最高的捷克人尤为突出。其经济发达程度和地理位置决定了他们最早接受日

① ［英］佩里·安德森，刘北成等译：《绝对主义国家的系谱》，上海人民出版社 2001 年版，第 333 页。

② 霍利（Ladislav Holý）认为，白山战役是导致捷克历史发展连续性中断的最重大事件。1918 年捷克斯洛伐克成立后，议会第一个颁布的土改法规定没收日耳曼贵族的土地，认为这是“纠正白山战役的错误”。1945 年 6 月第二次土地改革时，民众曾在布拉格附近的白山集会游行，农业部长发表讲话说：今年我们没收了利希腾斯坦（Lichtenstein）、迪特里希斯滕（Dittrichstein）以及匈牙利格罗夫家族的庄园，在经历了 3 个多世纪后，被偷走的捷克土地最终归还到捷克人手中。见 Ladislav Holý，*Malý český člověk a skvělý česky národ*，Praha：Slon，2010，s. 124。

③ ［奥］普利斯特尔著，陶梁等译：《奥地利简史》，生活·读书·新知三联书店 1972 年版，第 308 页。

耳曼自由主义思想，捷克人对帝国的威胁不同于君主国南部斯拉夫人的威胁。这个地区需要特别关注。”① 经过1848年欧洲革命的熏陶，包括捷克等各民族的民族意识更加觉醒，以争取民族平等权利为目标的运动成为不可阻挡的历史发展趋势。1848年6月，帕拉斯基作为在布拉格召开的第一届斯拉夫大会的主席在宣言中说：“享有和其他民族一样的平等权利是所有斯拉夫民族的天赋权利，我们要向那些邻近的民族伸出友谊之手，只要他们愿意承认并和我们一起真正拥护所有民族平等的原则，不管他们的实力和规模有多大。我们已经向奥皇建议，帝国转制成所有民族享有平等权利的联邦，在这个联邦中我们不仅看到了我们自己的解放，还有我们的自由、启蒙和普遍的人道。我们相信文明的欧洲将有助于实现这样一个联邦。任何时候我们都决心捍卫我们的奥地利认同，获得与日耳曼和马扎尔人一样的充分权利。”② 这被视为奥地利斯拉夫主义的宣言，是老一代捷克政治领导人对帝国和民族前途的设想，在这样的联邦中斯拉夫人将占据多数。获得历史上曾有的自治权利一直是捷克民族运动的主要现实目标，民族运动的领导人把自治权视为捷克民族的“历史权利”，具体而言，就是恢复1620年之前的捷克王国自治，包括地方行政机构使用民族语言，自行决定经济、文化、司法等事务。更高的目标是争取建立奥、匈、捷的三元结构。不同于匈牙利地区的斯洛伐克人和罗马尼亚人，当时捷克民族运动的主要方式是议会斗争。1867—1879年，捷克议员曾集体退出帝国议会，以示反对日耳曼集权主义，但这种消极抵抗的策略并没有换取帝国政府的让步。

奥裔英籍学者赫茨（Frederick Hertz）认为，在帝国诸多的民族关系与问题中，一个重要的问题是如何满足捷克人的民族要求，由于在帝国

---

① Bohumil Doležal, “*Česká identita mezi národem a Evropou*”, www. bohumildolezal. lidovky. cz.

② Fantisek Palacky, “Menifesto of the First Slanovic Congress to the Nations of Europe”, *Slanovin and Eastern European Review*, Vol. 26, No. 67, April, 1848, pp. 309 – 313.

中拥有的经济实力和政治影响力，他们应该得到自治权。①1871 年，奥皇曾授意政府起草赋予捷克自治地位的宪法改革草案，称为“根本条款”（Fundamental Articles）。“根本条款”主要内容是在承认帝国现行二元结构的前提下，参照奥匈协议模式确立以扩大捷克自治为宗旨的奥捷合治关系，即将商定的共同管辖权力以外的其他事务管理权限下放给捷克地方议会和政府。条款规定的共同协商事务范围包括：（1）外交和商务代表权在内的对外事务；（2）军事领域；（3）涉及预算和审计、国债发行等的财政领域；（4）商业领域，特别是关税、航海和交换等商业权利、货币和计量、发明专利、商标和知识产权保护，以及发钞行、间接税法、垄断、印花税、造币等。在财政方面包括：国债、共同的不动产、预算支出。条款规定奥捷成立专门部门负责共同事务管理，帝国和地方议会派代表对其进行监督。“根本条款”可视为奥地利和捷克之间的准平等关系安排协议。草案内容是内阁与捷克地方政府代表通过谈判制定的，其形式和内容都参照了 1867 年的奥匈合治协议。但方案一出炉就遭到了三方面的反对：一是占捷克地区人口三分之一的日耳曼人的反对，他们认为捷克地区获得自治后，这里的日耳曼人将成为少数民族；二是匈牙利族贵族的反对，他们担心这会激起匈牙利境内其他提出同样的要求；三是奥匈盟国——德国也出于维护奥地利日耳曼人强势地位的考虑对此提出异议。10 月 30 日，奥皇发诏不承认条款内容，并解散内阁，

① Frederick Hertz, “The Destruction of Austria-Hungary”, *Contemporary Review*, Vol. 202, No. 1163, 1962, p. 318. 从 18 世纪开始捷克地区就成为哈布斯堡帝国中经济最发达的地区，1909 年时承担奥地利 63% 的财政税负，1919 年时捷克煤炭产量占奥地利的 85%，钢铁产量超过一半，化工业占 75%。在政治方面，捷克人在奥地利的地位可以从一些数据中看出来：1914 年，捷克人占奥地利人口比例 23%，占议会代表比例 21%，1900—1914 年占内阁部长中的比例为 19%，在公务员中的比例为 24.9%。捷克人的境况实际上远远好于加里西亚地区的乌克兰人，以及匈牙利地区的斯洛伐克人和罗马尼亚人，如 1910 年匈牙利议会 413 个席位中，非匈族人只占有 8 席。这与英国首相乔治在战后的一篇演讲中提到捷克人一直被奥地利日耳曼人压迫、只能做矿工的说法不尽一致。因此，很多史学家提出，不能笼统地认为奥匈帝国是“民族地狱”，其诸多民族在政治、经济和文化领域的差别很大，如匈牙利人和波兰人虽然获得了自治权，但其公民社会的发展程度远远落后于捷克地区。帝国的解体方案最早也是由捷克政治家马萨里克在一战结束前提出的。

说明他不愿打破帝国现有平衡关系。奥地利东欧史学家望克（Solomon Wank）认为，1867 年二元结构确立后，在奥匈帝国中适合改革的政治形势变得更加不利，但是仍有错失的机会。[①] 这句话主要意指“根本条约”改革草案流产。英国学者罗宾·欧凯（Robin Okey）认为，“根本条款”是帝国在 1867—1918 年间最具有抱负的满足弱势民族要求的大胆的改革计划。草案流产意味着帝国的政治结构改革失去了一次珍贵的时机。[②] 这次改革草案是对突破二元结构、实现多元共治的尝试。有史学家认为，改革如果实施，可以为帝国联邦化治理积累有益经验。

“根本条款”是帝国政体多元共治的尝试。其流产对捷克政治家来说是一个沉重的打击，捷克人的自治目标在接近于实现的时候重又陷于渺茫，这使得他们其中的一些人对帝国产生了怀疑态度。一些捷克政治家开始认识到，他们的政治纲领—帝国联邦化改造建立在不现实的基础上，他们必须要为其政治抱负制定新的民族纲领，寻找新的目标。捷克学者赫拉瓦奇卡（Milan Hlavačka）在《从捷克角度看奥匈帝国解体的原因（1848—1918)》文中认为：在一些捷克人眼中，奥匈帝国仅被还原成是对于统治者和王朝的隶属关系，是一个给得少、要得多的不起眼的国库。1891 年以后，捷克人开始对奥地利斯拉夫主义的认识有了新的变化，新的政治方案中开始否定这一宗旨，对他们来说联邦化的奥地利已经不是最终理想的国家解决方案，只是一个可以随时抛弃的临时栖身之所。[③] 捷克《民族报》主编格雷格尔（Julius Gregr）指出奥地利斯拉夫主义是对捷克民族主义的背叛，因为在重大问题上永远不可能依赖奥地利，而只能依靠斯拉夫人自己。[④] 一战爆发前，帕拉斯基曾提出的帝国联邦化改造设想被捷克主流政党和政治家奉为信条，贝奈斯在 1908 年

---

① Solomon Wank，“Habsburg”，*H-Net reviews*，www. h-net. org/reviews/（April，2002）.

② Robin Okey，*The Habsburg Monarchy from Enlightment to Eclipse*，New York：St. Martin's Press，2000，p. 223.

③ Milan Hlava? ka，“Český pohled na příčiny rozpadu Habsburské monarchie（1848—1918）”，*České země a moderni dějiny Evropy*，Petr Prokš a kolektive，Praha：Historický ústav AV，2010，s. 40.

④ Ibid.，s. 40.

时仍坚定支持帝国进行联邦改造，提出捷克人希望奥地利范围内所有地区人民享有法律上的平等权利，所有民族与中央政府保持一样的关系，所有人都受到平等和公正的对待。奥地利永远不能成为日耳曼人或者马扎尔人的国家，也不是斯拉夫人的国家，只能是所有人享有平等权利的奥地利人的国家，其议会制度、司法和行政管理体制都要进行联邦化的改造。① 一战爆发后，马萨里克为代表的“新捷克”政治家开始提出建立民族独立国家的主张标志着捷克民族运动目标的重大转变。

捷克人把日耳曼人视为殖民者，后者视自己为优等民族，试图抹煞其他民族的民族特性，如奥地利社民党领导人之一的鲍威尔在《民族问题与社会民主党》文中就提出：“如果说捷克人是讲捷克语的日耳曼人，这肯定并不是完全错误的。”② 19 世纪下半叶，针对斯拉夫民族日益高涨的民族运动，奥地利日耳曼人从中感到了这对其传统历史特权与强势地位的威胁与挑战，也掀起了以对抗奥地利斯拉夫主义为目标的日耳曼运动，该运动强调维持帝国二元结构和通过加强奥德联盟以保护奥匈帝国日耳曼人的利益。不同于 19 世纪 40 年代以民族统一为目标的中欧日耳曼运动，70 年代后奥地利的日耳曼运动具有了更强的针对性，即通过在中欧建立德奥联盟框架下的德国霸权地位来保障奥地利日耳曼人的优势权利。日耳曼运动也是随着捷克人为首的斯拉夫运动不断深入而越来越重视与德国结盟的重要性。1870 年，第一次奥地利日耳曼人大会在维也纳举行，会议制定了日耳曼人民族团结纲领，明确提出反对帝国的联邦制改造，反对捷克民族运动提出的恢复捷克王国历史权利以及扩大地方议会权力等要求。纲领认为，维持二元结构不仅是帝国统治的保障，也是维持帝国在欧洲大国地位的必要条件。1871 年 2 月，第二次日耳曼人大会又明确提出反对扩大地方议会权力。1882 年 9 月，在主要由知识分

---

① Edvard Beneš, “The Unreconciled Czechs”, *The Austrian Empire: Abortive Federation?* Edited by Harold J. Gordon, D. C. Heath and Company, 1974, p. 53.

② ［奥］奥托·鲍威尔，殷叙彝编：《鲍威尔文选》，人民出版社 2008 年版，第 33 页。

子召集的林茨会议上第一次制定了《奥地利日耳曼人民族纲领》(《林茨纲领》)。纲领认为，日耳曼人已经处于与斯拉夫人的鸿沟之中，要在奥地利范围内保护日耳曼人的利益，维持日耳曼人在政治经济等各领域的传统强势地位。奥地利日耳曼人应加强与德国的联系。纲领签署人包括日耳曼自由主义创始人肖纳勒（Georg Schonerer）和后来成为奥地利社民党领导人之一的阿德勒（Victor Adler）等。1896 年 5 月和 12 月在捷克奥帕瓦和布拉格召开的日耳曼进步党大会重申日耳曼人要在帝国公共生活领域占据优势地位，但由于在议会选举门槛降低后，更多斯拉夫民族代表进入帝国议会，在其政治权利不断提高的背景下，会议呼吁日耳曼人要团结起来投入到保卫自己民族权利的斗争中。1899 年，包括人民党、自由民主党、基督教社会党和自由日耳曼党在内的主要日耳曼政党发表了共同纲领，提出了四点目标：帝国西部地区应保持与德国的同盟关系，并与其建立紧密的文化和经济联系；保持日耳曼人在各领域的现有地位；明确德语的官方地位；德语教区只有日耳曼教士才能进入，德语地区不使用斯拉夫语地名等。这一纲领遭到了捷克人的强烈反对，两个民族围绕民族语言的使用、选举制度等进行的斗争曾使帝国议会多次瘫痪。此后，奥地利日耳曼运动分成了温和派和激进派，前者强调奥地利在经济上与德国联合起来，构建日耳曼人控制的中欧经济共同体；激进派则主张天主教的奥地利彻底转化为新教国家，并与德国建立政治联盟。1915 年，帝国与德国签订的备忘录指出：奥地利非日耳曼人力量的进一步加强将会损害奥德联盟的基础以及双方外交利益，奥地利急需考虑采取适当措施阻止斯拉夫化趋势，恢复日耳曼人的领导地位，这符合奥地利的利益。①

与捷克地区不同的是，奥地利在 18 世纪下半叶与普鲁士和俄国一起瓜分波兰后得到的加里西亚地区获得了自治权。地方议会拥有自治权，

① Soloman Wank, “The Nationalities Question in the Habsburg Monarchy: Reflections on the Historical Record”, April 1993, working paper, www. jstor. org/stable/621131.

波兰贵族掌管地方行政，波兰语作为地方官方语言。同诸多其他弱势民族相比，波兰人拥有强势地位，400 万波兰人统治着约 500 万的乌克兰人。在 19 世纪 60 年代初，加里西亚的波兰人曾对帝国联邦化改造给予很高的期望，认为该地区的治理权应在帝国议会和地方议会之间分配。1860 年地方议会上书奥皇，一方面强调波兰民族的历史权利，要求地方行政治理实现完全的波兰化。但没有得到奥皇的积极回应，相反强化了帝国议会权利，限制地方行省议会权限。1863 年加里西亚地区爆发了农民起义，后被镇压。此后加里西亚保守派力量开始采取通过合作争取自治的迂回策略。帝国议会中波兰议员认为，1863 年农民起义遭到镇压说明奥地利有能力控制加里西亚，这种情况下只有采取与帝国忠诚合作的方式才有可能得到帝国的让步。从外部因素看，在对俄关系上，维也纳的利益与加里西亚波兰人的利益相一致。只有依靠大国帮助，波兰才能重新统一，这个大国就是奥地利。[①] 1866 年，加里西亚议会上书奥皇，一是慎重指出地方自治对奥地利未来发展具有重要意义；二是宣称保护西方文明既是奥地利日耳曼人，也是加里西亚波兰人的历史使命，尽管波兰人的民族理念被否定，但将继续支持奥地利帝国。这被视为波兰人通过合作换取自治的政治方案。1867 年奥匈合治协议曾使波兰人一度处于两难中：不知道是应与捷克人联合起来继续坚持帝国联邦化改造，还是接受奥匈合治协议以得到有限的地方自治。保守派和民主派力量都认为，一味坚持联邦化改造会恶化加里西亚与维也纳的关系，帝国政府会采取一切手段压制波兰人，因此波兰人应接受合治协议。

波兰人的合作立场换来了 1868 年帝国议会批准“加里西亚决议案”，该地区获得了在地方行政、司法、教育和文化等方面充分的自治权利。帝国内阁中专设加里西亚事务部，波兰人长期在内阁中固定担任教育、文化等大臣。1869 年地方议会宣布波兰语作为行政、司法和教育

---

① Piotr S. Wandycz, *The Lands of Partitioned Poland 1795—1918*, Seattle and Londun: University of Washington Press, 1974, pp. 216 - 217.

语言，占加里西亚总人口43.7%的东部的乌克兰人只能在一些限定的领域中使用本族语言，这样把其他民族，如乌克兰人、犹太人（占加里西亚人口的11.8%）排除出行政职能部门，1867年乌克兰人在地方议会中只有14个席位，波兰贵族完全掌握了地方管理权。帝国给予加里西亚自治地位增强了该地区的波兰人对帝国的认同和忠诚，正是因为对帝国有很高的认同与忠诚，波兰人曾被视为“帝国唯一的爱国者”。一战爆发后，波兰各阶级和政党采取了不同方针，加里西亚地区采取了亲奥方针，该地的波兰社民党、农民党和社会革命党等在1914年成立了最高民族委员会，提出的目标是在打败俄国后把俄属波兰王国同加里西亚合并，成为奥匈波三元联邦治下的自治王国。①

布科维那是在1776年并入奥地利帝国，在这里实行直接统治主要出于对抗土耳其的军事考虑。

二、匈牙利地区的民族关系

匈牙利的社会历史发展进程与奥地利在很多方面有差异。不像帝国中的日耳曼人和斯拉夫人，马扎尔人没有任何亲近族群或盟友，在多民族帝国中，他们心里有一种内在的民族生存危机感，认为如不依靠法律统治或同化该地区其他少数民族，他们将被其他民族所淹没。匈牙利民族运动的领导者主要是贵族阶层。在1867年以前，匈牙利民族运动在帝国中充当着领头羊的作用。1867年匈牙利获得自治地位后，其政策转向实施强硬的语言同化政策，打压其他民族争取平等权利的民族运动。这一地区民族关系的矛盾性在于马扎尔人不仅反对其直接统治下的斯洛伐克人、罗马尼亚人的民族运动，也反对帝国政府给予捷克人、塞尔维亚人等民族与其同样的地位。这造成了帝国中的斯拉夫人也对马扎尔人产生了日益强烈的仇恨情绪，认为其是第二个霸权民族，也是斯拉夫人的“世仇”。

---

① 刘祖熙：《波兰通史》，商务印书馆2006年版，第342页。

斯洛伐克人和特兰西瓦尼亚罗马尼亚人的民族运动发展相对晚些，目标是争取自治。尽管他们反对匈牙利的直接统治，但对于帝国仍然具有忠诚度。与捷克地区的议会斗争不同的是，由于匈牙利选举制度限制了弱势民族进入匈议会，斯洛伐克和罗马尼亚人的民族运动主要采取了请愿政治的方式。

在奥地利帝国以及奥匈帝国时期，斯洛伐克被称为上匈牙利地区。[1]和匈牙利平原比较，该地区地势以山区为主，因此直到19世纪初，该地区居民通常被称为高地人。最早在19世纪上半叶少数哲学家、史学家和诗人开始修订斯洛伐克语，在40年代一些知识分子开始组织社团。“斯洛伐克”一词是在1848年5月在递交给奥皇的请愿书中第一次出现。这份《斯洛伐克民族请愿书》代表了早期的斯洛伐克民族政治纲领，提出了要求匈牙利政府承认和保障斯洛伐克民族特性的要求，具体主要包括以下几点：匈牙利变成民族平等的国家；在匈议会中各民族应有均衡的代表权；斯洛伐克语应作为斯洛伐克地区的官方语言；实行普遍与平等的选举权等。在1849年2月，再次递交请愿书的斯洛伐克民族代表在奥洛穆茨得到了奥皇接见。他们提出的主要要求是建立脱离匈牙利的斯洛伐克自治地区、有自己的议会和直属维也纳的行政机构、斯洛伐克语作为地方官方语言。在当时镇压匈牙利革命的关头，为利用斯洛伐克人对匈牙利政府施压，奥皇当时答应认真考虑斯洛伐克民族代表提出的要求。但在匈牙利起义被镇压后，斯洛伐克人提出的要求并没有完全实现，而在随后维也纳主导的行政区域调整中该地区被分为布拉迪斯拉发和科西采两个行政区，都隶属于匈牙利。唯一令斯洛伐克人满足的一点是斯洛伐克语可以在小学和地方机构中使用，斯洛伐克人也可进入地方机构任职。

1867年，奥匈共治开始后，匈牙利政府对斯洛伐克人主要以自治为

---

① Stanislav J. Kirschbaum，“European Roots：the case of Slovakia”，*Central European history and the European Union-the Meaning of Europe*，Edit. by Stanislav J. Kirschbaum，Palgrave macmillan，2007，p. 12.

目标的政治要求采取了强有力的压制手段，多次在斯洛伐克地区宣布戒严，镇压和逮捕民族运动领导人，匈牙利推行的语言同化力度不断升级。在1872—1901年间，在匈牙利议会中没有一个斯洛伐克代表。1901年，在斯洛伐克人的压力下，有4名斯洛伐克议员入选议会，但是其中两人被匈政府以在选举中发表攻击匈族人言论而被监禁一年。[①]赫洛奇认为，1890年以前，斯洛伐克地区民族运动政策限于一种保守的泛斯拉夫思想，即希望得到匈牙利以外的东部斯拉夫民族和俄罗斯民族的支持。[②]

20世纪90年代以后，斯洛伐克地区的民族运动开始超出了知识分子的小范围，逐步与商人和市民阶层结合，同时提出与其他小民族联合的思想。1895年8月，斯洛伐克人与塞尔维亚和罗马尼亚人代表召开了民族大会，会上三个民族签署了政治合作纲领，要求获得民族权利和举行民主选举。由于匈牙利政府的压制，三方合作纲领未能实施。1898—1908年3月，有503名斯洛伐克民族运动人士被判政治罪，其中1906—1908年有379人被判刑。20世纪90年代后期，受到了马萨里克思想的影响，斯洛伐克人又开始与帝国西部的捷克人走到一起，最早在布拉格和维也纳的斯洛伐克学生团体建立了捷克斯洛伐克联盟。

特兰西瓦尼亚地区的历史充满了一系列的政治吞并，其中时间最长的是被匈牙利吞并。多个世纪以来，聚集在多瑙河流域的罗马尼亚人分别处在奥斯曼和哈布斯堡的统治下，主要以罗马尼亚人为主的特兰西瓦尼亚和布科维纳地区分别在1699年和1775年由奥斯曼转入哈布斯堡治下后，维也纳对两个地区的经济和政治直接统治不断加强。1848年，在匈牙利贵族强烈要求下，特兰西瓦尼亚又归属匈牙利管辖，行政权力掌握在马扎尔贵族手中。特兰西瓦尼亚居民中罗马尼亚人占多数，罗族人口约250万，内政主要由匈牙利人主导，但其与匈牙利一样属于哈布斯堡王朝的单独行政区域。该地区内部社会结构非常复杂，主要包括四类

---

① Vlado Clementis，*Mezi nami a Madarmi*，Bratislava：Eko-konzult，2010，s. 110.

② Miroslav Hroch，*Evropská národní hnutí v* 19. *století*，Praha：Svoboda，1986，s. 194.

族群：匈牙利人、赛克勒人（Sekler）[1]、萨克森人（Saxon）[2]、罗马尼亚人，前三种人在1437年联合颁布了公国宪法，承认他们具有公民地位，罗马尼亚人被排除在外。多数罗马尼亚人都是自由农民和农奴，他们承担着该地区大部分的十一税负担，被禁止加入行业协会。1791年，该地区代表曾向匈牙利国王和特兰西瓦尼亚议会递交备忘录，要求获得罗马尼亚人的政治、公民、宗教权利。

“罗马尼亚”一词第一次出现是在1849年特兰西瓦尼亚的罗族人和匈族人签订的媾和草案中，其中包括关于保障罗马尼亚人民族权利和罗马尼亚—马扎尔进行政治合作的原则等内容。[3] 从该区罗马尼亚人的情况看，他们虽然也受到毗邻的罗马尼亚王国民族统一运动的影响，但是其中多数人仍希望留在进行联邦制改造的奥匈帝国中。

1848年时，罗马尼亚人曾提出民族运动的主要目标：（1）在政治上，脱离匈牙利的直接统治，建立特兰西瓦尼亚、布科维纳和巴纳特三个地区中罗族人统一的自治公国，作为联邦化改造的帝国的一部分；按照人口比例确定帝国议会中罗族代表的人数；效仿加里西亚，要求在帝国政府设立特殊的罗马尼亚事务部或委员会。（2）在经济上，取消农奴制和十一税，特别是对特兰西瓦尼亚矿产品的十一税，以促进当地工商业发展。（3）在宗教和文化上，罗马尼亚东正教享有和其他宗教平等的

---

① 1970年在特兰西瓦尼亚的赛克勒人约有86万，是罗马尼亚政府正式承认的一个少数民族，此民族的来源曾有争论，根据普罗科匹厄斯（Procopius）《哥德战记》一书记载，他们是阿提拉所率匈奴人的后裔。现在一般认为他们是真正的匈牙利人或马扎尔人，移往该地区以保卫边疆，赛克勒一词即“边疆卫士”之意。

② 萨克森人是中世纪向东方移民的日耳曼人。从12世纪中叶开始，日耳曼人就开始向特兰西瓦尼亚地区移民，到13世纪，大量来自莱茵兰、低地地区甚至是法国的人口继续向这一地区移民。他们既繁荣了当地经济，也起到了充实抵御东方游牧民族的作用。1211年，匈牙利国王安德鲁二世邀请条顿骑士团来到特兰西瓦尼亚东南部守卫喀尔巴阡山山口，条顿骑士团在这里建立了大量的城堡。但是到1225年由于担心骑士团势力太大，便将骑士团驱逐，后者在次年迁到普鲁士。但是这里的德意志移民并未受什么影响，德意志移民逐渐被称为Siebenbürger Sachsen，尽管他们中的多数并不来自萨克森地区。

③［罗］康斯坦丁内斯库等主编，王敏生译：《罗马尼亚通史简编》（中册），商务印书馆1976年版，第573页。

地位，并同样获得国家的资助，罗族人有每年举行宗教大会的权利。要求言论自由、建立和发展使用罗语的学校。虽然罗马尼亚民族代表多次向奥皇、匈牙利议会以及特兰西瓦尼亚行省议会等递交请愿书，但他们提出的要求一直没有得到满足。

1848 年 6 月特兰西瓦尼亚的罗马尼亚民族代表向奥皇面呈请愿书后，奥皇只是重复了诸如支持罗马尼亚人获得平等地位、支持其宗教与文化发展等旧的客套话，但最终奥皇还是以推诿方式建议后者直接与匈牙利政府协商具体事宜。① 1881 年该地区的罗马尼亚民族党成立，要求实行地区自治，在地区行政、司法机构以及教育机构中使用罗语，扩大选举权，任命罗族人参与地方行政管理等。该党领袖之一的波波维奇（Aurel Popovic）在 1906 年出版的《大奥地利合众国》一书中提出哈布斯堡王朝实行联邦制改造，建立多瑙河联邦的设想，对特兰西瓦尼亚地区的民族运动产生了深刻的影响。他认为，特兰西瓦尼亚罗马尼亚人要争取自治权，而不是把未来寄托在罗马尼亚王国身上。他提出，多瑙河盆地的所有民族都应完全忠诚于奥地利，因为在他们之间存在着不可否定的和无可争辩的共同利益。按照其设想，首先依据区域原则把帝国民族划分成 15 个，每个民族都拥有自治地位，使用母语作为官方语言，其统治者由奥皇任命。他认为联邦司法权由议会两院掌握，众院由普选产生，参院由贵族组成。司法执行权由 42 人组成的委员会执行，德语作为帝国通用语言。

其思想对该地区的罗马尼亚民族党产生了很大的影响。该党认为特兰西瓦尼亚和罗马尼亚王国的统一不现实，要在匈牙利范围内争取罗马尼亚人的政治和文化自治权利。瓦伊达（Alexander Vaida）等领导人希望皇储斐迪南（Franz Ferdinand）上台后结束二元制，废除匈牙利人在东部的霸权地位。该党确定的短期现实目标是改革匈牙利的选举制度，扩

---

① Keith Hitchins, *A Nation Discovered*: *Romanian Intellectuals in Transylvania and the Idea of Nation 1700—1848*, Bucarest: Encyclopaedic Publishing House, 1999, p. 198.

大参选范围，建立50个罗族人选区，设立罗族人国务秘书，并由罗族人担任一些地方的行政长官职务等要求。为争取罗马尼亚人获得公平选举权和自治权，他活跃在匈牙利议会。在担任费迪南皇储的顾问期间，瓦伊达向皇储提出了特兰西瓦尼亚的改革建议，提出非匈族人代表在匈牙利议会中占到90—150席，其中罗马尼亚人占30—40席，并对皇储的改革计划抱有很大的希望。在1910年的选举中，只有5名罗马尼亚人代表进入议会，另有3名斯洛伐克代表，其余405个席位都是匈牙利人代表。罗马尼亚民族党的目标归于失败。

托克维尔（Alexisde Tocqueville）说，在长期屈服于贵族制的国家里，每个属于下层阶级的个人，都将中央政府看做他与当地压迫者之间的当然仲裁者，并且往往赋予中央政权以超凡的神明与智慧。[①] 在帝国较长时间中，各民族间的唯一纽带是忠于奥皇，并往往愿意向其表达诉求。斯洛伐克人和罗马尼亚人都主要通过请愿方式表达民族权利要求。但是在奥匈帝国，奥皇并没有这种神明与智慧，他出于维护相对强势民族的利益，不仅没有满足其他民族的要求，而且把请愿书退给匈牙利政府，后者借此逮捕了不少其他民族运动领袖。帝国中存在一个普遍的认识：任何事物都不是它表面看起来的那样。[②] 帝国领土和人口指标虽然在欧洲大国中领先，但内部积弱；1848年的宪法包括了宪政、自由、民族平等等这些资本主义国家的基本政治要素。匈牙利议会1868年通过的第XLIV号法令——《民族平等法》也具有自由主义的色彩，但是这些从来没有实现过。政府表面上是立宪的，实际上是由奥皇决定的，宪法赋予奥皇可以利用特别条款解散帝国和地方议会的权力；民族平等也只留在了纸面上。

在匈牙利，只有克罗地亚地区获得了部分自治，并建立了行省议会。从16世纪起，为了抵御土耳其的入侵，奥地利就开始在克罗地亚建立边

---

① ［法］托克维尔著，冯棠译：《旧制度与大革命》，商务印书馆2012年版，第306页。

② Zsusa Gáspár, *Rakousko-Uherská Monarchie*, Slovart, 2008, s. 247.

屯区，并招募塞尔维亚人到边屯区定居。1868 年匈牙利政府和克罗地亚行省议会签署克地区自治协议，克罗地亚获得了有限的司法和行政自治权，但克罗地亚总督（Ban）由匈牙利总理提名和任命，总督对匈牙利政府负责，而不是对克罗地亚议会（Sabor）负责。这被视为匈牙利和克罗地亚之间的合治协议。协议还规定，克罗地亚 45% 的财税收入缴纳给匈牙利—克罗地亚联合财政部，45% 留用于当地预算；同时港口里耶卡（Rijeka）和梅吉穆列（Medjimurje）两地并入匈牙利。除了克罗地亚政治家马茹拉尼奇（Ivan Mazuranic）在 1873—1880 年担任过两届总督外，该地区一直是匈族人担任总督，连续任职时间最长的是匈族人库恩—赫德瓦里（Charle Khuen-Hedervary）在 1883—1903 年任总督。

帝国中各斯拉夫民族的情况不同，其民族运动的目标有差异，各民族间也存在矛盾关系。1848 年第一次斯拉夫大会并没有达成斯拉夫民族运动的一致目标。帕拉斯基为首的捷克代表宣扬奥地利斯拉夫主义，提出建立联合小斯拉夫民族、对抗俄国为主的奥地利帝国的设想。但参会的各族代表关切的目标并不一致，波兰人关心的主要是复国问题，提出召开欧洲大国会议恢复波兰独立。斯洛伐克人对捷克人的设想持怀疑态度。加里西亚的乌克兰人提出获得自治地位的要求遭到了捷克人的反对，因为捷克地区也有作为少数民族的乌克兰人。克罗地亚人对邻近的塞尔维亚人有一种敌视心态。会议结束时，帕拉斯基起草的“欧洲宣言”只是强调了一些会议的基本共识，如呼吁召开欧洲民族会议讨论斯拉夫问题以及波兰独立问题；建立在世界范围内宣传斯拉夫事业的专门机构——“斯拉夫国际”，培养斯拉夫民族意识和加强民族间团结；弘扬以最终政治联合为目标的斯拉夫主义理念。[①] 在会上，俄国试图说服所有的小斯拉夫民族接受沙俄的权威，它把斯拉夫主义视为树立对其他小民族霸权的有利的意识形态，试图利用这一主义为自己的利益服务。每

---

① 全文见 František Palacký, “Manifesto of the First Slanovic Congress to the Nations of Europe”, *Slanovic and East European Review*, Vol. 26, No. 67, 1948, Apr., pp. 309 - 313。

个斯拉夫民族实际上都以自我主义的方式看待斯拉夫主义，大民族从中看到了权威与扩张的合法性，小民族则从中看到了追求平等和反对压迫的合理性。佩尔森认为，斯拉夫主义对非斯拉夫民族较斯拉夫民族的实际影响可能更大。日耳曼和马扎尔人把斯拉夫主义看成是针对他们的一种有组织的种族阴谋，并促使其提出有针对性的日耳曼主义和马扎尔主义，其结果是加剧了民族意识觉醒，摧毁了跨民族合作的前途，导致帝国中出现了不可弥合的族群阵营分裂。①

三、区域层面民族关系治理路径

在民族关系治理上，帝国运用了同化、分化、交叉等多种方式，其中最主要的是同化和分而治之。19 世纪的主流思想家认为小民族应被大民族所同化，自 18 世纪下半叶哈布斯堡王朝就已开始推行日耳曼化政策。长期以来，帝国征战军费中的三分之二是由经济发达的捷克地区来承担的，但该地区没有自治权，因此捷克人认为他们遭受着哈布斯堡王朝“政治殖民”的侵害，并把争取自治地位作为民族运动的现实目标。帝国统治者则把合并捷克等小民族视为其“历史使命”。捷克地区生活着占当地人口约三分之一的日耳曼人，长期以来他们在政治、经济方面都拥有较捷克人更多的强势地位，帝国统治者担心如果该地区获得自治地位，那里的日耳曼人就会成为当地的弱势民族。既是出于维护日耳曼人利益的考虑，也是看重这一地区对帝国财政金库的重要作用，帝国政府把该地区牢牢抓在手中。在 19 世纪民族复兴运动过程中，捷克人把剥夺其平等权利的日耳曼人视为“世仇”。

匈牙利地区的社会和历史发展进程与奥地利在很多方面有差异。在帝国的诸多民族中，唯独马扎尔人没有亲近民族，这使得他们有一种内在的民族生存危机感。匈牙利治理民族关系的主要方式是实行语言和民

---

① Raymond Pearson, *National Minorities in eastern Europe* 1848—1945, Macmillian Press Ltd. 1983, London, p. 121.

族同化。1867 年，获得自治地位后的匈牙利提出了政治民族的概念，认为在匈牙利只有一个马扎尔政治民族，斯洛伐克和罗马尼亚人是其一部分，否认非匈民族的存在，并推行强硬的民族同化政策。在包括斯洛伐克和特兰西瓦尼亚在内的匈牙利地区，超过 90% 的公职人员是马扎尔人，他们在国家政治生活中占据了绝对的主导地位。至帝国解体为止，匈牙利地区的同化政策愈演愈烈，但最终没有像匈牙利政治家设想的那样创造一个同质性的民族空间，相反却激化了匈族和非匈族人之间的矛盾。

针对不同地区和民族的不同特点采取分而治之的方式是帝国运用得最娴熟的手段。它包括两种形式：一是地域分割，二是分化制衡，前者旨在实现区域治理的碎片化，后者指利用手段使被治理对象之间产生矛盾和分裂。这是古老但很实用的策略，尤其适合奥匈帝国多民族混居的社会结构特点，而帝国也把这一策略的两种形式都运用到极致。在帝国中，地域分割主要表现为通过行政方式把一个民族划归奥地利和匈牙利分别管辖，以削弱其民族团结的力量及民族运动的影响。

帝国对罗马尼亚人成功地实施了分割治理，即以罗马尼亚人为主的布科维纳和特兰西瓦尼亚两地的行政管理权分别属于奥地利和匈牙利，造成了罗马尼亚人分属帝国两部分直接统治的局面。在 17 世纪 90 年代，哈布斯堡王朝在扩张中战胜奥斯曼帝国，特兰西瓦尼亚作为一个独立公国并入到奥地利后，它曾与匈牙利一样属于哈布斯堡王朝单独的行政区域。1848 年后，奥地利政府对匈牙利贵族做出让步，承认特兰西瓦尼亚由匈牙利管辖。布科维纳也曾是以罗马尼亚人为主的地区，虽然自 18 世纪后期起，帝国通过人口迁移降低了该地区罗族人占总人口的比例，但是该地区仍是传统的罗族人地区。1849 年特兰西瓦尼亚地区发生了资产阶级民主革命，要求废除农奴依附制，进行土地改革，还要求承认罗马尼亚民族地位，并要求帝国境内以罗族人为主的两个地区（特兰西瓦尼亚和布科维纳）合并成一个自治公国，但遭到帝国反对。

克罗地亚人和塞尔维亚人的情况与此类似，他们分别处在奥地利和匈牙利不同治下。如克罗地亚人聚集的达尔马契亚和伊斯特利亚省区处在奥地利治下，克罗地亚和斯拉沃尼亚省区属匈牙利管辖。[①] 1890 年，帝国还曾提出波希米亚和摩拉维亚的分治方案，但因遭到捷克人强烈反对而没有实行。分而治之被奥匈帝国娴熟地应用在民族关系治理中，其实质主要是针对各民族的不同特点在弱势民族间进行利益的不平衡分配，造成民族间的紧张关系，以收到预想的治理效果。

分化制衡也是帝国治理民族关系的一种主要方式。其特点是在诸多民族之间进行权益的不平衡分配，对不同民族亲疏有别，以造成民族之间的对立关系，以期分散或转移弱势民族对于帝国政府的仇视情绪，这样既可减轻统治者的压力，同时又消除了民族之间合作的可能性。帝国时期的匈牙利政治家雅西说，帝国的政治精英知道帝国的脆弱性之所在，试图通过激化被统治的各民族之间的矛盾来保全帝国。[②] 1867 年奥匈二元结构建立后，获得自治地位的匈牙利开始实施强硬的语言和民族同化政策，不仅打压其治下的斯洛伐克人、罗马尼亚人旨在争取自治和平等权利的民族运动，而且反对帝国政府给予捷克、塞尔维亚等民族自治地位。1871 年，迫于捷克民族政党的压力，奥皇曾授意内阁起草了旨在给予捷克地区自治地位的宪法改革草案，但草案不仅遭到日耳曼人的反对，匈牙利政府也极力反对，它认为捷克人获得自治地位会刺激匈牙利地区的斯洛伐克人和罗马尼亚人也提出相同的要求。迫于多方压力，奥皇最终发昭取消草案。这使捷克人对马扎尔人也产生了强烈的仇恨情绪。克罗地亚和塞尔维亚是帝国南部两个主要的斯拉夫民族，前者主要信仰天主教，后者信仰东正教，帝国从维持天主教大国地位的角度出发，把信仰天主教的克罗地亚人视为南部斯拉夫民族的核心民族。1868 年，克罗地亚获得自治地位后，为树立在南部斯拉夫民族中的主导地位，即对塞

---

① ［南斯拉夫］伊万·博日奇等，赵乃斌译：《南斯拉夫史》，商务印书馆 1984 年版，第 510 页。

② Oscar Jászi, *The Dissolution of the Habsburg Monarchy*, Chicago: University of Chicago Press, 1961, p. 325.

尔维亚人采取了打压政策，埋下了两个民族间冲突的根源。

加里西亚地区的波兰人则是另一种不同的情况，帝国政府通过对波兰人施以“仁政”的方式赢得了其对帝国的高度认同。在18世纪下半叶，奥地利与普鲁士、俄国一起瓜分波兰后得到了加里西亚地区。1867年帝国给予该地区自治权，其原因除了波兰贵族力量强大外，主要是出于政治斗争的需要。二元结构建立后，因没有获得自治地位，帝国议会中的捷克议员长期通过缺席、抵制议案等方式来表达不满。这种情况下拉拢并赢得议会中波兰政党的支持对帝国政府来说极为重要，主要出于这一目的它给予了波兰人高度的自治权。加里西亚地区的经济和社会发展环境远远优越于俄属和普属波兰两地，因此波兰人对帝国的认同感非常强烈。帝国运用拉拢与打压相结合策略的结果使得捷克人和波兰人之间也产生了心理隔阂，前者认为后者与帝国的合作破坏了斯拉夫人的团结。

交叉治理是帝国使用的特殊治理方式，它把一个民族区域的管理权交由另一个民族来负责，这一政策曾在波斯尼亚被运用。1878年，奥匈帝国军队占领波黑后，派遣了大量捷克文职人员负责当地行政管理。从民族关系上看，塞尔维亚人或克罗地亚人与波黑民众有着更直接的往来，但帝国并不希望看到南部斯拉夫人之间的密切联系。捷克地区文化教育水平较高，有大量优秀公职人员，他们又比日耳曼人和马扎尔人更容易掌握当地语言，因此许多捷克公务员被派到波黑工作。交叉治理也体现在帝国军队的驻防部署上：在意大利北部地区驻扎匈牙利和克罗地亚军团，在匈牙利驻扎捷克军团，在加里西亚驻扎日耳曼和意大利军团，在捷克驻扎罗马尼亚和匈牙利军团。其产生的直接效果就是对驻军的敌意容易转化成不同民族间的敌对。1848年欧洲革命运动爆发时，镇压布拉格革命的主要是罗马尼亚军团；布达佩斯革命爆发时，奥地利先后派遣了克罗地亚总督耶拉季奇（Josip Jelačic）和捷克贵族出身的文迪施格拉茨率军镇压。正如奥皇弗兰茨一世（1792—1835）曾说：我的臣民们彼此越陌生就越好，我可以派马扎尔人到意大利，派意大利人到匈牙利，这样就可以从他们的仇视中产生秩序，从他们的仇恨中产生和平。[①] 正如梅特涅曾在19世纪40年代写给朋友的一封信中说：帝国抵御革命有多种手段，如果马扎尔人起义，我们应立刻派捷克人去镇压，因为他们相互仇恨，在捷克人之后，还有波兰人、日耳曼人、意大利人。[②]

针对帝国的民族关系特点，伦纳提出了文化自治（NCA，Non-Teriterial Autonomy）理论。1905—1914年间，这一模式曾在摩拉维亚地区实施过，这是NCA在现代国家中最早的实践。据1910年人口统计，在摩拉维亚的人口构成中，捷克人占71.39%，日耳曼人占27.9%。1905年11月，这两个主要民族就地方议会权力的分割达成协定，称为"摩拉维亚协定"，其实质是确立地方议会和行政机构中的双语使用原则，治理结构上的突出特点体现在三个方面：第一，规定地方选举划分成单独的捷克人选区和日耳曼人选区。1861—1905年，摩拉维亚地方议会由两名宗教代表和98名自由选举的议员组成。在98名自由选举议员中，大庄园主阶层占30人，城市阶层占31人，商会占6人，农村阶层占31人。按照固定比例分配地方议会中151个席位。1906年开始，议会人数增加到151人，其中捷克代表占73席，日耳曼代表占40席，庄园主代表占30席，宗教代表占2席，商会代表占6席。第二，划分单一民族和混居民族城镇。1890年，帝国政府曾按照日耳曼人提出的要求，以族群原则来划分摩拉维亚城市。1905年的协定把该地区的307个城镇进行了具体划分，36个归为日耳曼人城镇，50个捷克人城镇，221个混居城镇。虽然地方城镇可根据实际情况自行确定对内及对外的正式语言，但在任何一个少数民族人口占当地人口总数20%的城镇中，少数民族都有权利使用自己的语言，上一级部门在与地方城镇行政机构的联系中也使用两种语言。混居城镇的行政治理体现自主原则，地方上重要的行政职能机构分成两个平行的民族事务管理部门，负责各民族的文化、教育、宗教等

---

① Bruce F. Pauley, *The Habsburg legacy 1867—1939*, Florida Technological university, New York: Robert Krieger Publishing, 1977, p. 15.

② De Sauvigny, *Metternich and His Times*, Darton, Longman and Todd, 1962, p. 161.

事务。第三，制定了混居地区民族语言和教育制度的具体政策，如确立民族教育自治原则，在议会中建立单独的捷克和日耳曼教育委员会，虽然学校根据民族属性来划分，但也允许符合招生规定的学生进入其能听懂教学语言的任何一所学校。相对于捷克的波希米亚地区而言，摩拉维亚地区 NCA 实践的原则一方面是民族事务的自我治理，另一方面是通过协商确立平等的民族关系。通过这一模式，捷克和日耳曼两个民族维持了 1905—1914 年间长达九年的相对和睦的民族关系。在一些史学家看来，这一实践的积极意义在于：它证明了长期以来奥匈帝国中持续恶化的民族关系能够通过 NCA 找到和睦共处的空间。在 1910 年和 1914 年，帝国中布科维纳和加里西亚地区也曾尝试这一模式。

帝国区域治理中具有明显的碎片化特点，这在一定程度上与各地区并入帝国的不同方式有关，如不同的协议方式（特兰西瓦尼亚、布科维纳），联姻（捷克、匈牙利）方式，以及与俄国和普鲁士通过瓜分波兰得到的加里西亚地区。通常来看，经济发达、靠近帝国统治中心或者军事防御意义重要的地区采用直接治理模式；而经济落后或边远地区以及贵族力量强大的地区采取间接治理。在工业化之前，交通通信等物质条件的约束使得帝国在边远地区多采取间接治理，如匈牙利和特兰西瓦尼亚地区；在工业化开始后，交通和通信等物质条件的瓶颈约束逐渐减弱为帝国强化直接治理提供了条件，但与工业化同时出现的地方民族运动也开始日渐兴起，挑战中央集权的权威，使得帝国在治理模式上面临复杂微妙的两难选择。

在多民族帝国中，对任何一个民族的让步都被视为对其他民族利益的损害。匈牙利获得自治地位的现实不仅打破了捷克人等对帝国多元联邦化改造的设想，也刺激他们作为民族运动的领头羊不断冲击二元体制。对于哈布斯堡而言，虽然其一直努力在民族调和与离间之间微妙地进行选择，但主要还是希望维持帝国现状，因此对其他民族，特别是捷克民族运动，帝国采取了一种压制手段。帝国中没有任何一个弱势民族满足于其地位，但作为帝国中经济文化发展水平最先进的斯拉夫民族，并且是在帝国经济发展中占据重要地位的地区，只有捷克民族运动对帝国构成了严重威胁。这正验证了梅特涅曾经说过的“这个地区需要特别关注”的那句话。1900 年前，这一地区贡献了奥地利四分之三的财政收入，比匈牙利、加里西亚或者意大利北部地区都重要。从地理位置看，捷克地处帝国核心地区，难以想象没有它帝国能够成为一个大国。问题恰恰在于，捷克问题的本质是两个民族高度混居，日耳曼人占当地人口约三分之一，帝国政府对捷克人的任何让步都会侵害帝国最主要的强势民族——日耳曼人的利益。从这个意义上看，捷克民族和日耳曼民族矛盾是帝国民族关系与矛盾的核心。

第三节　周边治理中的民族关系

帝国的民族关系与周边治理有着直接联系，因为和其他帝国相比，帝国民族同质化程度是欧洲所有大国中最低的，其近 60% 的人口属于跨国或跨境人口，他们不可避免地受到了境外民族统一运动的影响，这对帝国的统一和稳定构成直接威胁。

一、帝国的均势思想及运用

18 世纪末至 19 世纪末，欧洲大陆处于由封建社会向资本主义过渡的转型时期，各国政治、经济和社会环境都在经历深刻全面的变化，大国间竞争愈加激烈，世界范围内的生产及交换体系不断扩大，欧洲国家通过工业化首先确立了在世界市场上的中心地位。在这一时期，民族与国家、专制与自由、帝国与殖民地以及社会不同阶层之间的矛盾与冲突日渐明显，近代欧洲的雏形正是在这一系列冲突中逐渐形成。大国间联盟与分化关系变幻莫测，但其之间的矛盾始终未变。这就导致了大国关系处在平衡—失衡—恢复平衡的动态运行中。波兰尼（Karl Polanyi）在

《大转型》一书中提出，19 世纪的文明建立在四个制度之上：均势体系、国际金融体系、市场和自由主义国家。[①] 欧洲正是依靠这四个制度完成了殖民扩张、工业化发展、现代民族国家建立等对人类文明发展具有重要影响的历史进程。其中均势体系维持了欧洲大国间一个世纪之久的相对稳定局面，在大国间联盟与对抗的纷乱关系中，主要国家都利用均势体系创造的有利环境，致力于经济发展和社会革新，确立竞争优势。

从 17 世纪以来，欧洲大陆的王朝征战主要围绕在两个最大的天主教国家——波旁王朝和哈布斯堡王朝之间展开，征战区域集中在莱茵河与多瑙河之间的地区，而后者同时在欧洲东部抵挡着奥斯曼帝国对欧洲基督教世界的冲击，担当了更深一层的文明守护任务。主要致力于多瑙河流域统治的奥地利帝国到后来的奥匈帝国，其实力一直处于下降趋势中，但仍在长达 4 个多世纪的时间里跻身欧洲五大强国之列，充当维持欧洲均势的旗手，这离不开考尼茨、梅特涅等政治家的均势外交策略与运作。而梅特涅则把这一策略运用到极致，一度在拿破仑战争结束后建立了奥地利在欧洲政治和外交舞台上的中心地位，并一直影响着后来帝国的外交政策，其核心就是维持现状。

19 世纪的欧洲政治舞台上，伦敦和维也纳是两个重要的外交中心，这与英奥两国都坚持均势体系有很大关系，奥地利比英国直接参与大陆均势的程度更深。在 1805 年第三次反法联盟期间，梅特涅通过与拿破仑的谈判确立了奥地利在反法同盟中的军事指挥权和谈判主导地位。拿破仑战争结束后在维也纳召开和会本身就是对奥地利外交地位的认可。维也纳协议的达成是奥地利均势政策运用到顶峰的表现。在当时的欧洲大国中，奥地利与英国是均势的最大支持者，与俄、普不同，出于国内和周边力量的综合考量，奥地利提出了对法国最为宽容的政策，和会后出现的欧洲协同体时代与奥地利的努力分不开。福柯（Michel Foucault）认

---

① ［英］卡尔·波兰尼，冯钢、刘阳译：《大转型——我们时代的政治与经济起源》，浙江人民出版社 2007 年版，第 3 页。

为，在重建欧洲和平问题上存在着不同的奥地利目标和英国目标。前者是重建17和18世纪的欧洲和平，欧洲应该成为奥地利的翻版，它本身就是由一定数量的彼此不同国家所组成的。这样，奥地利就可以像过去那样存在下去。与此相反，英国的目标是实现欧洲区域化，让英国在经济和政治上扮演一种在欧洲和全球市场之间的中间人角色，通过英国经济力量的传递使欧洲经济全球化，欧洲是面对世界的或是世界之内的一个特殊经济区域，世界应成为欧洲的市场。它是一种完全不一样的欧洲平衡的考虑。①

1848年欧洲革命后，奥地利以及1867年后的奥匈帝国继续奉行以维持现状为核心的均势政策。这一政策包括国内和国际两个方面。从国内来看，帝国试图通过二元制创新带来民族关系治理的新景象，但权力分享的方式虽然实现了日耳曼人和马扎尔人的共治，但其他民族的要求没有得到满足，民族关系矛盾依然存在。从国际来讲，它希望在欧洲的力量均势关系中维持在多瑙河流域的大国地位，在奥、普、俄、土的关系构架中发挥协调作用，并伺机获取实际利益。1861年在意大利北部战争和1866年普奥战争中的失利对帝国造成了沉重打击，它不得不放弃在中欧和亚平宁半岛北部的扩张，转而集中精力治理国内问题，以期缓解民族和社会矛盾。帝国外交政策的核心是在大国同盟关系的变化中维持自身地位和寻求在大国外交上的优势地位。这也是由奥地利在欧洲大陆地缘权力结构中的轴心位置所决定的。

在大国关系中，帝国与普鲁士的关系最为复杂，也最具有矛盾性。普鲁士在早期最重要的扩张就是在1748年奥地利王位继承战结束后，获得了奥地利的西里西亚，当时该地区以纺织业为代表的制造业在日耳曼地区首屈一指，被视为“奥地利王冠上的明珠”，该地区的获得为普鲁士取代奥地利成为日耳曼领导者和发展成为中欧强国奠定了经济基础，

---

① ［法］福柯，莫伟民、赵伟译：《政治生命的诞生》，上海人民出版社2011年版，第50页。

同时这也埋下了奥普间仇恨的根源。在1749年，考尼茨就提出，奥地利要击败普鲁士这个最重要最危险的敌人，重新夺回西里西亚，除了要动员国内的一切力量外，还要抛弃前嫌与法国交往，对抗普鲁士。在两国争夺日耳曼领导权的过程中，虽然奥地利败下阵来，但仍然具有强烈日耳曼情结的奥匈帝国依然把德国作为最主要的盟友，其外交甚至内政都受到德国的影响，如德国反对1871年奥皇授意内阁起草的“根本条款”改革草案，这是促使奥皇宣布取消草案的原因之一。也正是由于德国的支持，奥匈帝国兼并了波黑，对塞尔维亚宣战也是得到了德国的支持。在重要外交事务上，在一定程度上奥匈帝国扮演着德国影子国的角色。

帝国自考尼茨时期就把建设与法国的盟友关系作为重中之重。1756年欧洲外交革命因此发轫于维也纳，奥地利的战略考虑是通过两大天主教国家之间的联盟建立欧洲东西部大国之间的平衡。其策略之一就是通过两次联姻同盟（1753年考尼茨促成特蕾西的女儿与法王路易十六的婚姻，1810年梅特涅促成帝国公主与拿破仑的联姻）来破坏法普同盟。但拿破仑战争结束后，奥地利出于欧洲均势角度考虑，在维也纳会议上坚持对法国采取最宽容的态度，法国没有任何赔款割地。拿破仑三世时期，奥法的冲突主要集中在意大利问题上，如同在日耳曼邦联问题上一样，奥匈希望存在一个割据和松散的意大利，但在法国支持下，意大利从帝国手中夺回了伦巴第等地，实现了统一。

英国是与帝国执行大陆均势政策一致性最高的国家，两国间没有重大直接利益冲突。两国从18世纪中叶就确定了联合防止法国争霸的政策。当时英国外交大臣卡特勒特（Lord John Carteret）明确表示，奥地利是欧洲大陆唯一能够对付法国的力量，英国的永恒利益就是支持奥地利，而不能沉湎于岛国的安全，坐待法国消灭其大陆对手。[①] 这增强了两国在欧洲重大问题上合作的可能性。1793年两国组成第一次反法同盟，

① 转引自周桂银：《欧洲国家体系中的霸权与平衡》，陕西师范大学出版社2004年版，第190页。

1804 年两国主导了维也纳会议。

奥俄关系也是既合作又斗争的矛盾关系，但冲突性更强。俄国在赢得北方战争后迅速崛起为欧洲大国，开始在欧洲事务，特别是中东欧地区的事务中发挥重大甚至是决定性的影响。俄国向波兰和巴尔干扩张导致奥俄之间缓冲区缩小，冲突性凸显；另一方面，帝国中一些斯拉夫民族，如塞尔维亚、斯洛伐克等在泛斯拉夫思潮影响下，希望借助俄国力量实现斯拉夫民族的独立，这是奥匈国内民族矛盾不断尖锐化的直接诱因。

二、周边治理的策略

列文认为，奥匈帝国民族构成中的跨境或跨国民族是帝国的致命弱点（fundamental weakness）。在 1914 年帝国的 11 个主要民族中，只有 5 个（匈牙利人、捷克人、斯洛伐克人、克罗地亚人、斯洛文尼亚人）分布在帝国境内，其他 6 个主要民族（日耳曼、意大利、波兰、罗马尼亚、乌克兰、塞尔维亚）都属于跨国或跨境民族。[①] 其人口总数占到帝国人口的近 60%。比较一下俄国和奥匈的民族构成可以看出，在俄国，俄罗斯人占总人口比例约 65%，大的从属民族也都是斯拉夫人，如乌克兰和白俄罗斯人，非斯拉夫人口比例占到人口总数的 26%，其中日耳曼人和马扎尔人仅占人口的 2%。根据 1910 年统计，奥匈帝国包括四个主要的种族：日耳曼占 23. 9%，马扎尔占 20. 2%，拉丁族占 8. 4%，斯拉夫人占 47. 5%。[②] 在民族构成和分布上看，俄国的统治民族与从属民族的比例显然比奥匈帝国更有利。在奥匈帝国，日耳曼人是历史上扮演领导角色的民族，然而这一民族只占到帝国人口的 23. 9%，构不成一个人口数量上占支配地位的民族，即使日耳曼和马扎尔人加起来也只占到帝国总

---

① Dominic Lieven, *Empire: The Russian Empire and its Rivals*, London, Yale University Press, 2001, p. 177.

② Raymond Pearson, *National Minorities in eastern Europe 1848—1945*, The Macmillian Press Ltd., 1983, pp. 68 – 70.

人口的约44%。从理论上讲，在民族统一主义的影响下，跨国人口是可以改变其忠诚的，最明显的是日耳曼人。在20世纪帝国中的众多泛日耳曼政党的纲领中都体现着大日耳曼的目标追求，帝国统治者心中具有强烈的日耳曼情结。

跨境民族统一运动对帝国构成了直接威胁。19世纪中后期，欧洲普遍掀起的民族统一运动的浪潮使帝国感到了日益强烈的切实威胁，特别是帝国南部周边的塞尔维亚和罗马尼亚王国建立后，对帝国中的跨境斯拉夫人和罗马尼亚人产生了直接的影响。德罗兹（Jacques Droz）说，在奥匈帝国即使一些保守的政治观察家也认为，其境内的民族问题已经成为国际性问题。[①] 民族统一运动在1867年以前以意大利为首，之后以塞尔维亚人、罗马尼亚人为代表。19世纪下半叶以后，在欧洲东部斯拉夫主义思潮风起云涌的背景下，奥匈帝国只能选择日耳曼主义对抗斯拉夫主义，而俄国则乐于看到或欢迎斯拉夫主义，因为它有利于树立俄国在一些斯拉夫民族中的领导地位。帝国反对和压制跨境民族的民族统一运动，周边治理的重要原则之一是通过与德国结盟的日耳曼主义来对抗斯拉夫主义，在与斯拉夫主义的对抗中采取怀柔与打压结合、避实就虚的策略，即把打压塞尔维亚民族统一主义作为直接突破口，达到制衡俄国的目标。

帝国把斯拉夫主义视为主要威胁。1880年，时任帝国驻圣彼得堡使馆随员、后来担任帝国外长的阿伦塔尔（Alois Lexa Aehrenthal）在写给其父的信中说："我一直认为帝国存在的根本条件在于把它建成1600万斯拉夫人真正的家。如果不是这样，那么斯拉夫人就会向外看。我担心日耳曼自由派宪政党对斯拉夫民族运动的影响考虑得不充分，斯拉夫民族运动既可以对帝国有利，也可以对帝国不利。"[②] 事实证明，帝国最终

---

① Jacques Droz, "The Empire: Victim of a Loss of Political Will", *The Austria Empire-Abortive Federation?*, Edit. by Harold J. Gordon, D. C. Heath and Company, p. 145.

② Solomon Wank, "The Growth of Nationalism in the Habsburg Monarchy 1848—1918", *East Central Europe*, 10, Pts. 1 - 2 (1983), 165 - 79.

没有成为斯拉夫等众多民族成员真正的家，尽管他们曾经希望通过政治结构改革维持多瑙河帝国的地位。从帝国各地区的民族运动中可以看出，直到一战前的较长时间里，帝国中有些民族曾把他们的期望寄托在别的地方，如罗马尼亚和塞尔维亚王国对于帝国少数民族有一定的吸引力，但在较长时间里，从经济社会发展角度考虑，多数民族还是愿意留在帝国中。

帝国周边治理以稳定国内民族关系为优先目标，这在帝国对曾属奥斯曼的塞尔维亚、保加利亚，以及罗马尼亚等的关系处理中体现得很明显。帝国的周边治理重视根据不同地区的特点采取侧重点不同的有针对性的政策安排。

（一）文化手段

对加里西亚地区的治理重视突出文化的渗透力，增强了该地区波兰人对帝国的忠诚和认同感，而且逐步建立了一个文化发达的奥属波兰地区（也称“小波兰”）。18 世纪末，帝国参与瓜分波兰，帝国在该地区没有采取同化政策，而且通过给予自治地位的方式促进了该地区经济文化发展，地方议会管理当地经济文化事务，波兰语的使用不受限制，民族语言和文化得到了充分发展。对比俄属和普属波兰，奥匈帝国在加里西亚实施的“仁政”对其他两地区的波兰人产生了一定的吸引力，使得加里西亚成为波兰文化的中心。该地区的克拉科夫历史上曾是波兰文化较发达的城市。1364 年成立的克拉科夫大学是 1348 年建立的捷克查理大学之后的中东欧第二所最古老的大学。与此不同的是，普属和俄属波兰都实行了严厉的日耳曼化和俄化政策。1874 年，德国教育大臣坚决主张在普属波兰使用德语教学。直到 1906 年，德国才放弃在宗教课上不准使用波兰语的限制。1885 年，俄属波兰的华沙政府颁布法令，规定除天主教教义讲授课及作为外语的波兰语课程外，小学全部教学必须使用俄语。1905 年，俄属波兰地区才开始允许在地方政府中使用波兰语。在这两个地区，波兰人几乎没有担任官职的机会。

（二）经济手段

奥匈帝国是东南欧经济最发达和市场容量最大的国家，其对该地区的其他国家，如塞尔维亚和罗马尼亚都具有无可置疑的经济优势。同时，塞尔维亚人和罗马尼亚人又是帝国东南部地区的主要民族之一，两个民族都与塞尔维亚王国和罗马尼亚王国境内的同一民族民众有着历史上的密切经贸文化往来，而且这两个国家对帝国境内同一民族的民族运动一直提供着物质和精神支持。据统计，19 世纪与 20 世纪之交，东南欧地区三分之二的塞族人生活在奥匈帝国，三分之一生活在塞尔维亚，特兰西瓦尼亚的罗马尼亚人约 500 万。这两个民族都对帝国南部的稳定具有重要意义。帝国多次要求塞、罗两国不得支持奥匈境内的民族运动，这导致帝国与塞、罗两国关系持续交恶。为稳定东南部的形势，帝国常采取对塞、罗的经贸压制手段来抵御其民族统一运动。

塞尔维亚曾长期附属于奥斯曼帝国，经过两次巴尔干战争后，在 1878 年被承认为主权国家。在经济上塞尔维亚对奥匈的依赖度很高，并曾与奥匈签署了经济上完全从属于奥匈的贸易协定。1903 年卡拉乔治任塞国王后，试图在经济上摆脱奥匈的控制。1904 年，塞政府提出一项军火采购案，奥匈要求塞购买捷克斯科达军工厂的火炮，遭到塞政府的反对，后者坚持从法国购买武器。自 1906 年起，奥匈利用在塞尔维亚对外贸易中占据垄断地位的有利条件（奥匈占有塞进口的 66% 和出口 93%）对塞发动了持续 5 年多的关税战，[①] 措施包括禁止进口来自塞尔维亚的牲畜和不准塞商品过境奥匈。

对于 1878 年独立的罗马尼亚王国，帝国也采取类似的经济手段捍卫帝国利益。1884—1886 年，为抵制罗马尼亚对特兰西瓦尼亚地区罗族人的支持，奥匈帝国同样对罗发起了关税战，禁止以牲畜为主的罗马尼亚

---

① ［南斯拉夫］伊万·博日奇等著，赵乃斌译：《南斯拉夫史》，商务印书馆 1984 年版，第 483 页。

商品进入奥匈市场。

（三）外交手段

外交手段是帝国常用的主要方式。在19世纪哈布斯堡与奥斯曼的关系中有一个突出的特点，就是每当一个东南欧或巴尔干地区的国家摆脱奥斯曼统治取得独立时，奥匈帝国总是该国的支持者，或者试图充当其保护者，而当它想与邻国联合时，奥匈帝国又总是反对者。在周边治理中，帝国外交手段的宗旨是弱敌强我，坚决反对帝国周边出现新的大国，特别是斯拉夫人的大国出现，以减轻国内民族运动的压力。针对南部斯拉夫人民族运动，帝国外交大臣在1903年就说过：如果在亚得里亚海和多瑙河之间出现一个斯拉夫大国，分离运动将把多民族的多瑙河专制王朝打成碎片。①

外交手段具体包括：一是与有关国家签署有利于稳定国内民族关系的秘密协定。柏林会议后的1881年，奥匈与塞尔维亚签署为期10年的秘密协定，根据协定，双方互不进行敌对的宣传活动，其中包括塞尔维亚承诺不干涉奥匈境内塞族人事务，遏制波斯尼亚的塞尔维亚人反对奥匈的活动。1914年7月，萨拉热窝刺杀事件发生后，奥匈对塞尔维亚发出的最后通牒中也提出要求其停止反奥宣传和镇压反奥活动等。二是反对周边国家间的合并或联合，避免在帝国周边出现更大的国家。1856年，巴黎会议上曾讨论多瑙河罗马尼亚两公国（摩尔多瓦和罗马尼亚）联合问题，奥匈联合奥斯曼坚决反对。奥匈明确指出其反对的原因是罗马尼亚民族国家的建立会加强帝国境内（特兰西瓦尼亚）罗族人的民族运动。1904年，塞尔维亚和保加利亚签署友好条约，内容包括两国建立关税同盟，奥匈极力反对这一举动，认为此举将来会导致大斯拉夫国家的出现，并妨碍帝国在巴尔干的利益。

---

① 转引自康春林：《世界战争起源新论——东欧与两次世界大战》，社会科学文献出版社2003年版，第41页。

（四）军事手段

从地理位置上看，与其他大国不同的是奥匈帝国的扩张受到了限制，在北边、东北边和南边帝国被平等对手或者是更强大的对手所包围，扩张唯一的出路在于奥斯曼帝国所属的巴尔干半岛。后者是帝国的老对手，自 1683 年奥斯曼军队从围攻维也纳撤退以后，就一直在与帝国的交手中处于下风，到 1815 年奥斯曼退却到了多瑙河，1878 年退缩到了巴尔干中部。与对德、意战争的失利相比，帝国只是在与奥斯曼的争锋中占据上风，这也是帝国选择向巴尔干扩张的重要考虑之一。在民族自决要求日益增长的背景下，帝国内部面临着日益严峻的碎片化危险，它遇到了其他大国扩张给帝国带来的空间挤压，帝国多数政治精英的共识是帝国要生存就必须采取强硬措施。帝国把塞尔维亚视为在东南欧的最大威胁，打压塞尔维亚既有震慑国内斯拉夫民族运动的作用，也有与俄国争夺巴尔干霸权的战略意义，因此对塞宣战是事关帝国生存的唯一选择。

在民族关系与周边治理方面，帝国坚持的重要原则是弱化周边国家对帝国中一些民族的影响，采取的方式是文化经济外交等相结合的综合措施，特别是对南部斯拉夫民族的治理策略注重突出重点，以打压塞尔维亚为主要目标，以期收到既震慑国内塞族民族运动，又兼有与俄国争夺巴尔干主导权的双重目的。

第三章　非区域层面中的民族关系及治理

奥匈帝国民族构成的特殊性是其不同于其他欧洲大国的最显著的社会结构特点。对于一个多民族帝国而言，其政治、经济、外交政策的出发点都在于适应帝国自身的特殊性。这也决定了帝国走上了对内扩张的道路。美国学者沃德里（Katherine Verdery）认为，对帝国而言，保持民族团结和帝国统一的重要性大于经济发展的重要性。[①] 民族关系治理是贯穿于帝国治理的主线，它具有纵向的结构性特点，反映在政治、经济与文化教育等社会关系层面上。本章通对内经济殖民、政党与选举制度、文化教育以及宗教政策等分析民族关系特点。历史发展证明，19 世纪后期，帝国在其最致命的敌人——民族运动面前不进行深刻的内部结构改造，就无法适应历史发展的需要和应对民族运动的冲击。与法国大革命爆发前的情况相似，奥匈帝国在一战前也是经济增长加快和文化繁荣的时期，但其内部民族不平等的深刻矛盾加剧了社会分歧和对立，民族关系特别是强势民族和弱势民族的关系发展到不可调和的地步，最终成为帝国解体的重要内因。

第一节　经济发展模式与对内经济殖民

帝国经济结构具有明显的二元特点。工业主要集中在波希米亚、摩

① Katherine Verdery, "Internal Colonialism in Austria-Hungary", *Ethnic and Racial Studies*, Vol. 2, No. 3, July 1979, p. 391.

拉维亚和下奥地利为主的西部地区，农业集中在匈牙利和特兰西瓦尼亚等东部地区。经济史学家格申克龙（Alexander Gerschenkron）在比较19世纪欧洲主要国家的经济发展状况时把奥匈帝国列入相对落后国家行列。在他看来，在这一时期，英国处在最先进国家的地位，随后依次是法国、德国、奥地利、意大利，最后是俄罗斯。① 虽然地处中东欧多瑙河流域的奥匈帝国具有地缘政治上的重要意义，但从经济地理角度看，帝国的贸易条件不够优越。首先，在东西欧的经济结构中，在较长时间里帝国经济发展落后于西欧，产品难以进入欧洲大陆主要市场，仍以重点发展内向型国内市场和巴尔干市场为主。奇波拉（C. M. Cipolla）说，帝国位于欧洲中东部的内陆地区，即使在中世纪末期，欧洲贸易网络中一些重要的贸易路线都是绕过帝国的大部分领土，进入现代初期后，欧洲大陆经济发展越来越面向大西洋，奥匈帝国的位置更加恶化。② 和欧洲那些主要利用海洋进行对外贸易的国家相比，以陆路交通和内河航运为主的对外贸易在帝国经济中仅占有微弱比例。其次，帝国经济政策的制定受限于民族关系。也就是说，维护多民族大一统的帝国及其在欧洲大国体系中的地位是其压倒一切的目标。在19世纪的欧洲大陆，多数主要国家的工业化进程都与其政治发展相吻合，比如德国和意大利的统一运动与工业化同步进行，推动了两国19世纪下半叶的经济发展。但在奥匈帝国却出现了相反的情况，虽然在19世纪下半叶工业化得到一定发展，但是政治上却处于不断衰落的过程中，原因之一是政府虽然也鼓励工业化发展，但相对于维持民族关系和帝国统一的目标而言，前者并不是主要目标。普利斯特尔（E. Priester）提出，奥地利政府在工业和经济方面的政策是发展工业和经济，但不得与王室的政治利益相抵触，不得与贵族的经济利益相抵触。③ 沃勒斯坦（Immanuel Wallerstein）也提出了民族结构

① ［美］亚历山大·格申克龙，张凤林译：《经济落后的历史透视》，商务印书馆2009年版，第44页。

② ［意］奇波拉：《欧洲经济史》第四卷（上册），商务印书馆1988年版，第194页。

③ ［奥］普利斯特尔，陶梁译：《奥地利简史》，三联书店1972年版，第569页。

与经济发展的一种内在关系，他认为，哈布斯堡王朝始终未能把其统治的版图组成一个在国际体系中适当发挥作用的坚固统一的国家，这与其民族结构有关，只有民族比较单一的国家结构才可能在资本主义世界经济体中兴旺发达。[①] 第三，在 19 世纪工业化过程中，帝国基于一种内向的、自给自足的经济发展模式，从东西部区域经济互补出发，着眼于相对封闭的内部市场建设，具体来说就是东部为西部提供廉价食品和原料，并成为西部工业品的消费市场。这一模式不利于帝国经济竞争力的提升，如捷克的工业基础虽然发达，但帝国封闭性的市场环境使其工业品在与德国产品的竞争中逐渐居于下风。

一、工业化

沃勒斯坦在其世界体系理论中提出，16 世纪欧洲已经初步形成了国际分工体系，由三个相对独立的经济体组成，一是以意大利北部城市为中心的地中海经济体，二是西北欧经济体，三是东欧和波罗的海经济体。在前两个经济体之间同时存着水平分工和垂直分工，在东西欧之间存在着一种殖民性质的垂直分工，即西欧成为商业和手工业制造中心，生产工业制成品和初级产品；东欧以农奴制劳动为基础的封建庄园经济，成为前者的粮食和原料产地。[②] 在 16—18 世纪西欧主要国家资本主义经济萌芽和快速发展的时期，东欧地区仍主要保留着传统生产关系，大庄园主在政治和经济上都超越了城市资产阶级，城市和工业发展滞后，商业资本规模小，地区发展差异明显，这是与西欧最主要的历史发展差异所在。传统生产关系的长期存在造成了东欧地区经济发展落后，现代化的进展虚弱而缓慢。沃德里认为，18、19 世纪的哈布斯堡帝国在世界体系中占据了半边缘地位，其经济以农业为主，发展工业只是在 1742 年帝国

① ［美］沃勒斯坦：《世界经济体系》第二卷，高等教育出版社 1998 年版，第 277 页。
② ［美］沃勒斯坦：《现代世界体系》第一卷，高等教育出版社 1998 年版，第 418 页。

把工业省西里西亚割让给普鲁士后才成为帝国政策。[①] 在18世纪中叶，普鲁士从奥地利手中夺走了西里西亚后，后者才认识到工业化的重要性。矿产资源丰富的西里西亚一直被称为“帝国皇冠上的明珠”。女皇特蕾西及其子约瑟夫二世制定了一些重商主义政策，支持建立工业企业，并用高关税来保护国内企业。18世纪末到19世纪上半叶的工业革命促成了西欧经济，特别是制造业的大规模扩张，这对东欧地区产生了直接影响，该地区整体上开始跟随西欧走上了一条后发工业化道路。

帝国的工业化呈现两个明显的特点。首先在地域上，工业化是自西向东扩散的过程，东部的工业化明显滞后于西部，两地之间工业化发展存在明显的脱节，或者说具有梯度发展的特征，这是由于两地之间严重的经济发展不平衡造成的。在帝国中，工业化起飞先于农奴制的废除，后者为前者的加速发展提供了新动力，也是社会生产关系发生深刻变化的直接原因和重要标志。帝国工业化可以分为三个主要阶段：（1）19世纪上半叶工业化准备阶段；（2）19世纪60年代工业化起飞阶段；（3）90年代后到一战前的加速追赶阶段。在整个工业化过程中，奥地利经济发展的突出特点是稳定增长，匈牙利出现了“大爆发”的工业增长。

帝国西部大规模的工业化始于19世纪20年代，在时间上，比西欧地区晚约半个世纪。40年代末帝国农奴制改革以及土地改革带来了帝国社会结构的巨大变化。虽然土地改革没有完全改变土地高度集中状况，但也使一些农民获得了一定数量的土地，获得人身自由的农民进入城市工作，成为城市非熟练工人的重要储备军。到19世纪中期工业化发展加速，形成了以煤钢、冶炼、纺织、机械制造、玻璃陶瓷等为主的工业体系。90年代以后逐步进入垄断资本阶段。古德（David Good）认为，从1820—1870年间，西部地区与大多数西欧国家一样出现了持续的工业增长，但相对落后程度仍在增加；1870—1910年间，经济增速高于大多数

---

① Katherine Verdery，“Internal Colonialism in Austria-Hungary”，*Ethnic and Racial Studies*，Vol. 2，No. 3，July 1979，p. 391.

西欧国家，与英国、法国、比利时以及德国之间的差距缩小，在一战前达到了发展的顶峰。①

从18世纪开始，捷克地区就是哈布斯堡帝国中经济最发达的地区。在1716—1739年，帝国财政收入总额为1.66亿盾，捷克三个地区（波希米亚、摩拉维亚和西里西亚）的收入达到1.26亿盾。② 约瑟夫二世执政时期，他把发展工业作为重商主义的重点，多数工业最早集中在捷克地区，18世纪末该地区已出现纺织、玻璃制造和采矿工业。捷克地区工业化始于19世纪20年代，40年代进入快速发展阶段，60—70年代达到顶峰。纺织、食品、冶金、机械制造、化学和汽车工业等依次成为工业化过程中的领头行业。在一战前，化工产品占帝国总产量的75%，钢铁产量超过50%。但在捷克地区工业化过程中，来自奥地利和普鲁士以及后来的德国资本占据主导地位，只有三分之一的资本属于捷克资本家，日耳曼人在捷克经济发展中占据主导地位。该地区工业化发展快的重要原因之一是褐煤和黑煤储量多，在一战前捷克煤炭产量占奥地利的85%，工业产量超过奥地利的一半。由于帝国过于注重内部市场的保护性建设，捷克地区虽然工业基础发达，但其工业品的主要销售市场是匈牙利、加里西亚以及巴尔干地区。帝国的保护性政策缺乏适应市场的弹性，并不利于捷克工业品竞争力的提升。此外，捷克地区的间接税税赋在帝国中最重，1909年承担了奥地利部分63%税负，这也不利于捷克企业竞争力的提高。表3—1是捷克等三个地区在三个时间段的税负比较情况：

表3—1　捷克、下奥地利、加里西亚和布科维纳四地税赋和人口比例

1870年	捷克	下奥地利	加里西亚和布科维纳
直接税	41.9	26.6	11.9
消费税	44.6	28.9	11.8

① David F. Good, "Austria-Hungary", *Patterns of European Industrialization*, Edit. by Richard Sylla and Gianni Toniolo, Routledge, 1991, p. 227.

② Josef Frais, *Reforma Marie Terezie a Josefa II*, Praha: Akcent, 2005, s. 42.

续表

1870 年	捷克	下奥地利	加里西亚和布科维纳
人口比例	37.5	9.7	29.4
1895 年			
直接税	38.3	31.1	10.5
消费税	55.7	18.8	15.3
人口比例	36.4	11.5	30.7
1909 年			
直接税	34.4	37.7	10.3
消费税	63.2	13.3	16
人口比例	35.5	12.4	30.9

数据来源：www. clovek. ff. cuni. cz.

东部地区的工业化比西部地区晚约半世纪。造成这种差异的主要原因在于 1848 年以后东部地区的社会生产关系改革没有西部地区彻底，仍以前资本主义的土地占有制为主，劳动力流动不力，消费市场发育缓慢，资本积累不足。这一地区自 19 世纪 60 年代才进入工业化起飞阶段。

从 19 世纪 80 年代起，匈牙利首先采取了一系列促进新兴产业发展的政策，推动传统农业转型和现代工业发展，被视为是发挥了格申克龙所提出的落后地区工业化发展“政策优势”的典型。格罗斯（N. T. Gross）提出，君主国的工业化以波希米亚为起点，经过摩拉维亚和维也纳盆地至施蒂里亚和卡林西亚，只是从 19 世纪 80 年代开始，才受到了匈牙利自治政府工业化政策的强大挑战。[1] 1881 年，匈牙利制定工业发展税收优惠政策，这是其促进工业化发展的第一个法规，规定给予所有使用新技术、设备的新兴行业企业 50 年免税的优惠，这些行业主要包括食品、农机、纺织等。1882—1888 年，236 家新建企业和 187 家已运行企业享受到了这些优惠，其中 81% 是酿酒企业。第二个法规是 1890 年

① ［意］奇波拉：《欧洲经济史》第四卷（上册），商务印书馆 1988 年版，第 194 页。

制定的工业促进法，扩大了政府支持的范围，除了已有的优惠外，又推出了提供免息贷款和国家补贴政策，其中补贴可以占到新建企业投资额的十分之一到三分之一。第三个法规是1907年制定的特殊行业补贴法，进一步降低国家补贴的门槛，地方政府可自主决定对国家经济利益攸关的资助企业。措施有两条，或是政府提供15年一期的补贴，或是由政府授权商业部购买企业股份。1907年法律颁布后3年中，75%的补贴给了纺织企业，12%给了钢铁机械行业，6%给了化工行业。在20世纪初，匈牙利制定的鼓励工业发展系列优惠政策吸引了大量的奥地利和波希米亚的投资进入匈牙利，对于当地产业转型以及帝国经济竞争力的整体提升起到了重要的作用。在匈牙利，1870—1910年，工业部门吸收的劳动力比例从8.6%提高17.1%，出现了一批大型企业，如1873年成立的匈牙利铁路机械厂，1868年成立的匈牙利钢铁厂，1873年国家机械厂开始生产火车头，1884年开始生产军用罐头的曼弗里德·威斯（Manfred Weiss）公司后来发展成匈牙利最大的军工企业。1841年，匈牙利工业产值是奥地利的16%，1914年这一比例达到30%。据统计，1880—1913年间，奥地利工业生产年均增长3.6%，匈牙利达到4.5%，东西部之间的经济差距缩小，提高了帝国整体经济实力。格申克龙认为，落后地区在工业化发展的初期阶段，如果能够结合本国社会经济环境适时地推行适当的鼓励新兴产业或领先产业在税收、金融方面的优惠待遇，其发展劣势能被弱化，并能够抓住工业革命爆发的机会。[①] 在他看来，由于采取了针对性的工业发展鼓励政策，19世纪下半叶，匈牙利地区出现了工业化的“大爆发”。

19世纪上半叶至一战前是包括奥匈帝国在内的欧洲各大陆国家工业化发展的主要时期。纺织、钢铁、采矿、农产品加工等行业成为各国的优先发展产业，同时国家通过财政投入和社会融资方式加大铁路、水运

---

① ［美］亚历山大·格申克龙，张凤林译：《经济落后的历史透视》，商务印书馆2009年版，第271页。

等基础设施的建设力度，特别是奥匈帝国在50—60年代出现的铁路大发展不仅为工业化发展提供了重要保证，也对缓解东西部之间的经济隔离和促进东部地区经济发展起到了重要作用。工业化给帝国社会经济发展带来了巨大变化，捷克地区发展成为欧洲重要的工业基地之一，东部匈牙利地区的经济结构得到改善。到19世纪后期，帝国是欧洲大陆面积第二大、人口第三大的帝国。1911年，帝国硬煤产量达1.64亿吨，褐煤从1530万吨升至2560万吨，1913年生铁175万吨。① 到一战前，帝国工业产值占欧洲的6.3%，居第四（在英国27%、德国22%和法国13%之后），产煤量排欧洲第三，石油产量排第四，钢铁产量排第五。②

表3—2　1913年欧洲主要国家的国民生产总值占欧洲总额的比例

俄国	20.4%
德国	19.4%
英国	17.2%
法国	10.7%
奥匈	10.1%
意大利	6.1%
西班牙	2.9%
总共	86.8%
其他欧洲国家	13.2%
欧洲总额	100%

数据来源：www.clovek.ff.cuni.cz.

二、对内经济殖民

内部殖民主义是美国学者麦克尔·赫克特在1975年对英国内部经济关系研究的基础上提出的一个概念，指文化上占支配地位的核心地区支

① Ivan T. Berend and Gyorgy Ranki, *Economic Development in East-Central Europe in the 19th and 20th Centuries*, Columbia University Press, 1974, pp. 18 – 36.

② ［意］奇波拉：《欧洲经济史》第一卷，商务印书馆1988年版，第324页。

配和剥削一个族群性相异的边远地区，主要论点之一是强调边缘地区造成的族群冲突比核心地区多。沃德里通过对19世纪奥匈帝国内部经济关系特点的研究，认为在一个单一政治体中，核心和边缘地区之间的经济文化差异源于其历史发展特点，而资本主义工业的规模与空间拓展以不同方式把不同族群纳入到统一的生产体系中，加剧了核心和边缘地区之间的差异，核心地区获得了一种偶然的机遇优势，使其能够建立起一种歧视性和不平等的社会分层体系，并将其机制化。① 在奥匈帝国，这种不平等的分层体系建立在不平等的民族关系基础上，对内经济殖民在帝国的经济治理中也非常突出，表现在奥地利与匈牙利之间，以及匈牙利与特兰西瓦尼亚和斯洛伐克地区之间。

（一）奥地利与匈牙利

奥地利与匈牙利之间的经济殖民关系是由两地区间经济结构的差异性决定的，前者是中东欧工业最发达的地区，后者则是欧洲传统的农产地。从18世纪后半叶开始，维也纳政府开始制定政策，维持两地间不平等的经济关系。1684年，奥地利经济学家霍尼克（Philipp Wilhelm von Hornick）在其《奥地利富强论》中提出奥地利重商主义思想的九条通则，强调利用国内资源、发展国内商业，限制丝织品、毛织品、麻织品等的进口。他把这些外来产品视为吸血鬼和食肉兽，每年就从奥地利拿走1600万盾。② 关于奥地利和匈牙利的经济关系，他认为，匈牙利的葡萄酒与奥地利的国产酒相比，质量既好，价也低廉，但是要禁止进口，这样就可以利用自己的资源，由自己进行消费，对匈牙利的食盐来说也是一样。③ 18世纪中后期（约瑟夫二世时期）开始，奥地利执行歧视性的内部市场分割政策，把匈牙利和帝国内部世袭省份（奥地利本土上的

---

① Katherine Verdery, "Internal Colonialism in Austria-Hungary", *Ethnic and Racial Studies*, Vol. 2, No. 3, July 1979, p. 391.

② ［美］A. E. 门罗编，蔡受百等译：《早期经济思想——亚当斯密以前的经济文献选集》，商务印书馆1985年版，第196、199页。

③ 同上书，205页。

省份）用内部海关线划开，通过这条内部海关线进入匈牙利的奥地利工业品几乎无须缴纳关税，从匈牙利进入奥地利的重要工业原材料也几乎不上税，但对包括从匈牙利在内的其他地区进口工业品征收高关税。奥地利甚至一度下令禁止帝国也能生产的工业品入境，还制定了有关出口的禁令，如禁止匈牙利把牛肉、金属、羊毛、钾碱等工业原料出口到其他国家。[①] 这一政策目的是让匈牙利充当奥、捷地区工业原材料的供应者，确立两地间不平等的具有内部殖民特点的经济关系。负责奥地利经济发展计划的商业委员会成员在解释这一经济政策时认为，匈牙利和奥地利两个世袭领地之间的商业关系的实质是：利用匈牙利的目的不在于通过极不平等的课税方法来增加财富，而在于获得廉价原料来供应奥地利地区日益发展的工业和工厂的需要。[②] 鼓励西部地区的工业品向东部市场出口，相反限制东部地区的工业品向西部出口，这一政策和英国曾不允许殖民地地区生产一根铁钉的性质是一样的。匈牙利工业化发展之所以晚于奥地利地区，除了与匈牙利保守贵族力量强大（在18世纪末和19世纪初他们不愿出售土地发展工矿企业），也与帝国政府所实施的有目的性地压制匈牙利工业发展的经济政策有关。帝国政府曾在一项决议中明确指出：匈牙利工厂和工场手工业的大量建立，至少在它所缴纳的捐税数额尚不及奥地利各世袭领地所缴纳的数额以前，将为各世袭领地带来巨大的损失；所以应当采取有效措施，在可能范围内阻止匈牙利工厂数量的继续增加。[③]

直到1850年，奥匈之间的关税和市场分割才被取消，这对于匈牙利初级工业发展起到了明显的积极作用，共同关税区和市场的扩大促使匈牙利的粮食生产不断增长，奥匈两地之间的贸易迅速发展，开始成为紧密的贸易伙伴。在19世纪末和20世纪初，奥地利38%—39%的出口面

---

① ［匈］温盖尔·马加什，龚坤余译：《匈牙利史》，黑龙江人民出版社1982年版，第152页。

② ［奥］普利斯特尔，陶梁等译：《奥地利简史》下册，三联书店1972年版，第499页。

③ 同上书，第501页。

向匈牙利，匈牙利72%—74%的出口面向奥地利。[①] 1910年，奥地利65%农产品和5%的工业品从匈牙利进口，同时奥地利90%的出口工业产品和近10%的农产品面向匈牙利。[②] 两地之间经贸结构不合理特征明显，奥地利把匈牙利地区作为矿产品和农产品的重要来源地，后者则是奥地利和捷克地区工业品的主要销售市场。

（二）匈牙利对斯洛伐克和特兰西瓦尼亚的政策

奥地利对匈牙利的歧视性经济政策也被匈牙利应用在其治下的斯洛伐克和特兰西瓦尼亚两地，甚至有过之而无不及。匈牙利政府对两地经济发展实行歧视性政策，只允许其发展原材料开采等初级产业，限制发展深加工产业。这就是哈耶克所说的弱势民族只能发展一些限定的初级产业。

从14世纪起，斯洛伐克地区曾一度是欧洲主要的贵金属开采和加工地。17世纪之前，斯洛伐克地区城市化发展程度并不低于匈牙利地区。18世纪末开始，匈牙利开始限制斯洛伐克地区工业发展。措施包括：限制外资进入斯洛伐克地区；对非匈资本企业，特别是捷克以及斯洛伐克资本控制的企业采取不平等的歧视政策；以怀疑企业非法营利等为借口限制企业正常运营；斯洛伐克本地企业只能在限定的产业部门中经营，如资源开采和加工、木材造纸、制革等行业。匈政府通常还采取一些行政手段压制斯洛伐克地区的工业发展，如通过银行向匈资企业提供补贴挤垮斯洛伐克企业后让匈牙利企业家接手，再通过提供银行补贴形式发展企业；匈资银行不向斯企业提供贷款；禁止斯企业家成立商会组织等等。在19世纪中叶，斯洛伐克在帝国东部地区仍然占据着经济上的主导地位，但在匈牙利政府歧视性政策的影响下，19世纪下半叶，该地区经济发展逐步衰退，主要表现为依赖单一矿产开采为主的经济结构越来越

---

① Lacina Vlastimil, Hájek Jan, *Kdy bylo nám nejlépe?*, Praha: Libri, 2002, s. 14.

② Urban Otto, *Kapitalismus a ceská společnost*, Praha: LNL, 2003, s. 299.

明显，成为东部地区主要的矿业原材料供给地。80 年代后，随着匈牙利地区工业化发展加快，斯洛伐克地区的原材料开采加工业（冶金、金属加工、木材加工等为主）进入了快速发展的时期。据统计，1900 年，斯洛伐克地区有 432 家 20 人以上的工业企业，在匈牙利地区占比约为 21%，其中采掘和冶炼企业占到匈牙利地区同类企业的 31%。同一年，该地区银产量达 12800 公斤（占匈地区总产量的 63%）。1910 年，斯地区 20 人以上企业达到 639 家，但在匈牙利地区的占比下降到 15%，其中人数超过 1000 人的工厂有 8 家，包括 3 家钢铁厂、1 家纺织厂、1 家金银矿山厂和 1 家制糖厂。到 1913 年，斯地区矿石产量达到 120 万吨，占匈牙利地区总产量的 58%。① 从整个匈牙利地区看，85% 的机械制造业集中在匈牙利，斯洛伐克仅占 4%，主要集中在造纸、冶金、制革和木材加工等低附加值行业，在产业分工中承担了提供原材料和初级产品的任务。在 20 世纪初，斯洛伐克企业家投资 100 万克朗在斯洛伐克马丁市建立了一家帝国东部最大的现代化纸浆厂，但匈政府以环保为由不允许工厂开工，并命令将工厂转让给匈牙利佩斯银行。投资人为了减少损失，决定转让工厂，后来工厂卖给匈资银行后，立刻获得各项许可并投入生产。②

1915 年，斯地区铁路里程 3219 公里，占匈牙利地区铁路里程的 15%。一战前，斯地区整体上是一个工业部门少、产业单一的地区，63% 的人口集中在农业部门，18% 的人口分布在工业部门。此外，斯地区的产业资本主要来自匈牙利和奥地利，本地资本力量薄弱。据统计，1912 年，所有斯洛伐克银行的资本金总额近 1450 万克朗，而匈牙利信贷银行的资本金就达 6000 万克朗。在帝国东部地区，60% 的金融资本集中在布达佩斯。

特兰西瓦尼亚的情况比斯洛伐克更复杂。17 世纪时，特兰西瓦尼亚

---

① Zsuzsa Gáspár，*Rakousko-Uherská Monarchie*，Slovart，2011，s. 316.

② Zsuzsa Gáspár，*Rakousko-Uherská Monarchie*，Slovart，2011，s. 318. 斯洛伐克学者 Vlado Klementis 在所著的 *Mezi name a Madarmy* 书中也曾谈到此事。

地区的商业比周边其他地区更加繁荣，其中萨克森人发挥了重要的作用，他们垄断了北欧和多瑙河东部地区之间的长途贸易，以及特兰西瓦尼亚和多瑙河其他公国间的地区贸易。贸易商品主要是盐、金、银、铜、锡、水银等贵金属，葡萄酒、家畜、兽皮等。18 世纪时，萨克森人开始发展纺织业，并曾向维也纳和地方议会提出鼓励工业发展的建议，但是被哈布斯堡王室拒绝。从 19 世纪开始，当地的一些日耳曼贵族开始开办玻璃厂、纸浆厂、制革厂和蜡烛厂等，尽管这里的手工业较发达，但是直到 20 世纪初工业仍然落后，主要是提供工业原材料，从匈牙利和帝国其他地区进口工业品。1850 年以后，随着交通条件的改善，该地区工业开始发展，并进入国际经济体系中。1859 年，在特兰西瓦尼亚和奥地利之间的关税壁垒被取消时，当地已有的一些工业部门（如造纸、玻璃和化学工业）在奥地利和波希米亚工业品的冲击下曾受到沉重打击。

该地区拥有丰富的煤炭、铁矿、森林资源以及帝国中最便宜的劳动力，伴随着铁路建设加快，资源开采成为了该地区最主要的产业，帝国东部地区最大的铁矿和煤矿都位于特兰西瓦尼亚西南部地区和巴纳特地区，但钢铁生产几乎完全掌握在维也纳资本家或国家财团手中，其他资本来自德国、法国和比利时。1867 年后，匈牙利资本开始大量进入轻工业领域，如食品加工、造纸、纺织、化学、制酒、信贷等行业。1915 年匈牙利人控制着当地 66% 工业企业、矿山和商业合资企业等，萨克森人占有 31%，罗马尼亚人仅占有 3%。到 19 世纪晚期，严重依赖煤、木材、矿石等原材料开采成为该地区经济产业结构的最主要特点，殖民经济模式非常明显，如市场价格和资本投资外部化、商业活动高度垄断、贸易管控和许可制度等。虽然也有少数原材料的本土化粗加工，但其比例非常低。此外，维也纳和布达佩斯从该地区获得的剥削利益也有所不同：奥地利资本主要垄断了钢铁生产和煤矿开采，匈牙利则垄断了木材加工以及食品、造纸、酿酒、纺织等行业。1872 年，该地区建立了第一个银行——阿比那（Albina）银行，1900 年该地区银行业务量只占到整个匈牙利地区业务量的 1.2%。

沃德里认为，在内部殖民进程的影响下，特兰西瓦尼亚经济增长缓慢，增长率比奥地利和匈牙利都低，居民生活水平明显下降。该地区在匈牙利的被殖民地位在一定程度上也对应着匈牙利对奥地利的被殖民地位。① 有所不同的是，特兰西瓦尼亚的主要殖民主体有两个，而匈牙利的殖民主体是一个。哈耶克把奥匈政府执行的经济歧视政策等同于经济殖民。他提出，中欧地区的经验表明，政府可以通过制订经济政策对少数民族经济发展实行歧视性待遇，其实质是经济政策成为一种压迫手段，表现在某些产业或活动基本上是由少数民族来从事的，或者说许多表面上针对一个产业或一个职业阶层的措施实际上是指向一个少数民族的。②斯洛伐克和特兰西瓦尼亚地区的经济发展正是哈耶克这句话的真实写照。

第二节　政党和选举制度

一、政党政治

近代政党制度是19世纪随着欧美代议制的发展和选举权的扩大而出现的，标志着资本主义社会政治基础和公民社会民主原则的确立。在政党制度下，利益和目标相同的阶层或集团成员为了维护本阶级或阶层利益而与其他政党通过选举方式参与或影响国家政治生活。

19世纪中后期，农奴制的废除和工业化发展带来了帝国社会生产关系和结构的根本性变化，代表社会各阶级和阶层利益的政党开始冲击传统的贵族政治，在政治和社会生活中发挥积极作用。18世纪下半叶，奥地利帝国约瑟夫二世实施了在欧洲具有历史意义的一系列改革，主要是

① Katherine Verdery, "Internal Colonialism in Austria-Hungary", *Ethnic and Racial Studies*, Vol. 2, No. 3, July 1979, p. 391.

② [英] 哈耶克，王明毅、冯兴元等译：《通往奴役之路》，中国社会科学出版社1997年版，第86页。

废除农奴制，并在1789年废止了农民的全部强迫劳役和实物征集制度，把捐税改为货币化征收。由于帝国中贵族和大庄园主的反对，虽然改革最终夭折，但这为后来帝国的社会变革奠定了基础。

首先，19世纪20年代的工业化起飞以及1848年第二次废除农奴制后，帝国社会生产关系发生了深刻变化，脱离土地依附关系后的农业人口大量进入城市标志着封建主和农奴之间的阶级矛盾逐步被资本家和产业工人之间的矛盾所取代，这是具有历史进步意义的社会生产关系的大变革。资本主义生产关系的出现和发展为政党的诞生提供了现实基础，这是政党出现的经济根源。其次，在资本主义经济条件下，自由竞争逐步成为社会经济运行的主导原则，帝国统治阶级出于促进经济发展、提高竞争力的国家利益出发，也不得不推动工业化发展，承认政党的地位。从政治生活看，代议民主制，特别是普选范围的不断扩大削弱了传统贵族阶层在国家政治生活中的影响和地位。有一点需要强调的是，直至奥匈帝国解体，政党参政的代议民主制只限于议会下院，议会上院仍由奥皇指定的贵族代表组成。第三，在工业化进程中，社会结构分层日益具有了以资产阶级和无产阶级为主的特点。这一时期，民主、平等和人民主权等政治理念不断传播，也对民众思想产生了日渐深入的影响，这构成了政党政治不断活跃的社会心理基础。代表社会各阶级和阶层利益的政党开始冲击传统的贵族政治，在政治和社会生活中发挥积极作用，如帝国政府制定的劳动保护法规就是在社会民主党的多次呼吁下才出台的。

帝国中的工人运动最早出现在19世纪60年代末。从工运参与者来看，除了进入城市的农民以外，传统手工业者也受到了工业化的巨大冲击，机械化生产、新型商业模式、便利的铁路运输使得社会消费品成本和价格普遍下降，一些破产后的小手工业者也加入到无产阶级队伍中。工人群体主要集中于工业基础雄厚的捷克和奥地利。霍布斯鲍姆说，这些地区的工业基础和地方性社群是工人运动的天然根据地。由维也纳和布拉格向东走，四处可见马克思主义知识分子。[①] 20 世纪 60 年代，在维也纳、布达佩斯、布拉格已出现了以学习社会主义理论为主的第一批工人学社。1875 年和 1878 年，奥地利和捷克社民党相继成立（1890 年匈牙利社民党成立），并将普选、基础教育及 8 小时工作制作为在政治与社会领域的主要目标。在其不断要求保护工人劳动权益的呼吁下，1880 年，奥地利议会第一次制定了劳动保护法，要求雇主保障工人在生产安全、休假等方面的劳动权益。1883 年又对 1859 年制定的第一个公司法进行了修订，减少工人劳动强度，如把矿山工人劳动时间缩短到每天 12 小时。1885 年，再次修定劳动法，对雇主解雇工人做出了限制性规定，并把童工年龄界限从 10 岁提高到 14 岁。1887 年实行工伤保险。帝国在制定较完善的劳动法规和实施劳动权益保护方面走在了当时欧洲国家的前列。社民党在 1897 年首次进入议会，拥有 15 个席位，这是帝国政党政治制度形成的重要标志。

基督教社会党是具有较大影响的主要维护中产阶级利益的政党。该党坚持传统的基督教价值观，宣称忠于哈布斯堡王室，宣扬保护手工业者和资产阶级利益为主的基督教社会主义思潮和反犹思想，赢得了中产阶级的支持。在天主教徒占人口总数 90% 的奥地利逐步发展为最具影响力的政党之一。1897 年，该党领袖卢格尔（Karl Lueger）当选维也纳市长，为后来奥地利日耳曼种族思潮的泛滥埋下了伏笔。[②] 1907 年，该党在议会下院中占 96 席。在经济政策上，该党强调加强与德国的经济联盟和建设中欧经济体，提出通过加快交通和城市基础设施建设来改善投资环境，增强经济竞争力。

具有相对保守特点的农民政党也是具有广泛影响力的政党。和其他欧洲大国相比，农民党是奥匈帝国突出的政治现象，该党主要主张保护

---

① ［英］霍布斯鲍姆，贾士蘅译：《帝国的年代》，国际文化出版公司 2006 年版，第 163 页。

② 在此次选举前，卢格尔已经连续 4 次被选为市长，但奥皇因不满其反犹言论而多次否决了对他的任命，对此，当时在维也纳大学任教的弗洛伊德曾发表文章赞扬奥皇的做法。

农民利益、降低农民税负和加强教会对学校的影响等。最早从19世纪末开始，为了保护自身利益，农民开始组织并参与到各种政治活动中，建立了多个农民政治团体或经济机构。19世纪中叶，捷克地区的甜菜产量占到世界产量的12%，中小甜菜农较早组成了行业协会，反对大庄园主操控甜菜价格，1899年他们联合其他农业协会建立了捷克农民党。1904年成立的克罗地亚农民党提出了取消大庄园、进行土地改革、实行普选等要求，呼吁保护农民利益、帮助改善农民生活条件。到20世纪初，农民党逐步崛起为政治生活中的主要政党之一。总体上看，农民政党的宗教色彩和地方性特点较浓厚，这一局限性使得农民政党的视野较狭窄，多数时候都是帝国的拥护者。捷克、加里西亚农民党以及成立较晚的克罗地亚农民党的民众支持率较高，社会影响都较大。在1907—1911年议会下院中，捷克和加里西亚的农民党都是各自民族在议会中最大的政党，证明了该党在民众中具有较高的支持率。①

不同于其他欧洲国家，民族多元化构成决定了各民族政党成为奥匈帝国政党的主体，它们多从各自民族利益出发，考量经济社会政策，围绕帝国政体改革、民族权利等展开了交锋，因此民族关系对帝国政党政治产生了直接的影响，这是帝国政党政治的突出特点。日耳曼、马扎尔等强势民族政党希望维持其民族优势地位；而捷克、斯洛伐克、罗马尼亚、乌克兰等弱势民族政党则把获得民族平等权利作为其首要目标，其中又以捷克和日耳曼政党间的冲突最为激烈。具有典型意义的是社会民主党，该党虽强调其跨民族的阶级特点，但不同民族的社民党在政策目标上有很大差异，这主要是由各地区经济社会发展和民族运动的差异性所决定的，其结果是各民族的社民党缺乏足够的横向联盟，这成为帝国工运中的突出现象。1878—1893年捷克社民党曾隶属奥地利社民党，

① 1907年和1911年，捷克农民党在议会中的席位分别是28席和37席，超过了捷克社民党的24席和26席，以及青年捷克党的21席和19席。波兰农民党的席位分别是30席和25席，超过了波兰保守党的12席和17席，以及民族民主党的14席和10席。参见：Mark Corwell，*The Last Years of Austria-Hungary*，University of Exeter Press，1990，p. 58。

1894年从奥地利社民党分裂出去，原因在于它们的政党目标存在分歧，奥地利社民党把工人阶级团结为首的阶级斗争放在首位，认为私有制是工人阶级被奴役和贫困的根源，只有消灭它才能实现社会主义；在民族关系问题上，该党提出了民族文化自治模式，认为每个民族拥有管理自己文化事务的权利。捷克社民党坚持把工人运动与争取地方自治权的社会改革结合起来，实际上是把捷克民族运动的目标——重新恢复波希米亚王国历史自治地位放在首位；同时反对奥地利社民党提出的文化自治方案，认为各民族应获得民族区域的全面自治。

由于不像奥地利和捷克那样具有发达的工业基础，匈牙利社民党力量较小，并常受到当局的镇压，其主要活动和目标仅限于组织罢工和要求扩大选举权，而且由于匈牙利实行严格的有限选举制度，该党从未进入议会。斯洛伐克社民党反对匈牙利政府的语言和民族同化政策，提出保护民族性和发展民族语言，并要求在匈牙利实行普选和民主化改革。工人运动与民族运动之间的关系成为各民族社民党争论的焦点问题。布达佩斯一家社会主义报纸1913年发表文章称："被压迫民族的抗议声比被压迫阶级的抗议声来得高。"[①] 这反映出帝国中民族与阶级斗争的关系特点。

虽然工运强调阶级斗争的重要性，但在民族斗争和阶级斗争交织在一起时，民族利益高于阶级利益，弱势民族政党把获得民族自治地位作为首要的现实目标，即捍卫被压迫民族的利益优先于被压迫阶级的利益。这与帝国民族运动的特点有直接联系，因为民族运动的主要参与者不仅包括小商人、小食利者、小农主等为代表的传统中间阶层成员，也有以白领工人、教师、雇员等为主的新中间阶层，他们从一开始就具有强烈的民族意识，其民族归属感强于阶级归属感，这决定了各弱势民族政党把民族利益放在优先位置。

---

① ［法］雅克·德罗兹，时波译：《民主社会主义1864—1960》，上海译文出版社1985年版，第111、117页。

二、选举制度的变化

政党政治的活跃与选举制度的变化紧密联系在一起。帝国选举制度的初衷是维持贵族阶级和日耳曼人的优势地位。随着政党政治日趋活跃，要求改革帝国专制制度，实行普选的呼声不断加强。19 世纪 60 年代到 20 世纪初，帝国议会通过五次选举改革，逐步扩大选举权，实现了从有限选举向普选的过渡。帝国议会分为上下两院，上院由奥皇任命的贵族和宗教代表组成，共有 343 名代表，其中匈族代表 85 人。1861 年起议会下院开始实行等级选举，经过 5 次改革，到 1907 年实现了男性普选。从等级选举到普选的变化是各民族争取公民平等权利和公民社会发展的需要，选举制度的变化反映了帝国适应公民社会建设需要、逐步向民主政治转变的过程。

19 世纪 60 年代初，议会下院首次实行选举制度。1861—1873 年，议会实行间接等级选举。议会共有 203 个议席，按照财产税门槛，以社会阶层和区域选民交叉的方式把选民划分为大庄园主、工商业公会、城市选民、农村选民 4 个等级。每个等级集团在议会中都有固定数量的席位。从一名议员的选举比例看，大庄园主阶层平均每 53 人选一名议员，工商业工会是 24 人，城市选民是 4000 人，农村选民是 12000 人。这是第一次把城市和农村选民纳入选举范围，但设定了这两类新选民的资格是年缴纳财产税 10 个盾，这个门槛把绝大多数的城市和农村选民排除在选举制度之外。[①] 这四个选举等级集团先选举地方议会代表，再由地方议会派代表进入帝国议会。因这一制度由首相施默林（Anton Schmerling）设计，也被称为施默林选举几何学。制度设计的初衷是建立日耳曼人在议会中的支配地位。因为工商业工会作为特殊选民单位就是针对以日耳曼人为主的大工商业主，另外符合条件的城市选民中也是日耳曼人

① 自 18 世纪中起，帝国规定缴纳财产税的标准是：大主教每年缴纳 600 盾，贵族 200—400 盾，农民 48 克莱茨（1 盾等于 60 克莱茨），雇农 4 克莱茨。参见普利斯特尔：《奥地利简史》，生活·读书·新知三联书店 1972 年版，第 467 页。

居多。捷克、波兰、乌克兰等民族希望通过选举制度获得更加平等的民族权利，如捷克人提出以各民族人口比例平均分配代表权，但日耳曼人坚持按照纳税额分配代表权，这一方案基本上是维护了日耳曼人的利益，相对于以农民和小业主为主的其他民族选民而言，日耳曼人在制度设计上占据了优势。

由于工人运动不断发展，1873 年 4 月实行新选举法，议会席位增加到 353 席，地方选举集团直接选举代表进入帝国议会，其中庄园主代表 85 人，商会代表 21 人，城市代表 116 人，农村代表 131 人。城市和农村代表数量增加，大庄园主代表数量减少，三分之二的席位仍由日耳曼议员占据。奥地利和捷克社民党于 1875 年和 1878 年相继成立后（1890 年匈牙利社民党成立），都将普选、基础教育及 8 小时工作制作为政党主要目标，在其不断要求和呼吁下，1885 年，政府降低了城市和农村选民的选举权门槛，即由年缴纳 10 个盾的财产税降为 5 个盾，这一改革使得城市选民数量增加了约三分之一，农村选民数量增加了约四分之一，选举覆盖面显著扩大。1887 年代表中小资产阶级和市民阶层利益的基督教社会党成立，该党具有一定的保守色彩，强调维护传统基督教价值观和反犹思想。该党在维也纳拥有较大影响，它也提出进一步扩大选举权的要求。

19 世纪末，在帝国工业化快速发展的过程中，民族矛盾不断激化，表现为日尔曼政党强调保持与德国的同盟关系并维持日尔曼人在帝国中的强势地位，而捷克等弱势民族政党围绕民族平等权、选举制度等与前者进行的激烈交锋使帝国议会多次瘫痪。1895 年，为了缓和民族矛盾，巴德尼（Kazimír Felix Badeni）政府上台后采取了一些向捷克政党让步的措施。1896 年议会进行了扩大选举范围的第三次改革，在原有四个选举集团的基础上增加了没有财产权门槛要求的普通选民阶层，其在议会拥有 72 个席位，议会席位相应增加到 425 席。扩大选举权的一个重要考虑是把支持二元制的超民族政党——社会民主党吸引到议会中。新制度实施后，1897 年的参选人数扩大到 530 万，社会民主党在 1897 年首次进入议会，拥有 15 个席位，这标志着工人阶级开始在政治生活中发挥积极影响。

1907 年 1 月取消等级选举，实行男性普选制。20 世纪初，随着群众基础和社会影响力的不断增强，社民党和农民党等提出了进一步改革选举制度、实行普选的要求。1906 年 12 月，政府取消了等级选举制度，实行直接普选。新选举法按照县级机构划分选区，规定帝国中每个县选举一名代表（布科维纳选举 2 名代表），议会席位从 425 席增加到 516 席。选民资格是年满 24 岁的男子，在某一选区居住一年以上。在 1907 年 5 月进行的第一次普选中，社民党、基督教社会党、农民党都获得不同程度的胜利，社民党的席位从 1906 年的 12 席增加到 87 席，基督教社会党从 55 席增加到 96 席，加上其他民族党，共有 28 个政党进入议会。除了跨民族的社民党以外，其他都是民族政党（参见表 3—3）。

表 3—3　1906 年、1907 年和 1911 年议会政党构成

政党	席位		
	1906 年	1907 年	1911 年
日耳曼政党	205	232	232
自由及民族政党	142（含 33 名大庄园主）	86	112
基督教社会党	55	96	76
社民党	8	50	44
捷克政党	87	108	108
农民党	9	28	37
社民党	2	24	26
青年捷克	46	21	19
教士党	3	17	7
民族社会主义党	8	6	13
其他	19	12	6
波兰政党	72	79	83
农民党	8	30	25
民族民主党		14	10
民主党		12	15
社民党	2	6	8

续表

政党	席位		
	1906 年	1907 年	1911 年
保守党	62	15	17
其他		2	8
乌克兰政党	10	32	31
青年乌克兰	9	25	28
老乌克兰（亲俄）	1	5	2
社民党		2	1
斯洛文尼亚政党	15	24	24
教士党	11	18	20
自由党	4	6	4
意大利政党	18	19	19
教士党	4	10	10
自由党	14	4	6
社民党		5	3
克罗地亚政党	10	11	11
主流党	9	9	7
纯右翼党	1	2	4
罗马尼亚政党	5	5	5
塞尔维亚	2	2	2
犹太复国	1	4	1
总计	425	516	516
其中社民党	12	87	82

数据来源：Lothar Holbelt，“Well-tempered discontent Austrian domestic politics”，*The last years of Austria-hungary*，Edited by Mark Cornell，University of Exeter Press，1990，p. 58.

工业化发展背景下社会生产关系的变化是选举制出现的重要前提，民族运动的发展则是促使其演变的内在动因，选举制度的变化侵蚀了帝国传统的贵族政治根基，逐步形成了新型代议制政体，这是帝国公民社会不断孕育和发展的重要标志。选举制度的变化反映了帝国适应公民社会建设需要、逐步向民主政治转变的过程。据统计，1873 年以前，奥地利参选人口比例仅有 5.9%，到世纪之交，这一比例达到了 27%，同期在德国为 22%，法国 28%，英国 16%，意大利 8%。[①]

与奥地利有所不同，1867—1918 年间，匈牙利的选举制度基本上没有变化。一战爆发前，匈牙利是欧洲拒绝实行男性普选的最后几个国家和地区之一。1848 年，匈牙利法令规定选举权门槛是年纳税 30 盾，而且实行复数（多数）选举制，即纳税额多的人可以有多张选票。1874 年修订的选举法，即 1874 年 XXIII 法令除了设置男性选民的财产税门槛外，还规定年龄超过 30 岁。议会一直由大庄园主和中小贵族控制。匈牙利实行严格的有限选举制度的主要原因有二：一是匈政府担心农民和工业无产者大规模参与政治会威胁匈牙利贵族传统社会地位，二是担心其他民族威胁匈族人的优势地位。虽然社民党也赞成政治民主，但它们也首先是希望保持匈族人在匈牙利的主导地位。在所有政党中，只有匈牙利独立党左派的一些成员支持普选，认为普选带来的真正的民主转型将会保障而不是威胁匈牙利人的优势地位。1874 年，内务部长萨帕里（Gyula Szapary）在议会辩论时说明了匈牙利实行有限选举的目的："如果我们走得太远，就会使敌对因素扰乱我们的社会秩序。我们留意着我们地区的少数民族，但同时也有义务留意我们自己，如果忽视了这些将会对我们民族生存犯下罪行。"[②]

1867 年后，匈牙利通过推行强硬的民族同化政策，不断强化匈族人的强势地位。为了从整体上推进帝国的民主政治建设和缓和匈牙利地区紧张的民族关系，奥皇曾多次催促匈政府扩大选举范围，但遭到了后者反对。在实际选举过程中，买选票、错误统计选票、威胁或操控选民投票等现象司空见惯。

有限选举基本上把其他民族排除在政治生活以外。与帝国议会不同

---

① Zsuzsa Gáspár, *Rakousko-Uherská Monarchie*, Slovart, 2011, s. 284.

② Edited by Robert Kann, "The Habsburg Empire in World War1", *East European Quarterly*, boulder, 1997, p. 187.

的是，匈牙利议会中出现了1—2个匈牙利政党垄断议会席位的情况。以1906年和1911年议会组成来看，1906年议会412个席位中，匈牙利独立党（占254席）、宪政党（占85席）、人民党（占33席）就占据了绝大多数席位，而占匈牙利人口超过一半的斯洛伐克、罗马尼亚和塞尔维亚等民族党仅占有25席。1910年议会413个席位中，匈牙利民族劳动党（占258席）、独立党（占107席）、宪政党（占21席）、人民党（占13席）等基本垄断了议会席位，其他民族政党仅占8席（罗马尼亚人5席，斯洛伐克人3席）。[①] 压制非匈族人要求参政的平等权利是当时匈牙利政府推行的重要政策之一，通过选举制度的设计，议会几乎被清一色的匈族人所占据，这是当时匈牙利地区政治生活和民族关系的显著特点。1913年，匈牙利首次扩大了选举范围，选民比例从6%增加到10.4%。[②]

工业化发展和社会关系结构变化为帝国政党政治的活跃和选举制度的出现奠定了基础，公民社会发展要求的民主平等思想的传播带来了帝国政治的新气象。政党政治和选举制度不断冲击传统贵族政体。民族多元化决定了帝国的政党活动主要反映不同民族的政治诉求和利益，帝国议会从有限选举到普选的演变具有重要的社会进步意义，它既是帝国适应经济社会发展和公民社会建设需要的必然选择，也是帝国从君主立宪和贵族政治向代议制发展的重要标志。选举制度的演变扩大了各民族和阶级政党参政议政的空间，其变化是在公民社会不断孕育和发展的背景下各民族和阶级政党争取公民平等权利的结果，特别是社会民主党在呼吁帝国政府出台劳动保护法规方面做出了积极的努力，从而使帝国在劳动保护法规建设方面走在了欧洲国家的前列。

① Zsuzsa Gáspár, *Rakousko-Uherská Monarchie*, Slovart, 2011, s. 104.

② Ibid., s. 269.

第三节　教育和语言文化政策

帝国重视发展教育事业，在欧洲大国中较早实施义务教育，19世纪中期后，通过公私并举的方式进一步推动教育体系建设，为多民族国家的文化繁荣创造了条件。相对于内治不兴的帝国来说，科学文化成就极其显著。关于帝国文化繁荣的原因，波兰学者卢普尼克（Jacques Rupnik）提出了民族融合与知识创造性正相关的论点对此进行解释。他认为，族群多样性下的多元文化竞争为中欧地区的文化繁荣和创造性提供了有利条件，各民族间的思想、文化、艺术元素在传播、融合的过程中变得更加丰富和复杂，正是竞争性民族文化的相互融合造就了19—20世纪之交的中欧文化的繁荣。[①] 帝国民族关系特点也同样在教育和文化政策上得到反映，即通过语言同化提高强势民族地位，弱势民族争取语言和文化平等权利的斗争导致民族间矛盾爆发。

一、公私结合的教育体系中的民族矛盾

汤因比（A. J. Toynbee）说，民主的出现带来的最大的社会变革之一就是教育的普及。在一些国家中，普及的免费义务教育制度把受教育变成了每一个孩子与生俱来的权利——这与前民主时代教育是少数人专利的状况形成鲜明的对比，这种新的教育制度已成为每一个想在现代国际舞台上占据一席之地的国家的基本理念之一。[②] 帝国的教育体制在18和19世纪分别进行了两次重大改革，确立了公办义务教育为主、发展私立

① Jacques Rupnik, "Central Europe or Mitteleuropa?", Daedalus, Vol. 119, No. 1, 1990, pp. 252 - 253.

② ［英］阿·汤因比：《历史研究》上卷，上海世纪出版集团2005年版，第292页。

教育为辅的机制。帝国实施义务教育比多数西欧国家早约100年，奠定了其现代教育发展的基础。

第一次改革始自18世纪下半叶的开明专制时期。18世纪上半叶，奥地利已经出现了第一批手工业作坊，企业自主经营，实施了最初的社会保障法令，社会经济的变化和发展要求变革教育体制。在奥地利王位继承战后，哈布斯堡王朝失去了重要的工业基地——西里西亚，特蕾莎女皇及其子约瑟夫二世着手实施行政、司法分离的改革，拉开了欧洲封建王朝开明专制的序幕，其中加强教育体系建设被作为强国的一项重要内容，其重点是实现教育体制从教会教育转向世俗教育。此前，教育由教会把持，国家对学校无从过问，教育状况十分落后。1766年，成立国家教育委员会，公布了国家教育总纲。其中第三章规定：所有年满6周岁的儿童，不管父母职业和财富多少均应入学，在奥地利历史上首次尝试义务教育。1774年颁布了普通教育法，标志着在启蒙运动的推动下国家接手教育管理，教育开始变成国家事业的一个重要组成部分。具体措施包括对大学进行改革，如国家从耶稣会手中接管维也纳大学，医学、法律、数学及自然科学被归入大学教育。此外，大力发展专科学校，1750—1770年间建立了一批专业学校，其中有矿业学校、农业学校、商学院和一些师范学校。[①] 这些都为后来的工业化提供了重要的技术人才保障，这也是今天东欧国家技术教育体系完善的重要原因之一。为了培养军事指挥人才，1751年成立了特蕾莎军官学校，废除了中世纪的贵族世袭军官制，主要根据学历和军功提拔军官。1846年，该校改成特蕾莎行政学校，贵族和市民子弟均可入学，毕业生作为国家官吏派往国家各级机构任职，形成了一支庞大的为开明专制服务的官吏队伍。这一时期，新教育体制的建立与政策实施奠定了奥地利在欧洲地区的教育改革典范地位。

第二次改革是1868年颁布的帝国教育法确定了八年免费义务教育

① ［奥］埃·普利斯特尔，陶梁译：《奥地利简史》，三联书店1972年版，第473页。

制度。该教育法仍延续了约瑟夫二世时期确立的重视基础教育的精神，把教育视为一项国策，认为国家经济和社会发展的重要基础在于教育，工业化的快速发展对教育提出了更高的要求，国家要通过大力发展基础和技术教育，培养工业发展所需要的各类人才。从管理机制上看，教育部主管基础教育，地方设立教育委员会，成员由地方行政和教会代表组成，地方议会和教育委员会组成的代表对地方执行教育政策的情况进行监督。教育委员会制定教学大纲和教学语言。针对帝国地广人多、民族混居的实际情况，从19世纪60年代后，政府重视通过基础教育培育和强化公民的帝国认同感，如在帝国范围内特别是奥地利地区把宣传哈布斯堡家族的历史成就作为历史教学的重要内容，使学生从小就对王朝产生敬畏感，但在奥地利非日耳曼地区，教师通常虽然坚持官方的教育政策，但很多时候在历史教学中也介绍自己民族的历史人物。为了提高边远地区和少数民族的教育普及率，1884年新修订的教育法制定了一系列保证基础教育普及率的具体措施，如在每一个地方行政区内，步行一小时以内的一个或几个村镇如果有超过40名学龄儿童，必须设立公共学校；此外，在某一行政区内如有至少40名某一民族的学龄儿童，也必须为其设立公共学校，以此来保障公立教育的覆盖面。开始时，尽管帝国中很多地区的农民不支持八年义务教育，但该体系实施后，帝国中的文盲率大幅度下降，特别是在德语和捷语地区，在世纪之交，这两个民族的识字率都超过90%，成为帝国中文化发达程度最高的两个民族。但在较贫穷的加里西亚和布科维纳地区，文盲率则高达70%。[①]

从19世纪开始，在工业化加快发展的过程中，民族矛盾日益突出，各民族掀起了宣传和保护民族语言、文化的运动，具体措施之一是建立私立民族学校。1831年，捷克地区首先成立了帝国斯拉夫少数民族中第

① Zsuzsa Gáspár, *Rakousko-Uherská Monarchie*, Slovart, 2011, s. 247.

一个民族文化基金会——捷克马蒂察（Ceská Matice）。[①] 它主要通过建立民族语言学校、民族博物馆等文化机构致力于宣传民族文化。1852 年，奥地利曾颁布法令规定捷克语不作为地方官方语言，更加促使捷克等民族把争取语言文化平等权利作为民族运动的主要目标之一。从 70 年代开始，各地区不同民族都开始把兴办民族教育作为培养和强化民族意识的重要手段，在不能满足设立公立学校条件的地方，日耳曼人、捷克人、斯洛伐克人、克罗地亚人等都掀起了兴办民族私立学校的热潮。私立学校一般由民族文化发展基金会筹集社会资金建立。根据政策，私立学校的学生人数达到满足设立公立学校的条件时，学校可以向地方教育主管部门申请资助。建立民族私立学校对边远和人口稀少地区的教育普及率提高起到了积极的作用，而且也增强了这些地区弱势民族的民族意识。随着私立学校数量的增多，1880 年日耳曼人成立了日耳曼学校联盟，致力于宣传保护日耳曼文化，反对使用非日耳曼语教科书，反对非日耳曼民族开办民族语言学校等。以捷克人为首的斯拉夫人也针锋相对，首先是捷克人在 1880 年成立了捷克学校联盟（Matice Školská），把在边远地区建立捷克语学校作为重点，这一组织得到了捷克社会的广泛支持。在日耳曼人和捷克人混居地区，由于两族通婚普遍，讲捷语和德语的双语学生数量很多，两个民族私立学校往往用尽各种办法吸收更多的双语学生，如捷克地区很多日耳曼厂主常常以辞工为威胁，要求捷克工人把子女送入德语学校；德语学校也通过经常组织学生进行参观或远足活动的方式加强学生对日耳曼民族和历史的了解。捷语学校也针锋相对采取赠

① 马蒂察是为宣传和发展民族文化而建立的文化教育机构，最早提出建立捷克马蒂察的是捷克现代政治思想和民族运动的重要创始人——帕拉斯基（František Palacký），这一机构对于唤醒民族意识起到了重大作用。在 19 世纪斯拉夫民族运动中，中欧各斯拉夫民族都曾建立过类似的机构，如 1842 年伊利里亚马蒂察（后改为克罗地亚马蒂察）在萨格勒布建立，1863 年斯洛伐克马蒂察在马丁市成立，1875 年该机构被匈牙利政府关闭。1861 年特兰西瓦尼亚的罗马尼亚领导人创建了阿斯特拉（AStra），这是特兰西瓦尼亚的罗马尼亚人建立的文化协会，该协会出版刊物《特兰西瓦尼亚》，介绍民族历史和文学。匈牙利政府在特兰西瓦尼亚成立了马扎尔文化协会——埃姆凯（EKEM），企图通过文化途径推行罗族人的非民族化。作为宣传和发展民族语言文化的专门机构，马蒂察对不同地区民族意识的培养和民族运动的复兴起到了积极作用。

送教材和小礼物的方式吸引双语学生。在帝国众多斯拉夫民族中，捷克人较善于利用国家教育政策发展民族教育，他们建立的私立学校数量最多。到 1919 年，基金会和学校联盟共拥有 35 所幼儿园、67 所小学和 1 个中学、1 个工业技术学校，在反对日耳曼化和推广民族语言文化方面发挥了重要作用。

此外，为加强民族成员之间的交流和团结，捷克地区的日耳曼人最早组织起自己民族成员的各种集体体育活动。捷克人于 1862 年也效仿组织起了“雄鹰社”（sokol），这是一种群众体操大会，在城市和乡村都有分支机构，对加强民族成员的民族认同起到了积极作用。由于其影响不断扩大，1908 年获得奥委会认可，捷克代表团在伦敦奥运会开幕式上打出波希米亚的旗帜，按照字母顺序队列排在比利时和巴西之间。在 1912 年的斯德歌尔摩奥运会上，帝国政府对国际奥委会施压，不允许捷克代表团单独参加奥运会，当年奥地利代表团的捷克队员以标注为附加括号的奥地利（捷克）——Autrice（Tcheque）参会，在捷克运动员的颁奖仪式上，波希米亚旗则挂在帝国旗帜之下一起升起。

匈牙利的教育发展情况有所不同，强调把公民教育作为同化的政治手段。在 19 世纪 70 年代以后，其教育仍主要掌握在教会手中，但公办学校数量也开始不断增加。在非匈族人地区建立公立学校目的是对其他民族进行同化。1868 年，匈牙利政府颁布义务教育法，制定了 6—12 岁儿童义务教育制度。国家可以对教会学校进行监督，规定在基层教区没有教会学校的地方，由国家建立学校（这两点曾遭到了教会强烈反对）。为了提高偏远地区教育普及率，规定在每一个至少有 30 名学龄儿童的乡镇必须设立小学。1868 年的少数民族法规定可以用民族语言教学，但是后来由于匈牙利政府推行强硬的同化政策，这一规定最终被取消。1879 年，匈牙利语被确定为小学教学语言。到 20 世纪初，该地区上学率约为 80%。但在北部的斯洛伐克和东部的特兰西瓦尼亚地区入学率仍很低。在特兰西瓦尼亚，1848 年后罗族人只能在少数私立和教会学校学习罗语，1867 年后匈牙利政府实行了特别法令，匈语成为必修课，并对教会学校进行监督。1877 年，13700 所教会学校中仅有 2700 所罗马尼亚语学校。[①]

二、语言同化及认识

19 世纪，在国家民族同质化的口号下，多数欧洲国家奉行的主导理念是在一个强大的民族国家中只有一个民族，把同化弱势民族视为实现公民整合和社会成员平等的最好方法。和英法早期相比，奥地利最早在 18 世纪中期以后开始推行语言同化，这与后来伴随工业化发展出现的民族运动发生了冲突。

在奥匈帝国，日耳曼人和捷克人长期以来混居在捷克地区，虽然捷克人口超过三分之二，但日耳曼人在政治和经济上具有传统强势地位。在 18 世纪 80 年代，约瑟夫二世强令帝国中非德语臣民使用德语，标志着捷克地区日耳曼化的开始。捷克人开始了以维护民族语言权利为中心的民族文化复兴运动，对抗日耳曼化政策。19 世纪中期以后，捷克人逐步在地方议会中占据优势，但在地方行政、司法等领域捷克语的使用受到限制，只在文化和教育领域使用。在帝国斯拉夫民族中，捷克地区拥有雄厚的经济基础，捷克人民族较早觉醒，所以该地区民族运动把反对日耳曼化、争取民族自治权利作为首要目标。1882 年，布拉格查理大学分成捷语和德语两个单独的大学，被捷克人视为其民族文化复兴运动的一次伟大胜利。

语言政策是民族政策的直接体现。在帝国中，各民族围绕语言所展开的斗争从另一个方面反映了帝国的社会和民族关系特点，其中德语和捷语之间的平等地位之争最为突出。针对民族混居地区的实际情况，奥地利政府制定了一些语言法规，但这些法规往往主要照顾强势民族——日耳曼人的利益。如 1867 年 142 号法令 19 条规定任何一个公民不能被

---

① ［罗］康斯坦丁内斯库等主编，王敏生译：《罗马尼亚通史简编》中册，商务印书馆 1976 年版，第 746 页。

强迫学习本地区的其他语言，意味着在日耳曼人与捷克人的混居地区，日耳曼人可以不用学习捷克语。但在此之前，把地方第二语言作为所有中学必修科目已经是捷克地区长期执行的教育政策，显然这一法规符合日耳曼人的利益，当时捷克人和其他民族都认为新法令是对非日耳曼民族的一种不平等待遇，并不断呼吁和争取捷克语与德语的平等地位。

为缓解民族间在语言问题上的争端，帝国政府也考虑过采取一些适当平衡或安抚的措施。主要的举措有两次，分别是 1871 年的“根本条款”宪法修正草案和 1897 年巴德尼政府颁布的语言法令。前者以帝国政治结构调整和实现与捷克人的和解为宗旨，包括了一系列旨在扩大捷克自治权限的宪法改革草案；同时提出了关于保护少数民族权利的政策，宣布德语和捷克语都是捷克地区的官方语言，要求地方公务员掌握两种语言，并建议地方议会按照民族选区进行选举。由于不愿意打破帝国已有的奥地利和匈牙利之间的平衡关系，并继续维持日耳曼人的强势权益，奥皇拒绝了改革草案。

第二次改革是 1897 年巴德尼政府为缓和民族矛盾而颁布的向捷克人做出妥协的新法令，承认捷克语作为地方官方语言，可以在捷克地区的行政和司法体系中使用，并要求从 1907 年 7 月 1 日起在所有地方政府部门中使用两种语言。法令一颁布就遭到了日耳曼议员，主要是日耳曼民族政党的强烈反对，随后两个民族间的矛盾从议会走向街头，最终出于维护日耳曼少数派的传统利益，奥皇宣布取消该法令，并解散巴德尼内阁。这一事件把长期以来日耳曼人和捷克人在语言问题上的斗争推向高潮，并成为了在更大社会范围内激发斯拉夫人民族意识的催化剂。捷克等斯拉夫民族认识到，借助于议会民主争取其民族权利的斗争是无意义的，选举权的扩大没有使他们的地位有所改变。茨威格（Stefan Zweig）在《昨日的世界》中曾这样描述：“政府向德意志民族党让步，完全合法的语言法令被撤销，曾由那容忍的时代千方百计弥合起来的各民族和各阶级之间隐藏的隔阂和缝隙，一下子全破裂了，变成了不可逾越的鸿沟和深壑。事实上，在新世纪之前的那最后十年里，一场全面的内战已在奥地利拉开序幕。"①

与奥地利相比，匈牙利实施了强硬的语言和民族同化政策，其程度在当时的欧洲国家中无人能出其右。19 世纪中，匈牙利推行同化政策主要是受到当时社会达尔文思想的影响。匈牙利学者普斯基（Agust Pulszky）是最早提出匈牙利民族观的人之一，他认为在多瑙河中下游的多民族地区，只有匈族人有能力创造文明和国家。他的论点后来被引申到用来解释匈族对于罗马尼亚人、塞尔维亚人和斯洛伐克人的优越性。其追随者科查（Gyozo Cocha）进一步阐明了这一思想的合理基础，认为由于具有强大的文化和政治特性，匈族人是该地区唯一可以创造国家的种族，他们注定要统治那些生活在这一地区的其他民族。巴洛基（Erno Baloghy）提出，非匈族人文化的落后性使得他们不能参与匈牙利政治生活，他们只有继续进化才能达到更高的文明发展阶段，非匈族人应适应匈族文化和社会的先进性。② 政治家格隆瓦德（Bela Grunwald）说："如果我们要存活下去，就必须扩大对外族的同化，必须把生活在这里的斯洛伐克人从斯拉夫的躯体中拔出来，成为我们的一部分。"③

匈牙利政府提出了政治民族的概念，认为在匈牙利只有一个匈牙利政治民族，斯洛伐克和罗马尼亚人是其一部分。1868 年匈牙利政府制定的《民族法》规定：所有匈牙利公民构成一个政治意义上的民族，一个不可分割的匈牙利民族。这实际上是否认了非匈民族的存在。1915 年匈牙利总理蒂萨（István Tisza）在特兰西瓦尼亚的一次演讲中宣称："匈牙利公民必须要考虑到这样一个现实，即他们属于一个民族国家，但这个国家不是一个由不同族群的人构成的聚合物，而是一个由单一民族创造

---

① ［奥］斯蒂芬·茨威格，舒昌善等译：《昨日的世界——一个欧洲人的回忆》，三联书店 1996 年版，第 72 页。

② Marius Turda, *The Idea of National Superiority in Central Europe 1880—1918*, Edwin Mellen Press, 2004, pp. 116 – 137.

③ Zsuzsa Gaspar, *Rakousko-Uherská Monarchie*, Slovart, 2011, s. 298.

的国家。”① 这一思想成为匈牙利对斯洛伐克人和罗马尼亚人实施强硬语言和民族同化政策的理论基石，并被应用到实践中。匈牙利政府和学者宣扬的民族优越论遭到了其他一些民族政治家的反对。特兰西瓦尼亚的罗马尼亚民族运动领导人之一的波波维奇也运用社会达尔文主义的思想反对匈族优越论。他认为，从社会学角度看，民族是一个社会集团，种族斗争构成了全部社会演进的现实基础。罗马尼亚人具有生存和自由发展的天赋权利，这个民族的成长、繁荣和自主发展要有一个合适的环境，种族是民族演进的根源和条件。保持种族内部同质性的不可变更很重要，因为这种同质性决定了一个民族的独特性。他认为，每个民族都是自然造化的产物，像有机体一样，民族也经历成长和衰落的过程，匈族是处在衰落过程中的民族，罗族是正在走向成熟的民族。

匈牙利实施同化政策与其民族特殊性和帝国民族关系的复杂性也有关系。匈牙利民族属于欧洲东部的特殊民族，在帝国中，唯独马扎尔人没有兄弟民族，使得他们有一种自然的民族存在威胁的恐惧，内心具有被其他民族，如斯拉夫或日耳曼淹没的担心。沃德里说，1791 年时赫尔德曾预言马扎尔民族将会消失在帝国民族的大家庭中，被淹没在斯拉夫人、罗马尼亚人和日耳曼人中。在 100 年内将不会有讲匈牙利语的人。正是在这一年，匈牙利人开始制定语言法。② 1867 年后，尽管匈牙利获得自治地位，但又担心其自治地位可能会在奥地利重新强大时被取消，这样马扎尔人的权利会重新受到压制。在匈牙利贵族看来，在奥地利重新肢解或接管匈牙利时，其治下那些不满的弱势民族将是奥地利的盟友。

匈牙利通过制定法规逐步确立了匈语作为唯一官方语言的地位，剥夺了斯洛伐克人和罗马尼亚人在民族语言文化上的平等权利。最早在 18 世纪末，匈牙利开始试图在语言上确立匈语的特殊地位。在受到奥斯曼

---

① Marius Turda, *The Idea of National Superiority in Central Europe 1880—1918*, Edwin Mellen Press, 2004, p. 132.

② Katherine Verdery, “Internal colonialism in Austria-hungary”, *Ethnic and racial studies*, Vol. 2, No. 3, July 1979.

帝国侵扰的较长时期，斯洛伐克地区曾是匈牙利的政治和文化中心。成立于1635年的斯洛伐克特纳瓦大学（University of Trnava）是匈牙利地区最早的一所大学，在1770年被迁到佩斯（成为今天布达佩斯罗兰大学的前身）后，曾使用匈牙利语和斯洛伐克语教学。1767年，匈牙利颁布的土地法使用拉丁文、斯洛伐克文以及匈牙利文书写。1793年，首次提出在议会中把匈牙利语作为正式语言，由于塞尔维亚、克罗地亚和其他民族中不懂匈语的地主反对，这一议案未获讨论。1827年法律规定教会使用匈语。1840年法律规定匈语作为行政和司法正式语言。1844年议会通过的语言法附带做了这样的说明：匈牙利官员给克罗地亚官员写信用匈语，后者回信不能用克罗地亚语，要用拉丁语。19世纪60年代末，迫于斯洛伐克和罗马尼亚等民族运动的压力，匈牙利政府曾一度允许非匈族人可以在自己的文化、艺术和经济组织或机构中使用母语，也允许以母语发展初级和小学教育，但这在实际上没有得到执行。1871年，政府颁布法规，关闭斯洛伐克人成立的经济和政治团体，烧毁这些团体中的斯语图书，禁止出版斯洛伐克语期刊，禁止斯洛伐克学生在学校使用斯语。1873年，政府开始关闭斯洛伐克地区的中学，1875年封闭了当地的民族文化基金会——斯洛伐克马蒂察（Matice Slovenskej）。到1900年，近四分之三的斯洛伐克语小学转成匈语学校。据统计，1870年在匈牙利的斯洛伐克语学校有1822个，1880年有1716个，1890年1115个，1900年500个。[①]1914年，斯洛伐克地区有4253所匈语小学，365所斯语小学，411名小学斯语教师，当地只有16%的小学生才能接受斯洛伐克语教学。[②]此外，斯洛伐克不少基层教区的牧师被换成匈牙利人，很多城市中的街道名称也被改为匈文。至帝国解体为止，匈牙利地区的语言同化政策愈演愈烈，但最终没有像匈牙利政治家设想的那样创造一个同质性的民族空间，相反却不断激化匈族人和非匈族人之间的矛盾。沃

① Juius Masaros, *Slovensko a slováci*, Bratislava: Dějiny, 1971, s. 562.

② Vlado Klementis, *Mezi námi a Madarmi*, Bratislava: Eko-konzult, 2010, s. 106.

森说，匈牙利同化政策实施的结果是没有产生出匈族人，只产生了敌人。[1]

在特兰西瓦尼亚，1848年后罗族人只能在少数私立和教会学校学习罗语，1867年后匈牙利政府实行了特别法令，匈语成为了必修课，对罗族人教会学校进行监督。1877年，在特兰西瓦尼亚的13700所教会学校中仅有2700所罗马尼亚语学校。[2] 据1910年人口普查，在包括斯洛伐克和特兰西瓦尼亚在内的匈牙利地区，92%的教师、93%的学者、96%的公务员都是匈牙利人。[3] 萨格尔认为，匈牙利政府在19世纪70年代后先后制定的多部教育法都突出了匈化特点，少数民族语言不能在法庭使用，街道名称也都改成匈牙利语。官方通告全部使用匈牙利语，这是一种明确的去民族化的政策。[4] 匈牙利实施同化政策的结果是匈族人口比例有所上升。据斯洛伐克学者克莱门蒂斯数据，在1787年时，匈牙利地区匈族人只占到总人口的29%，其他种族占79%，1850年时匈族人的比例达到44.2%。[5]

奥匈帝国教育政策的制定适应了工业化发展和社会进步的需要，为帝国现代教育体系的形成和文化繁荣奠定了基础。但在语言政策方面，虽然奥地利和匈牙利分别实行的同化政策力度有所不同，但共同的一点是置其他民族的诉求和利益于不顾。在奥地利，对少数民族而言，语言平等权成为了一纸空文。在匈牙利，由于强硬的同化政策的实施，弱势民族特别是斯洛伐克和罗马尼亚人的语言文化受到打压，争取语言文化平等权的斗争不断激化着社会矛盾。

---

① Hugh Seton-Watson, *The 'Sick Heart' of Modern Europe—The Problem of The Danubian Lands*, Seattle and London: University of Washington Press, 1975, p. 11.

② ［罗］康斯坦丁内斯库等主编，王敏生译：《罗马尼亚通史简编》中册，商务印书馆1976年版，第746页。

③ Kanstantinos Raptis, "Disocrd or Achievement? Reflections on the Habsburg Empire 1848—1918", *Historien*, Vol. 5, 2005, p. 124.

④ Peter F. Sugar, *East Europeean Nationalism Politics and Religion*, Ashgate, 1999, pp. IV-22.

⑤ Vlado Klementis, *Mezi námi a Madarmi*, Bratislava: Eko-konzult, 2010, s. 106.

第四节　宗教政策与民族关系

中东欧的民族认同与宗教信仰有着紧密联系。从10世纪起，天主教就开始在中东欧的中部和北部地区传播，波兰人、捷克人、斯洛伐克人、马扎尔人、克罗地亚人和斯洛文尼亚人接受了天主教，罗马尼亚人、塞尔维亚人、保加利亚人和马其顿人接受了东正教。14世纪奥斯曼征服东罗马帝国后，伊斯兰教开始在巴尔干地区传播。15—16世纪，欧洲宗教改革创立的路德教、新教和其他小教派也在中东欧有一定影响。在18—19世纪中东欧的族群向民族转变的民族运动过程中，宗教也发挥了重要的作用，宗教信仰是族群认同和民族形成的重要因素之一。一方面，这表现为在很多地区以教士为代表的知识分子在修订民族书面语、宣传民族历史方面发挥了重要作用；另一方面，在斯洛伐克、塞尔维亚人的民族运动中，运动发起者和领导者的角色主要由宗教人士担任。对于被瓜分的波兰来讲，天主教会在普属和俄属波兰地区发挥着反对他族或外强统治的代理政府的作用。

从历史上宗教与国家关系看，宗教既可以加强中央政府的地位，也会破坏多民族国家的稳定，在宗教力量强大的专制国家中，具有国教地位的教会通常会借助政治、社会、文化等手段来压制其他教会，而这曾导致15世纪20—40年代捷克地区出现的欧洲最早的宗教改革运动——胡斯运动，它第一次从思想上动摇了天主教会的神权统治，为16世纪欧洲宗教改革运动播下了种子。哈布斯堡王朝是天主教的忠诚捍卫者。在16世纪欧洲宗教改革运动中，哈布斯堡成为了反宗教改革运动的先锋。1618—1648年的三十年战争是哈布斯堡为首的天主教国家与欧洲其他新教国家之间的一场宗教与王朝战争（同是天主教的法国参与新教国家联盟是为了与哈布斯堡争夺欧洲霸权地位）。对帝国而言，战争的直接后果之一是使处在帝国核心位置的捷克地区完全回归天主教。帝国推行天主教化政策的目的是使帝国各省和各民族保持精神上的统一，以有利于维持帝国的统一。

基督教是一种普世的宗教而不是民族的宗教，它包容一切信徒而不分民族，因而可以掩盖民族的差别。[①] 由于具有可以淡化民族性的特殊作用，宗教及其政策的运用也是帝国治理民族关系的方式之一，其宗旨是在确立天主教作为国教地位、以及强化国家与宗教的统一性的同时，对其他宗教采取宽容态度，以达到稳定民族关系、提高各民族对帝国忠诚度的目的。作为一个天主教大国，帝国中约五分之四的人口信仰天主教。1848 年帝国宪法确立了信仰自由原则。1867 年宪法重申了不同宗教信仰的平等原则。但是鉴于天主教会的传统地位和影响，实际上天主教的地位仍有别于其他宗教，即天主教具有明显的优先地位。长期以来，作为帝国最大庄园主之一的天主教会可以获得国家预算支持，而其他教会的收入主要来自信徒，国家预算只是作为补充。在政策上，国家与天主教会之间是一种庇护关系，而与其他宗教信仰之间则是一种监督关系。

19 世纪中后期，随着社会发展和帝国君主立宪制政体的确立，宗教政策的改革也开始提上日程。在 60 年代初，帝国政府就着手修订教皇与帝国政府间的宗教协定，尝试进一步的政教分离改革，以削弱天主教会对国家政治的干预。1867 年秋相关草案出台后，遭到了天主教会的反对，25 名宗教高级代表联名致函教皇要求在帝国中继续保留宗教协议。1868 年，帝国制定了两项关于婚姻和教育的涉及宗教协议的法律规定，其中婚姻法规定取消了教会对婚姻纠纷的干涉和裁决权，教育法确立了国家拥有对教育的最高监督和管理权，取消了教会对教育的传统垄断，规定保留了基础教育阶段宗教作为必修课，但规定八年义务教育制度适用于任何宗教信仰人群。法规的宗旨是建立国家与宗教间的适应公民社会发展的新型关系。

---

① 钱乘旦主编：《欧洲文明：民族的融合与冲突》，贵州人民出版社 1999 年版，第 9 页。

匈牙利的情况有所不同。其进行政教分离的主要措施是建立教会的自治地位。1868年，匈牙利政府确定了信教自由原则，但天主教代表仍极力维持对教育的垄断地位，认为教育与宗教的分离会威胁教会的地位。1879年的法律规定18岁以下的人可以信仰其他宗教。1881年规定允许基督徒和犹太人结婚的法律草案因受到议会上院主教代表反对而没有通过。匈牙利政府在语言和民族同化中体现了宗教政策的运用，表现为限制其他民族宗教教士的活动，特别是对斯洛伐克人。克莱门蒂斯在《在我们与匈牙利人之间》书中介绍一个案例，1907年斯洛伐克人为主的科马尔诺地区（Komarna）地区选出了一位教士，但地方政府以其是讲斯语的斯洛伐克人为由，不允许他进入教区，然后自行决定挑选了一位当地很少有人能听懂的匈族教士。[①]

宗教政策也被用于民族关系治理中。首先是区别对待信仰天主教和东正教的不同民族。捷克在15世纪爆发了欧洲最早的宗教改革运动，具有新教传统，1618年哈布斯堡王朝打败了捷克新教贵族后，将该地区再次完全回归天主教。作为帝国中经济最发达和较早接受西欧自由主义思想的地区之一，捷克地区在帝国中一直没有获得自治地位，有学者认为这与该地区历史上的宗教改革运动有一定联系，王朝统治者对该地区一直有着心理上的高度警惕。再从加里西亚的情况看，当地信仰天主教的波兰人对信仰东正教的乌克兰人实施严厉的压制政策，但是帝国不仅给予了该地自治地位，而且对乌克兰人的境遇少有关注。在处理帝国南部斯拉夫民族，主要是克罗地亚和塞尔维亚人的关系上，帝国也是希望信仰天主教的前者作为南部斯拉夫民族的核心民族，克罗地亚人获得了自治地位，而对信仰东正教或伊斯兰教的塞尔维亚人采取了严厉的打压政策。

其次，通过宗教政策的实施达到缓解民族矛盾和稳定地方局势的目的。1864年，为安抚特兰西瓦尼亚地区的罗马尼亚人，奥皇弗兰茨·约

① Vlado Clementis, *Mezi name a Madarmy*, Bratislava: Eko-konzult, 2010, s. 112.

瑟夫把锡比乌东正教主教区升格为大主教区。帝国注重通过对其他宗教的宽容政策来维持地方的稳定。1905 年浸礼宗得到法律认可。出于政治需要，帝国对伊斯兰教也持宽容态度。波黑在 1878 年被帝国吞并，帝国并不干预当地伊斯兰教信众的宗教生活，而且制定了承认伊斯兰教地位的法令。第三，在犹太人的问题上，相对于普鲁士、俄国而言，帝国也采取了较宽容的态度，其原因在于犹太人在帝国工商业发展过程起到了重要的作用。

第四章　民族问题与帝国认同困境和解体

帝国认同和民族认同之间存在着关联性。在民族运动出现前，帝国认同在维系帝国统一上发挥着重要作用，帝国的辉煌和强大是各民族特别是小民族所希望的。但是作为从族群向现代民族转变的载体，民族运动提出的民族认同对原有的帝国认同构成威胁，因为民族运动是对旧的社会关系和价值体系崩溃的反应，本质上代表着对新社会关系的认同，从一开始出现它就是以否定旧王朝集权制权威为目标，最终向着否定和摧毁旧国家的合法性方向演变的。这样不可避免地与原有王朝或帝国认同发生冲突。在两者较量中，代表历史进步的民族认同最终超越了帝国认同。弱势民族对帝国认同的基础是其政治或经济、文化发展权利得到保障，在这些作为民族生存的基本权利得到保障的情况下，其对帝国认同感很强，分离的动力几乎没有；相反，如果民族生存或发展权利得不到保障，则会提出民族独立或自决的政治目标。

第一节　民族关系制衡策略分析

作为传统帝国与现代民族意识相互妥协的产物，奥匈帝国本身具有过渡性质，具有各种矛盾的重叠性和由此形成的复杂性。[①] 帝国的多民族在历史发展和社会结构上存在着巨大的差异，在 19 世纪下半叶和 20

① 李明浩：“奥匈帝国的建立与现代自治的探索”，《中国民族报》2009 年 7 月 24 日。

世纪初，其经济社会发展的不均衡性更加突出。作为一个具有典型性的民族和宗教信仰多元化的国家，帝国民族关系治理是系统性和结构性的任务，既涉及到国内，又涉及到国外。有些政策出于地域考虑因素，如分割和交叉，有些出于大民族观考虑，如同化。相对来看，前一类的措施可以收到相应的效果，而后一种措施的效果则不明显，这与帝国经济社会发展的阶段性有关。

19 世纪，在国家民族同质化的口号下，多数民族或专制国家奉行的主导理念是在一个强大的民族国家中只有一个民族。统治阶层把同化少数民族视为实现公民整合和社会成员平等的好方法。在近代早期，首先在西欧出现了对多数弱势族群的同化，但在东欧地区族群多样性却保留下来，表面上法国、英国比哈布斯堡、俄国和奥斯曼展示了更强的同化能力，其背后与这两类地区不同的社会经济发展阶段有密切联系。首先，西欧国家的同化在封建体制时期已经开始，哈布斯堡等东方帝国则出现较晚。哈布斯堡帝国的同化始于 18 世纪下半叶，俄国始于 19 世纪，相比较而言，即使不考虑社会发展的差异，在哈布斯堡等帝国开始实施语言或民族同化的时候，正是东欧地区民族意识逐步增强的时候。其次，在农民对土地依附程度高的封建社会同化更容易实现，西欧的同化正是在这种情况下实现的；而农奴制废除后，人口流动的加强弱化了同化的客观条件。第三，同化与经济增长之间也存在着正相关的联系。较快的经济增长可以使边远地区的民众从核心地区发展的溢出效应中受益更多，并愿意融入到核心或发达地区的社会文化中；相反，经济增长慢会使边远地区民众融入核心地区的主动性减弱。从 16 世纪起，西欧经济增长一直比东欧地区更快。第四，主导民族和非主导民族间族群差异小的地方同化更有效，相反，在那些弱势族群边缘化程度高或被隔离成为外来集团的地方，同化效果会减弱。此外，同化也与民族文化发达程度有一定关系。如果主导民族的文化发达程度高于从属或弱势民族，同化就相对容易实现，特别是在后者的社会分层结构中缺少或没有自己的文化精英的情况下；相反，如果两者的文化发达程度接近，甚至前者不如后者的情况下，即使是使用强力同化也难以进行。如 19 世纪 70 年代后，匈牙利对斯洛伐克人的同化效果比日耳曼人对捷克人更加成功。俄国人对波罗的海的爱沙尼亚、立陶宛人的同化收效甚微也是同样的道理。在 19 世纪中后期，曾有观点认为哈布斯堡和奥斯曼帝国中的民族运动不能创造独立的民族，这一判断的理由是认为中世纪普罗斯旺人、威尔士人、布列塔尼人的命运预示了小斯拉夫民族的命运。但实际上这是两种不同历史和社会发展阶段背景下的同化，普罗斯旺人、威尔士人等的同化是在封建社会背景下进行的，而哈布斯堡的日耳曼人或匈牙利人对其他弱势民族的同化则已经是在资本主义逐步发展的公民社会的背景下进行的。因此，以前者预示后者的类比忽略了这种历史发展阶段的差异性。雅西提出，在中世纪早期，英、法都曾是多民族国家，它们形成统一的民族认同耗费了数百年时间。奥匈帝国民族发展的特殊性使其不能复制英、法所经历的同化道路。①

旨在抵制民族间联合的分化制衡在民族关系治理中的效果相对更明显。帝国对波兰人要求自治的妥协更多体现了帝国对波兰人和捷克人拉拢与压制的心机策略。1867 年以后，帝国给予加里西亚自治权的原因之一是波兰传统贵族力量，二是帝国也有政治上的特殊考虑和需要，因为不能获得自治地位，捷克议员在帝国议会中经常通过缺席、抵制议案等方式来表达不满。对此，帝国政府就通过给予波兰人特殊地位的方式来拉拢议会中的波兰政党，以期获得议会的多数支持。加里西亚的波兰贵族拥有充分自治权，民族语言和文化获得了充分的发展。1873—1914 年，不仅每届内阁都有专门负责加里西亚事务的部长，而且波兰人在内阁中固定担任财政、教育或交通部长等职务。波兰人的地位并不比匈牙利人低。帝国议会中波兰议员称，没有波兰代表参与，奥地利的宪政不

① Oscar Jászi, *The Dissolution of the Habsburg Monarchy*, Chicago: University of Chicago Press, 1961, p. 315.

可能实施。[①] 多个波兰贵族政治家，如波多茨基（Alfred Potocki）、巴德尼分别在1870—1871年和1895—1897年出任帝国政府首相，高卢霍夫斯基（Goluchowski）、格罗霍尔斯基（Kazimierz Grocholski）、杜纳伊斯基（Julian Dunajevski）分别担任过外长或内阁部长等职务。在较长时间里，波兰政治家认为奥—波方式是解决波兰民族问题的最好办法，这对德属和俄属波兰地区的民族运动也产生过巨大的影响。与普鲁士和俄国在其所瓜分的波兰地区实施强硬政策相比，奥匈在加里西亚的政策具有浓厚的怀柔特点。

斯拉夫人口在帝国中占多数，帝国把斯拉夫主义和运动视为主要的威胁。皇储斐迪南的政治顾问在1912年11月12日写给《帝国邮报》主编的信中曾说："对于帝国的事业来说，最大的危险是奥匈帝国南部斯拉夫各省塞尔维亚人和克罗地亚人的接近。"[②] 为了反对斯拉夫民族间的联合，帝国总是在他们之间制造矛盾。塞尔维亚和克罗地亚人是帝国南部较大的两个斯拉夫民族。从19世纪70年代起，克族和塞族就开始讨论建立既独立于土耳其，又独立于奥匈的南斯拉夫国家方案。在民族运动发展中，克罗地亚人提出了伊利里亚主义，即克罗地亚、斯拉沃尼亚、达尔马提亚、斯洛文尼亚统一为一个伊利里亚国家，以使信仰天主教的克罗地亚人成为南部斯拉夫人民族运动的带头人，并设想在此基础上建立奥匈克三元结构帝国。皇储斐迪南也曾一度正式提出所谓的三元结构改革设想，即在帝国中建立一个以经济文化发达的克罗地亚为中心的南部斯拉夫人的第三个联邦单位，但是这一设想与主要信仰东正教的塞尔维亚人的民族运动发生了冲突，后者认为他们应是南部斯拉夫民族运动的领袖，应建立奥匈塞三元国家。因此也有学者认为，也许三元结构不过是一个策略手段，但此举的确收到了在克族人和塞族人之间煽起争端

---

① Piotr S. Wandycz, *The Lands of Partitioned Poland 1795—1918*, Seattle and Londun: University of Washington Press, 1974, p. 220.

② ［南斯拉夫］伊万·博日奇等，赵乃斌译：《南斯拉夫史》，商务印书馆1984年版，第516页。

的实际效果。雅西认为，帝国的政治精英明白帝国的脆弱性，试图通过激化被控制的各民族之间的矛盾来保全帝国。[①]

密尔说，当存在自由制度或有对自由制度的渴望时，在任何人为地聚合在一起的人民群体中，政府的手段在于保持并恶化它们之间的矛盾，从而防止他们私下联合，并利用其中的一部分人去奴役另一部分人。现在奥地利朝廷在整整一代中的统治的主要手段就是运用这些策略。[②] 阿伦特也认为，双重君主的奥匈帝国统治它那些经常制造麻烦的民族的手段是给其以足够的自由去压迫其他民族。哈布斯堡家族在19世纪得以继续生存的秘密在于谨慎的平衡和支持超民族的机器，造成相互对立，这样便理所当然地使一个民族以牺牲其他民族的利益来取得自己的民族地位。[③] 帝国政府对自己的软肋心知肚明，并通过多种方式实现制衡民族关系的目标，“谨慎的平衡”在实际操作上表现为“谨慎的不平衡”，即通过权益的不平衡分配制造民族间的矛盾，以牺牲诸多其他民族利益的方式来维持两个强势民族的特权以及两者间的平衡局面。这是帝国民族矛盾的根本症结之所在。帝国的民族关系具有矛盾多重、错综复杂的特点，在强势民族之间、强势和弱势民族之间都存在着一定的矛盾冲突。

1867年后，帝国工业化迅速发展的过程也是民族运动如火如荼发展的时期。帝国民族关系的复杂性主要在于三个方面：一是经济社会发展不平衡的不同民族高度混居；二是民族间中央集权与反集权的政治斗争最终使得捷克人—日耳曼人、马扎尔人—斯洛伐克人和罗马尼亚人的关系具有一种不可调和的“世仇”特点；三是跨境民族，包括日耳曼人在内的跨境民族在民族统一运动的影响下，对帝国的认同也有所弱化。民族运动中体现出来的民族矛盾反映了专制与民主、压迫与平等、皇权与

---

① Oscar Jászi, *The Dissolution of the Habsburg Monarchy*, Chicago: University of Chicago Press, 1961, p. 325.

② ［英］密尔，汪瑄译：《代议制政府》，商务印书馆1984年版，第225页。

③ ［美］汉娜·阿伦特，林骧华译：《极权主义的起源》，生活·读书·新知三联书店2008年版，第320页。

人民主权、进步与保守等不同政治目标之间的对抗。民族运动是地方对于中央集权的挑战，因为前者认为包括政治经济文化发展等在内的民族利益和诉求得不到充分保障。从物质条件看，帝国中的民族运动与文化传播、交通改善等密切相连，后者为前者创造了不可或缺的前提条件。从不同民族的社会发展来看，通常经济文化发达程度高的民族在诸多民族运动中起到领头羊的作用，具有激进的特点，如捷克政治家最早提出了建立民族国家的自决目标；而经济文化不发达地区的民族运动则具有相对温和的特点，把帝国联邦化改造后的民族自治作为自决目标。历史发展证明，帝国在其最致命的敌人——民族主义和运动面前不进行深刻的内部结构改造便无法应对民族运动的冲击和挑战。

第二节　帝国认同与民族认同

一、帝国认同困境

在民族运动出现以前，忠君的帝国认同概念是明确的。“朕即国家”口号下权力高度集中于君主的政体是政府组织的基本形式。其理论基础来源于16—17世纪以来马基雅维利（Niccolo Machiavelli）、博丹（Jean Bodin）、霍布斯（Thomas Hobbes）等提出的政治思想，专制君主的主要权力工具是常备军队和一个向君主负责的行政官僚体系。西欧专制政体的载体是民族国家，在东欧是多民族的哈布斯堡王朝，其统治者长期以神圣罗马帝国皇帝之名号令诸侯。依靠这种“挟天子以令诸侯”的有利政治地位，哈布斯堡王朝将多瑙河流域大部分地区置于其直接统治下。第二，把多瑙河流域众多斯拉夫小民族以及马扎尔和罗马尼亚等非斯拉夫民族汇集于一个帝国治下，既可以避免该地区碎片化程度加深而影响欧洲稳定，又可以制衡欧洲东部的俄国这样的斯拉夫大国对多瑙河或巴尔干的扩张。第三，奥地利具有“天主教堡垒”和“欧洲前沿阵地”的地缘政治意义，从外部看，奥斯曼土耳其在东南欧的扩张对哈布斯堡王朝的长久维持构成了有利因素，异教威胁使得这一地区的众多信仰基督教的民众更愿依附在哈布斯堡治下，如曾在哈布斯堡和奥斯曼之间反复易手的马扎尔人和特兰西瓦尼亚的罗马尼亚人。

中世纪早期领地的分割使得人们首先获得或具有了与自身生活环境相关的区域认同，如英格兰、法兰西、波希米亚等主要是地理概念，而不是作为政治实体的国家。① 在区域认同中，人们直接关心的是区域的繁荣与福祉。16—17 世纪，专制王权的出现使得中世纪分割破碎的混乱状况得以扭转，人民开始具有了初步的国家认同概念，并对地域广阔、人口众多的王朝或帝国的辉煌与显赫抱有向往，法兰西、英格兰正是在这一时期完成了对诸多少数民族，如威尔士、巴斯克、布列塔尼等族群的同化，而这一时期哈布斯堡王朝臣民的民族意识尚未觉醒，他们具有的是帝国认同，即出于对抵御他族侵犯和寻求强大王朝庇护的认同，因为这一地区不同族群混居和宗教的融合使其容易成为外强进攻的目标。1848 年，帕拉斯基最早提出奥地利帝国合法性在于它是联合中东欧民族的最佳政治体，对整个欧洲都意义重大。帝国认同强调忠君和对帝国合法性的认同，在封建社会体制下，这是居于首要的认同观念。帝国认同会随着国家的强盛或衰弱而变化。长期以来，哈布斯堡王朝依靠兼并联姻的特殊方式确立在中东欧的大国地位，树立了这一地区其他众多小民族对王朝的敬畏。但帝国在 1866 年战败于普鲁士标志着哈布斯堡王朝在几个世纪里主导日耳曼事务的历史开始终结，这对帝国认同造成了深刻影响。被逐出日耳曼邦联后，奥地利帝国仍有着浓厚的日耳曼情结。

随着帝国中各地区民族运动的展开，民族多元化使得帝国的国家认同具有模糊性。奥匈帝国中所有弱势民族有一个共同特点，即民族成员都有多种认同，从宽泛的帝国认同到狭隘的族群认同、区域认同、王国认同等。卢普尼克（Jacques Rupnik）以帝国德语作家霍瓦奇（Odon von

① 钱乘旦主编：《欧洲文明：民族的融合与冲突》，贵州人民出版社 1999 年版，第 9 页。

Horvath）举例来说明，他生于匈牙利管辖的克罗地亚里耶卡，长在贝尔格莱德、布达佩斯、普雷斯堡、维也纳和慕尼黑等地，他把自己视为奥匈帝国的典型混合物：母语是日耳曼语的马扎尔人。[①] 赫洛奇认为，这些认同虽然不是相互排斥的，但它们之间多少存在一些竞争关系，如同摩拉维亚人有奥匈帝国臣民、捷克民族成员、摩拉维亚人（作为行政和历史定义的摩拉维亚地区的居民）等三种认同一样，这三种认同分别代表着帝国认同、民族认同和地区认同，分别对应的是帝国的臣民、民族的成员、区域的居民。[②]

区域认同关注区域经济文化繁荣和稳定，但地区人口的流动性决定了区域认同具有可变性，即一个地区的居民迁走后不再属于原来的区域共同体，特别是在农奴制废除和工业化加快发展后，人口流动加快，区域认同的固定属性不断弱化，比如认同者是否出生在某一地区或是否讲这一地区的语言并不重要，认同者更加关注该地区的发展和繁荣，更强调是否能够从地区发展中直接受益，区域认同有强调国家的一面，但更主要的是强调地区发展的重要性。与民族认同一样，区域认同也与特定地区的人口有关，但区域认同一般会早于民族认同，像斯洛伐克人在形成自己的民族认同前被称为北匈牙利高地人。在中世纪的社会关系构建

---

① Jacques Rupnik, "Central Europe or Mitteleuropa?", *Daedalus*, Vol. 119, No. 1, 1990, p. 253. 布拉格是一个典型的斯拉夫、日耳曼和犹太文化融合的城市，而犹太文化常在斯拉夫和日耳曼文化之间起到一种沟通的作用，捷克人经常用日耳曼的名字，后者也经常使用前者的名字，这里的民族混合家庭很常见。如卡夫卡的奶奶讲捷克语，卡夫卡用德语写作。多伊奇生于布拉格一个日耳曼—捷克的犹太家庭，从其母亲名字（Maria Leopoldina）来看，她是捷克人，多伊奇则精通德语、捷克语和波兰语。在一些情况下，一些人的民族属性难以断定，如捷克南部最大的城市——布杰约维采（德语名称 Budweis）是一个日耳曼和捷克人混居的双语城市，帝国最著名的实业家和慈善家拉那（Adalbert/Vojtech lanna）生于这里，捷克人称其为 Vojtech，日耳曼人称其为 Adalbert，他既不把自己视为日耳曼也不视为捷克人。1866 年他去世时，当地一家捷克报纸对他的介绍是：航运家、布杰约维采杰出的商人、骑士勋章获得者、布杰约维采商会主席等。1879 年他的塑像出现在布杰约维采。Jemry king, "The Nationalization of East Central Europe", *Staging the Past-The Politics of Commemoration in Habsburg Central Europe*, Edited by Maria bucur, Purdue University, 2001, p. 120。

② Miroslav Hroch, *V národním zájmu-požadavky a cíle evropských národních hnutí devatenáctého století ve srovnávací perspektivě*, Praha: NLN, 1999, ss. 10 – 13.

中，贵族是核心因素之一，即围绕着贵族建立起来的社会关系是封建王朝统治的重要基础，一定程度上贵族实际上起到了与作为共同体的民族一样的作用，特别是在乡村地区。加斯帕认为，19 世纪末，中东欧乡村地区的绝大多数人仍坚守着区域认同，把自己视为属于某个行省或地区的人，而不是视为属于某个民族的成员。[①] 1847 年时，奥地利首相梅特涅仍把意大利视为一个单纯的地理概念，克拉克・马丁（Clark Matin）认为，梅特涅的表述并没有夸大，那时几乎还没有意大利的民族认同概念，实际上在该地区只有不到 3% 的人讲意大利语。[②]

19 世纪初，维也纳会议后的多极均势格局形成，民族主义和自由主义理念的传播使欧洲出现了新的思想解放，这两种理念逐步弱化人们的帝国认同。虽然奥匈帝国中各地区民族意识和运动出现的时间不一致，但新的民族认同的出现和形成推动着民族运动思想不断发展和成熟。这一思想一方面体现为对拥有同一种历史、宗教、文化和价值观的认同感，另一方面体现为同一类人群对同一片地理区域的归属感。民族认同是在现代化发展和社会转型的过程中出现的新的共同体认同观念，它把个体与拟人化的民族概念联系在一起，是把民族视为一个有自己要求和要表达这一要求的人。在民族运动初期多数人并不认可这一概念，只是随着民族意识加强和民族运动风行以后，民族认同才具有了越来越强的普遍性和生命力，一个民族成员不管走到哪里都会保留其民族认同。区域认同会随着人口流动而变化，但历史、文化和习俗等客观因素决定了民族认同具有相对的稳定性。

在民族运动发展中，民族认同不可避免会与强调抹煞民族性的王朝或帝国认同发生冲突。对奥匈帝国的诸多民族而言，帝国认同被等同于日耳曼认同，在民族意识未充分觉醒的时候，这种认同是被接受的，但在民族意识逐渐觉醒以及民族运动日渐兴起的时候，日耳曼认

① Zsuzsa Gaspar，*Rakousko-Uherská Monarchie*，Slovart，2011，p. 50.

② John Coakley，*Nationalism：Ethnicity & the State*，London：Sage，2012，p. 177.

同就与不同的民族认同发生冲突。在民族不平等的背景下，强势和弱势民族从帝国中获得的民族文化、经济、社会发展权利不相同，必然会使一些弱势民族对帝国认同产生不同的认识，因此对帝国认同的强弱程度与一个民族在帝国中的生存和发展权利密切相关，如波兰或犹太人坚持对帝国认同的原因在于其在帝国体制下得到了发展民族文化或经济的较充分权利。

关于波兰人的帝国认同，布鲁克米勒（Ernst Bruckmuller）举出一个例子。1896年帝国驻意大利公使馆秘书维斯涅夫斯基（Wisniewski）在参加新年招待会时，意大利王后问他："你是波兰人吗?"他回答："我来自加里西亚"，意大利国王说："那不就是波兰吗?"他回答："那是奥地利加里西亚省。"① 这几句对话说明了波兰人对帝国的认同态度，也验证了梅特涅曾说过的一句话："我们希望波兰人在帝国的长期统治下逐步变成加里西亚人。"② 作为帝国中高度自治的地区，加里西亚的经济社会发展不同于被瓜分的波兰其他两个地区，因为拥有了充分的民族发展权利而对帝国具有很强的忠诚度。尤诺夫斯基（Daniel Unowsky）说，哈布斯堡君主国长期以来得到了加里西亚农民的好感。③

而其他更多弱势民族的帝国认同则不一样，它们对帝国有不同的感受，如多伊奇所说，来自帝国首都城市、大都市地区或比较受惠的民族经常对帝国的辉煌、先进及其恩惠印象深刻，而来自隶属省份和殖民地以及受到冷遇的从属民族的观察家，则常常倾向于注意帝国所带来的苦难、侮辱和所付出的代价。④ 与阶级利益一样，民族关系的实质也是利益矛盾，不同的是阶级不能独立存在，即统治和被统治阶级处在一个政

---

① Ernst Bruckmuller, "Was there a Habsburg Society in Austrian-Hungary?", *Austrian History Yearbook*, 37 (2006).

② Cliford F. Wargelin, "The Austro-polish Solution: Diplomacy, Politics and State Building in Wartime Austro-Hungary 1914—1918", *East European Quarterly*, XLII, No. 3 september 2008).

③ Daniel Unowsky, *The Pomp and Politics of Patriotism: Imperial Celebration in Habsburg Austria 1848—1916*, West Lafayette: Purdue University Press, 2005, p. 172.

④ ［美］多伊奇，周启明译：《国际关系分析》，世界知识出版社1992年版，第104页。

治单位内时，统治阶级才能实现自己的利益；民族可以相对独立存在，当多民族政治单位中的一个民族的发展权利和民族利益得到充分保护时，就自然会拥护这个政治体的存在；反之，当不能获得充分的发展权利、保障自己的利益，也不能通过获得领导权改变这种状况时，它就会要求独立。

从历史发展角度看，在民族运动过程中三种认同的变化特点是不一样的，帝国认同不断弱化，地区认同具有可变性，民族认同扩散快、具有稳定性和强大的生命力。在一战前的较长时间里，以捷克为代表的其他众多民族的帝国认同中具有一种不平衡的矛盾心理，既有对帝国的希望，又有受到帝国不平等待遇的排斥和打压而产生的不满。帝国中所有民族运动的根源产生于民众认识到民族存在受到威胁，运动目标被否定。从这个角度看，作为新事物的民族认同从一开始必然要受到旧社会关系和国家认同的抵制，但法国大革命带来的民主和人权思想激励着民族认同不断获得日益强大的生命力，并最终在与帝国认同的较量中占据上风。这是一个量变到质变的演进过程，需要民族知识精英的宣传和鼓动以及民众的参与，并从低级的文化平等权利目标向高级的政治参与和自决目标转变。

直到 19 世纪后半叶，捷克人、罗马尼亚人、斯洛伐克人等把其民族运动的主要目标定位在帝国改制成民族平等的联邦国家，这是对那些没有得到自治权的民族而言。对日耳曼人、马扎尔人以及波兰人而言，维持帝国现有利益格局是首选目标，其中马扎尔人也有一种矛盾心理，一方面是尽力维持其已获得的自治地位，另一方面又在一定程度上希望建立独立国家。民族运动的蓬勃发展最终成为了威胁帝国统一的离心因素，因为它倡导的民族认同从一开始就与君主王朝认同和权威发生冲突，作为一种新认同，它打破了旧的国家认同，把民族发展的最终目标放在了否定和摧毁旧国家的合法性和旧王朝的权威上。

在民族运动出现之初，作为新事物的民族认同并没有获得帝国中众多民族成员的支持，只是通过民族运动倡导者——教师、教士、公务员等小资产阶级从宣传民族语言、文化、历史的不懈努力中才逐渐获得了更多民众的支持。差异化的民族特性本来就是客观存在，民族运动只是加快唤醒了民族意识。民族运动和认同反映着工业化带来的社会关系新变化，在这个时候继续坚持帝国认同、否认民族特性和推行语言与民族同化政策显然有违于历史发展趋势。二元结构建立后，奥匈帝国日耳曼人的认同危机以及帝国与民族运动的冲突，使得他们对民族运动与民族关系更敏感。帝国试图推行的日耳曼化政策与民族主义运动间存在着突出矛盾，特别是在经济发达而又没有自治权的捷克地区。帝国政府虽然试图在维持帝国统一和协调国内各民族关系中达成一种平衡，但举措往往是以牺牲小民族利益换取两大民族之间的平衡，这种努力最终也被证明是有悖于历史发展规律的逆向运动。帝国君主的保守思想是自18世纪以来以维持现状治国理念的延续。这一理念已在很大程度上成为阻碍帝国强大的障碍。

密尔曾指出，在专制国家里，最多只有专制君主自己这一个爱国者。[①] 在帝国中，缺乏一个强大统一的“奥地利”公民社会，在民族主义思潮传播的过程中，各民族的忠诚对象从帝国转向民族自身。虽然君主国在前现代时期具有权威和合法性，但它没有按照联邦制原则、立宪和代议制方式进行政治调整，不能为这种合法性确立现代存在形式，或者说不能把帝国传统与现代化的资质要求协调起来，因此不可能以培养有效的超民族的帝国认同来寻求臣民的忠诚。虽然在君主国的很多居民中这样的认同存在过，或对王朝甚至对奥皇个人依然有很强的忠诚度，这是因为当没有更好的选择时，只要继续保持相对繁荣、相对良好的秩序和安全，君主国也能满足臣民们的需要，但在现代化过程中产生的日益强烈的人民主权观念面前，帝国认同犹如无根之草，无力招架。

二、犹太人的帝国认同与卡尔·波普（Karl Popper）的开放世界

不同族群或民族对于帝国认同的程度也不同。在帝国中，普遍的情

---

① ［英］密尔，汪瑄译：《代议制政府》，商务印书馆1984年版，第39页。

况是获得了自治地位的民族如波兰人和克罗地亚人的帝国认同程度高于那些没有自治地位的民族，如捷克人、斯洛伐克人、罗马尼亚人、塞尔维亚人，而对帝国有高度认同感的作为宗教团体的犹太人是一个特例，因为相比德国和俄国的犹太人，他们接受帝国认同观念与其在帝国中所获得的政治和社会地位有直接联系。

自中世纪以来，犹太人就开始在欧洲建立自己的居住区，但是他们始终处于政治、社会和文化生活的主流之外，构成了一个被剥夺公民权利的特殊阶层。在捷克地区，13 世纪下半叶犹太人在布拉格建立了犹太教堂、犹太参议会和居住区，主要经营商业和手工业，其中印染、丝织、刺绣、金银锻造和玻璃等行业都掌握在犹太人手里，犹太手工艺人曾专门为哈布斯堡皇帝制造昂贵的加冕礼服。埃班（Abba Eban）认为，在 15 世纪末，以西班牙为主的西欧驱犹的结果是犹太人逐步汇集到波兰和土耳其两个东方大国，到 18 世纪末，东欧犹太人的居住区主要在克里米亚、乌克兰、白俄罗斯、波兰和立陶宛等地。19 世纪中叶，全世界的犹太人约为 475 万，其中东欧占 72%，西欧占 14.5%，美洲约占 1.5%，东方各国合起来占 12%。① 欧洲国家长久以来就把犹太人视为基督教社会中的外来侵入者或者异教徒。1848 年，奥地利又废除了反犹歧视法令，犹太人获得平等权利。

在奥匈帝国，犹太人不被视为一个单独的民族。在人口统计中，只是按照其所讲的语言归入日耳曼、匈牙利或捷克等其他各个民族，所以在帝国的人口统计中没有犹太族。19 世纪 70 年代以后，种族主义的流行与经济危机和政治动荡交集在一起，包括奥匈在内的帝国中出现了新一波的现代反犹主义。

在 1867 年获得法律上的平等地位之后，奥地利的犹太人数量增长很快，到 1900 年时已经占到维也纳人口的 10%，不仅许多犹太人在银行

① ［以］阿巴·埃班，阎瑞松译：《犹太史》，中国社会科学出版社 1985 年版，第 158、293 页。

业、零售业中获得成功，而且犹太艺术家、知识分子和科学家的成就帮助维也纳成为了欧洲重要的文化和思想中心之一，犹太人在帝国文化教育中占据着重要的地位。法国学者查理（Christophe Charle）在《19世纪欧洲知识分子》书中举出了一些关于犹太人在文化出版领域占据主导地位的数字，如在19世纪90年代维也纳33.4%的大学生是犹太人，在大学、医院中这一比例达到55%，维也纳主要的自由派日报都是犹太人办的，1909年维也纳的记者和作家协会成员中犹太人占到63.2%，这自然会使日耳曼人产生一种害怕犹太人威胁其传统社会地位的担心，而且在日耳曼族民众心中也出现反犹太知识分子的普遍心态。[①] 犹太人在文化上的显著成就使得帝国中激进的日耳曼政党产生了恐惧感，它们指责犹太人控制了经济并腐化德意志文化。1893年，奥皇签署了宣布废除布拉格犹太区的法令。1897年，基督教社会党人卢格尔当选维也纳市长也是奥地利反犹思潮的具体表现，该党因极力宣传反犹主张赢得了维也纳中下层选民的支持。另外，在1918年前，维也纳市政厅以及所有高级学术和政府职位实际上不允许犹太人涉足。[②] 奥地利的反犹更多针对的是犹太知识分子和犹太小商人，不针对犹太大财团和大企业。与此形成鲜明对比的是俄国对犹太人实施的教育限制政策：1866年俄国政府制定了犹太人学生限制法，规定在彼得堡和莫斯科大学犹太学生的最高限额不得超过3%，在其他非犹太居住区不得超过5%，在犹太人居住区为10%。1909年限额分别提高到5%、10%和15%。[③]

根据1900年人口统计，在匈牙利有90万犹太人，全部登记为匈族人。[④] 绝大多数犹太人集中在布达佩斯，都是中产阶级，主要从事律师、

---

① Christophe Charle, *Intelektuálové v Evropě 19. stoleti*, Centrum pro stadium demokracie a kultury, Brno, 2004, s. 117.

② Robert Kann, "German-speaking jewry during Austria-hungary's constitutional era (1867—1914)", *Jewish Social Studies*, 10 (1948) p. 248.

③ Raymond Pearson, *National Minorities in Eastern Europe 1848—1945*, Macmillian, Press Ltd. 1983, pp. 115 - 116.

④ Robert Kann, "hungarian jewry during Austria-hungary's constitutional period (1867—1914)", *Jewish Social Studies*, 7 (1945), p. 360.

医生、学者、商人和其他白领职员等职业。他们在保留宗教信仰的基础上接受语言同化。由于匈牙利贵族阶层传统上看不起工商业，匈牙利的大企业和财团几乎完全掌握在犹太人手中。直到一战前匈牙利反犹太运动比奥地利弱很多。据统计，匈牙利地区记者中，42%是犹太人，1900年时布达佩斯法学院中犹太学生占20%，在大学教授中犹太人占10%。他们和主流社会融合得很好。由于匈牙利政府采取了一些抵制反犹主义的针对性行动，因而匈牙利成为了一个具有相对亲犹情感的孤岛。

接受语言同化政策是帝国中犹太人的突出特点，而且他们通常是把自己的利益和忠诚与主导民族联系在一起。帝国中的多数犹太人保持着对始自于约瑟夫二世改革以来的日耳曼文化传统的忠诚，不仅深受启蒙传统的影响，而且把自己与日耳曼社会上层阶级联系在一起。凯恩认为，犹太人在民族认同的选择上体现了一种政治机会主义的倾向：绝大多数犹太人选择认同强势民族，特别是在民族冲突最突出的捷克地区，日耳曼犹太人成为该地区自由日耳曼运动的忠诚卫士。① 虽然从19世纪70年代开始，在捷克人的政治优势日益明显以后，一些曾经的日耳曼犹太人又开始称自己为捷克人，但其数量有限。维也纳拉比及帝国议员布洛赫（Joseph Bloch）曾多次提醒反对犹太人把自己的利益等同于日耳曼自由主义运动，在他看来，虽然多数犹太人不得不站在日耳曼人的立场上是自明之理，但如果在扩散和强化日耳曼民族意识中做得过多的话，最终会危害到自己，他们不应把自己变为民族间冲突的替罪羊，所以犹太人要退出捷克—日耳曼民族间的冲突，犹太人要退出民族政党，要用一种帝国范围的奥地利爱国主义来替代参与不同民族运动的做法。② 他提出的犹太人的政治参与方案实际上就是中立和超脱原则。

在一战前20年中，奥匈帝国的犹太人经历了历史上前所未有的经济与文化繁荣，也被视为其历史发展中的黄金时期。他们将奥匈帝国

① Robert Kann, "Hungarian jewry during Austria-hungary's constitutional period (1867—1914)", *Jewish Social Studies*, 7 (1945), p. 360.

② Ibid., p. 361.

视为一个“恩典的国度”。也许正是帝国民族性的模糊性赋予了犹太人这样一个契机，其得以调和犹太认同和民族认同（在俄国和德国犹太人没有这种机会）。犹太人是帝国中一个踊跃地接受官方“帝国观念”的族群，他们绝大多数都宣称其对王朝和超民族帝国的忠诚。维也纳拉比耶利内克（Adolf Jellinek）曾说：“犹太人是奥地利大一统观念的旗手”，而后来又担任克拉科夫拉比的布洛赫补充道：“如果人们能够建构起一种独特的奥地利民族性，犹太人将成为其柱石”，他们不仅是“哈布斯堡君主政体最为忠诚的支持者，而且也是唯一不附加任何条件的奥地利人”。①

帝国多民族共处和相对宽容的宗教政策使得犹太人具有了与欧洲其他地区不同的真正的归属感。帝国中犹太人和谐地融入社会各阶层的现实使得犹太家庭出身的思想家波普得出了这样的结论：作为宗教团体的犹太人融入多民族帝国，犹太人社会地位超越了民族性的存在，并成为其所在国的忠诚公民。他以帝国的多元文化共存为蓝本提出了“开放社会”的概念，强调社会平等和多元，强调社会成员充分的发展权利，而不是某一阶层或集团获取的利益大于其他阶层或集团，强调超民族的大团结，本质上具有一种否定民族性和民族国家的特点。在“开放社会”的理念中，宗教和民族并不重要，重要的是具有大同世界特点的普世人性（universal humanity）。他认为，多民族的奥匈帝国较民族国家代表着一个更高的发展阶段。他反对民族国家和民族自决的原则，认为这条原则在世界上尤其是欧洲是行不通的，因为欧洲有许多国家（语言集团）如此稠密地聚集在一起，以至难以将它们分解。② 从这个角度出发，波普把奥匈帝国的解体视为一个灾难，在他看来，帝国在某种程度上代表着人类走向世界大同的现代雏形。

---

① Robert Kann, “German-speaking jewry during Austria-hungary's constitutional era (1867—1914)”, *Jewish social studies*, 10 (1948), p. 255.

② ［英］卡尔·波普，郑一明等译：《开放社会及其敌人》第二卷，中国社会科学出版社1999年版，第138页。

犹太人以及波兰人对帝国高度认同的前提也许在于其社会经济和文化发展权利在帝国中得到了保障。相对于同时期的德国和俄国而言，帝国对前者的宽容和对后者的怀柔都换取了两者对帝国前途抱有信心。犹太人和波兰人的情况为帝国中一些政治家或思想家提出的建立平等民族组成的联邦国家提供了某种程度上的现实印证。倡导联邦制改造的匈牙利政治家雅西就是犹太人，他曾提出，只有奥匈帝国具备成为一个多民族和睦相处的民族民主联邦的现实条件。[①] 但民族或利益集团控制下的政体决定了帝国经济、社会发展的历史局限性，也决定了它没有改革的决心。20 世纪 90 年代以来，一些国外学者，特别是东欧学者开始明显把兴趣转移到对奥匈帝国在促进多元文化融合的研究上，认为在一定范围内，帝国中的这种融合已经出现，但这一融合没有扩大到更多的民族之间是帝国的悲剧。东欧的历史决定了其社会发展的主线就是不同文明或文化的融合与冲突，在这里多民族的产生、早期国家的建立都与多元文化联系在一起。

第三节　自治与自决的选择

一、民族自治与帝国联邦改造的设想

霍布斯鲍姆说，在 20 世纪最初 10 年，虽然奥匈帝国中绝大多数的人民毫无疑问已意识到自己属于某个民族，但他们之中却很少有人认为这一点和对哈布斯堡君主政体的支持有任何矛盾。对大多数民族而言，他们并不特别想要冲破这个某些狂热的中产阶级或中下阶级口中的“诸

---

① Oscar Jászi, *The Dissolution of the Habsburg Monarchy*, Chicago: University of Chicago Press, 1961, p. 268.

民族地狱”。[①] 斯宾塞（Metta Spenscer）认为，帝国中多数民族主义者的立场是温和的，他们更加倾向于保持帝国，而不是瓜分帝国，少数保守派的民族领袖则希望回到专制主义。[②]

雅西在《哈布斯堡王朝解体》书中谈到了有利于维持帝国的物质、宗教和社会机制等因素。他认为，帝国东西部之间经济结构充分互补，这为帝国维持统一提供了重要经济基础。此外，以天主教为主的宗教信仰、成熟的官僚体系、匈牙利、波兰、克罗地亚等民族中贵族阶层的存在等都是有益于维持帝国的向心因素；只要实行联邦制改造，帝国就仍然可以作为具有凝聚力的多瑙河大国而存在。[③] 帝国的存在关系到诸多民族的生存与发展，如匈牙利、罗马尼亚、克罗地亚和塞尔维亚等是把帝国作为抵御奥斯曼的保护者，帕拉斯基把帝国视为抵御俄国的保护者。其次，帝国是中东欧、东南欧地区经济最发达、市场最大的地区，诸多弱势民族把帝国认同与区域或民族的社会发展、经济繁荣联系在一起，他们希望在繁荣发展的帝国中能够获得平等的民族权利，如特兰西瓦尼亚的罗马尼亚人以及帝国南部的塞尔维亚人在较长时间里并不是强烈希望回归到帝国外的民族国家中。从 19 世纪后半期开始，在经济不断发展的过程中，帝国中民族主义运动逐渐高涨，各民族都提出了关于帝国治理与发展的设想，主要思路是建立各民族平等自治的联邦或邦联国家。

1914 年之前，捷克主流政治家们的设想也是对奥匈帝国进行联邦制改造，并在一个联邦帝国框架中寻求更大的自治权。对于大多数捷克政治家来说，一个独立的捷克国家看似一个不可能实现的梦。1911 年在奥地利帝国议会下院的 515 个席位中，捷克政党拥有 108 个席位，占比约

---

① ［英］埃瑞克·霍布斯鲍姆，贾士蘅译：《帝国的年代》，国际文化出版公司 2006 年版，第 195 页。

② Metta Spencer, *Separatiism: Democrocy and Disintegration*, Rowman & Littlefield, MD, 1998, p. 97.

③ Oscar Jászi, *Disolution of the Habsburg Monarchy*, Chicago: University of Chicago Press, pp. 133 – 141.

为20.9%，这一比例略低于当时捷克人在奥地利23%的人口比例，选票最多的社会民主党有26个席位（357234张选票），农民党有37个席位（257717张选票），其他主要政党还有青年捷克党（14个席位）和民族社会党（National Socials，13个席位）。[①] 受到了德国主张的中欧经济共同体设想的影响，社民党主张在民族自治原则上对帝国进行联邦化改造，并认为只有在帝国的大经济体中捷克才能获得更大的发展。该党主席施麦拉尔（Bohumir Šmeral）提出社会主义的胜利是工业化必然的结果，而工业化只有在一个大的经济区域中才能获得最好的发展机会，一个独立的捷克民族国家会因为太小而不能够获得实现社会主义所需要的充足的产业基础。此外，他反对与俄国的联合，他相信在相对进步和工业化的奥地利帝国比在落后的农业化的俄国，社会主义有更多胜利的机会。

青年捷克党的亲俄倾向强烈，1914年8月和9月，该党主席、战后曾担任捷克斯洛伐克第一任总理的克拉马日（Karel Kramar）率团访俄并受到了沙皇接见，会谈议题主要是“自由、独立的圣瓦茨拉夫（历史上捷克国王）王冠在罗曼诺夫王冠的照耀下闪闪发光”。[②] 在一战前他曾提出一个俄国主导的斯拉夫联邦方案：由俄国、保加利亚、波兰、捷克、塞黑王国构成，联邦国务会议包括25名俄国代表、5名波兰代表、4名捷克代表、4名塞尔维亚代表、3名保加利亚代表和1名黑山代表。联邦议会有300个席位，俄国有175席。联邦作为统一的贸易和关税体，公民享有平等权利，通用语言是俄语。一战爆发后，他认为战争源于日耳曼主义与斯拉夫主义矛盾的激化，战争将改变欧洲地图，俄国参战的目的是要解放斯拉夫兄弟。[③] 1908年，后来与马萨里克一同致力于建立独

① Victor Mamatey, “The Union of Czech Political Parties in the Reichsrat 1916—1918”, *The Habsburg Empire In World War I*, Edited by Robert A. Kann, Columbia Uni. Press, New York, 1977, p. 4.

② ［英］艾伦·帕尔默，于亚伦等译：《夹缝中的六国——维也纳会议以来的中东欧历史》，商务印书馆1997年版，第155页。

③ Radomír Vlček, “Rusko v politických koncepcích T. G. Masaryka a K. Kramáře”, *České země a moderní dějiny Evropy*, Pert Prokš a kolective, Historický ústav AVČR, 2010, ss. 66 - 67.

立国家的政治家贝奈斯也曾提出："尽管不少人经常谈到奥地利的解体，但我根本不相信这一点。"奥地利境内各民族间的历史和经济联系如此密切，帝国解体根本不可能。奥地利特别是捷克地区实行普选和进行民主化改革将会为民族和解提供土壤。①

特兰西瓦尼亚的罗马尼亚民族党领袖之一的波波维奇认为，多瑙河盆地的所有民族之间存在着无可争辩的共同利益，它们都应完全忠诚于奥地利。他提出的帝国联邦制改造方案是依据区域原则把帝国民族划分成 15 个，每个民族都拥有自治地位，使用母语作为官方语言，其统治者由奥皇任命。联邦司法权由议会两院掌握，众院由普选产生，参院由贵族组成。司法执行权由 42 人组成的委员会执行，德语作为帝国官方语言。

雅西也对帝国特别是匈牙利地区的民族矛盾体会深刻，他提出了通过保障少数民族平等参与和发展的权利实现民族关系和谐化，帝国按照民族平等和自治原则改造成联邦国家。在 1909 年发表的《民族问题与匈牙利的未来》文中，他提出每一个民族应有以自己的方式发展其文化的权利，对其他族群的强制同化的试图是错误的。不仅要给予少数成员平等的权利，而且少数民族成员也应获得建立自己的学校、法庭和进入政府部门的权利。1912 年他在《民族国家的发展和民族问题》一文中提出，少数民族意识的觉醒及其属于一个特定文化团体的意识是所有民族历史发展的自然组成部分，这一进程将导致民族国家的产生，但其最终结果不是民族国家本身，而是要创造一个大的国家联盟。奥匈帝国民族矛盾的根源在于：在民族运动发展过程中，一个民族的民族热情被用在对另一个民族的压迫上，特别是对后者民族文化复兴的压制上，这必然导致民族间冲突，解决冲突的办法是工业化、民主化以及建立民主民族联盟。他在一战结束前提出的帝国改制设想是：中东欧 5 个主要民族组

---

① Hertz Fredecich, "The Destruction of Austrai-Hungary", *Contemporary Review*, 202, 1962, dec. p. 320.

成联邦，5 国联盟实行统一关税，有统一军队，执行共同外交政策。[①] 一战结束后，他曾短期担任匈牙利内阁民族事务部长。

帝国在加里西亚地区实施的“仁政”增强了波兰人对帝国的忠诚感。该地区经济比德属和俄属波兰地区都落后，虽然帝国在这一地区实施不同于德属和俄属波兰地区的怀柔政策的目的是出于国内的稳定与统一，但帝国鼓励当地文化语言发展政策的实施使其在文化发展上取得了较其他两地更瞩目的成就，成为波兰文化的中心。

南部斯拉夫民族的主流政治家也希望维持帝国。1914 年之前，皇储斐迪南曾多次宣称主张修宪，实行三元制，以使帝国中的南斯拉夫人同奥地利人和匈牙利人一样享有平等的政治地位和权利。虽然不少学者认为这是为了控制南部斯拉夫人，但其的确对南部斯拉夫民族具有很大的诱惑力。1917 年 5 月，帝国议会中南部斯拉夫议员代表组成的“南斯拉夫俱乐部”发表声明，呼吁帝国境内所有塞尔维亚人、克罗地亚人和斯洛文尼亚人联合成为一个哈布斯堡保护下的自治实体。

二、马萨里克的民族自决观

在一战爆发前后，捷克民族运动的目标出现新变化，即捷克人和日耳曼人之间的矛盾的发展最终导致捷克政治思想家马萨里克（1850—1937 年）较早提出了建立民族独立国家的设想，并最终在协约国的支持下实现了帝国权利的和平转移。

马萨里克是 20 世纪上半叶欧洲具有重要影响的政治家和思想家。卡尔·波普称他是所有开放社会的战士中最伟大的一位。[②] 斯宾塞认为他是帝国解体最主要的设计师之一。[③] 帕尔默说，马萨里克在一战后期积

---

① Nandor Dreisziger, “Oscar Jazsi: Prophet and Danubian Federalist”, *Hungarian Quarterly*, Spring 2006, Vol. 47, Issue 181, pp. 159 – 162.

② ［英］卡尔·波普，郑一明等译：《开放社会及其敌人》第二卷，中国社会科学出版社 1999 年版，第 97 页。波普认为马萨里克任总统时期的捷克斯洛伐克可能是存在过的最好的、最民主的国家之一。

③ Metta Spencer, *Separatism: Democrocy and Disintegration*, Rowman & Littlefield, MD, 1998.

极促成协约国赞同他提出的解体奥匈帝国方案和建设新欧洲的蓝图，他是斯拉夫各族人民的代言人。① 他对包括捷克人和斯洛伐克人在内的斯拉夫民族历史、宗教、文化，以及欧洲国际关系等有着独特、深刻的研究和见解，并发表了对捷克历史和政治、斯拉夫民族问题的一系列文章和著作，如《捷克问题》《我们现在的危机》《一个国家的诞生》《新欧洲》等，对中东欧的斯拉夫运动产生了显著的影响。

1891 年起，马萨里克先后加入过奥地利议会中青年捷克党、捷克进步党和捷克现实党等政党。在其政治生涯的较长时间里，他的目标也曾是谋求帝国范围中的捷克自治。在他生活的年代，法国革命传播的自由、民主等新思想已经开始成为包括斯拉夫人在内的欧洲民族运动的有力武器，特别是赫尔德提出的民族平等思想极大地鼓舞着小斯拉夫民族思想家和政治家们投身于摆脱帝国压迫的民族运动中。在这一过程中，各个民族都涌现出一批杰出的思想和政治活动家，他们从各自民族不同的历史、宗教、文化提出了关于民族发展的设想，如处在奥匈帝国统治下的捷克人和斯洛伐克人提出了“奥地利斯拉夫主义”，南部斯拉夫民族中的克罗地亚人提出了伊里利亚主义，不同民族的斯拉夫主义都有一个共同特点，就是在谋求民族自治的同时，也强调斯拉夫民族间结盟的文化和政治意义。

当时俄国是斯拉夫世界中最大的独立国家，当奥地利斯拉夫主义者与俄国牵手后，出现了俄国的泛斯拉夫主义。它与其他小斯拉夫民族的斯拉夫主义有明显不同，就是包含有俄国民族主义者对西方民族和文化敌对的态度，具有大俄罗斯沙文主义的特征，强调发展俄罗斯的民族性、并希望所有的斯拉夫人结成一个联盟。俄国的泛斯拉夫主义对捷克政治家也有着很大的影响。青年捷克党领袖克拉马日强调俄国的帮助和与俄联合，他甚至提出了一个以俄国为主的斯拉夫联邦方案。他认为，一战

① ［英］艾伦·帕尔默：《夹缝中的六国——维也纳会议以来的中东欧历史》，商务印书馆 1997 年版，第 165 页。

爆发的原因是日耳曼主义和斯拉夫主义矛盾激化的结果，因此战争就是日耳曼人和斯拉夫之间的冲突，俄国的参战将解放所有日耳曼人统治下的斯拉夫民族。[①] 马萨里克对此提出了警示。

他认为，政治、文化和地理因素虽然有利于斯拉夫人建立相互友好与合作关系，但对俄国哲学和历史的了解又使他相信，在战争爆发后小斯拉夫民族盲目依赖俄国的帮助会是一个致命的错误，他怀疑俄国在解决诸如捷克、斯洛伐克民族独立问题上的能力，所以他认为最紧迫的是让西方协约国相信他关于民族独立计划的公正性，相信捷克人、斯洛伐克人等为欧洲共同发展所做的努力。他认为，中欧斯拉夫民族虽然可以向最大的斯拉夫国家——俄国寻求支持，但俄国的斯拉夫主义本质上是服从于沙俄帝国的大国抱负，它不能理解小斯拉夫民族运动的本质和意义。很多捷克人并不了解俄国的实际情况，俄国有不同于捷克等民族的政治和文化发展历史与阶段，所以捷克人与俄国人之间没有精神上的高度一致性。他认为，俄国虽是欧洲重要的地缘政治因素，但是小斯拉夫民族不能接近和顺从它。[②]

马萨里克把捷克民族运动视为始于法国革命的欧洲民族运动的自然组成部分，认为捷克理念和哈布斯堡理念之间存在着根本的对立。他早期的民族运动政治理念来自于帕拉斯基。他说，像其他的民族复兴运动先驱一样，他也曾经苦恼于小民族的前途问题，曾徘徊于对哈布斯堡的忠诚与仇视的矛盾中。[③] 他提出，斯拉夫主义最早出现在捷克知识分子中间，其目标是摆脱捷克人被日耳曼人和马扎尔人同化的命运。捷克地区最早出现这一思潮与当时捷克在奥匈帝国以及所有斯拉夫民族中具有最发达的经济发展水平是分不开的。直到 1918 年，虽然它是奥匈帝国最

① Radomír Vlček, “Rusko v politických koncepcích T. G. Masaryka a K. Kramáře”, *České země a moderní dějiny Evropy*, Pert Prokš a kolective, Historický ústav AVČR, 2010, ss. 66 - 67.

② T. G. Masaryk, *The Making of a State: Memories and Observations 1914—1918*, London Geoge Allen & Unwin Ltd., 1927, p. 126.

③ Ibid., p. 46.

主要的工业基地，但是在政治上却享受不到比它经济落后的匈牙利人那样的政治自治权利；同时，处在匈牙利人直接统治下的斯洛伐克人甚至被剥夺了平等的公民权。

1907 年后，他关于捷克民族运动的目标有了变化。他说自己越是了解奥地利和哈布斯堡，就越是站在它的对立面，这个王朝看起来强大，但在道德和体制上都走向退化。他的目标是实现捷克的非奥地利化。[①]在一战前，多数捷克政治家、以及帝国其他地区民族运动的目标是在联邦制改造的帝国中获得自治地位。但他认为，战争爆发后捷克人要评估欧洲的形势，评估两大集团的力量，并根据历史来判断形势和采取行动。只有民主和民族运动在欧洲胜利，捷克才有希望赢得独立。马萨里克逐步形成了建立独立民族国家的理念，并提出了民族自决的历史合法性。他认为，从 19 世纪开始，历史已经进入政治自决的时代，这个时代的任务是争取政治独立和建设民主国家，民主作为政治的标准原则具有了世界范围内的重要性和普适性，即法国革命后出现的被统治民族从异族群体的国家分离、组织独立民族国家具有了历史合法性。自决原则强调民族成员不仅有权利在其出生的民族内运用主权，也有权打破过去条约的约束将其民族从异族统治中分离出来或与其选择的其他民族联合组成新国家。这是人民主权思想在民族和民族关系问题上的应用。他认为，在这一背景中，大国的概念和意义正在变化，旧的大国在衰落，新的民族国家在出现，这符合历史发展的规律。[②]

历史发展证明，不管是 19 世纪初的拿破仑帝国，还是中世纪政教合一的法兰克、罗马、拜占庭帝国都消失了，从中出现了小国家。过去属于大的多民族专制帝国的时代，物质力量是帝国的决定性因素，民族原则未被承认的原因是民主未被承认。在新的历史时期，除了民族统一形成的大国外（如德国和意大利），小民族国也开始出现。从 18 世纪末到

---

① T. G. Masaryk, *The Making of a State: Memories and Observations 1914—1918*, London Geoge Allen & Unwin Ltd., 1927, p. 126.

② T. G. Masaryk, *Nová Evropa*, Praha: Doplněk, 1994, s. 82.

19 世纪初，在比利时、荷兰、塞尔维亚、希腊、保加利亚、挪威和阿尔巴尼亚等民族国家相继建立的过程中，奥斯曼、俄国、奥匈帝国等多民族帝国处在衰落的进程中，这证明小国的出现符合历史发展的需要，也是民族自决的历史合法性之所在。民族的文化品质不能以大小来衡量，尽管一些大国统治者断言，因为思想落后和目标狭小，小国家在经济、军事、文化上都不会繁荣，但是捷克人的例子却相反：捷克人与日耳曼人的人口比例大约是 1∶8，但在欧洲历史上捷克人第一次打破了中世纪神权政治的权威，以宗教改革开启了一个新时代，并在多个世纪里顶住了强大的日耳曼人的压力；丹麦人、挪威人、瑞典人和芬兰人的例子都说明了这一点。

他提出捷克民族运动的理念是追求民主与自由，哈布斯堡的理念是维持专制与压迫。他反对专制集权和教权主义，认为君主政体和神权政体都是反基督教的、反道德的，奥匈帝国和俄国是两个被内部冲突撕裂最深的国家，它们的宗教是神权政治和非科学的。19 世纪主流思想家认为小民族难以单独生存，哈布斯堡王朝是小民族必须联合在大帝国的证明。马萨里克提出，1526 年土耳其的威胁促成了奥捷匈的联合是历史事实，但作为神权政治支柱的哈布斯堡王朝从一开始就滥用这一联合体制压迫捷克和匈牙利两个民族，其发展历史，特别是致力于建设集权化的日耳曼化国家的做法证明它是王朝统治者，不是独立民族的联邦，少数民族统治多数民族的奥匈帝国只是中世纪王朝极权主义的延续。[①] 在他看来，那种认为小国或小民族最好成为大国一部分的观点是一种强权政策的表现，在欧洲和整个人类都朝着民主方向发展的时代，国际关系也具有了人文主义的特点，政治不再是马基雅维利的游戏场，民族自主与独立获得了历史性的发展空间。他认为，与捷克有很多相似性并在与哈布斯堡王朝斗争中实现独立的瑞士的历史经验，使他确信捷克也可以赢

① Tomáš G. Masaryk, *Nová Evropa*, Praha: Doplněk, 1994, s. 87.

得独立地位。[①] 在战争爆发初期，他最早提出借助西欧大国与美国的帮助实现捷克等小斯拉夫民族解放的主张。

在战前，马萨里克在国内政坛上的影响并不大，他的思想与捷克主流政治家并不一致，甚至在战争爆发初期，马萨里克的主张一直遭到捷克主流政党和政治家们的反对，如青年捷克党、捷克激进党、社民党。1911 年，他所代表的捷克“现实党”在帝国议会中只有一个席位（选票是 4984 张），是进入议会的捷克政党中最小的。所以从这个意义上看，他实际上是在反对维也纳和反对布拉格的两条阵线上战斗。捷克主流政治家把他视为“搞独立的人”，认为他的设想不切实际，担心他提出的与斯洛伐克建立独立国家的设想会威胁到匈牙利的历史边界而危害捷克自己的利益，认为他提出的借助协约国帮助的构想太过于奢望。农民党领袖施维赫拉（Antonin Švehla）认为，捷克人没有能力解放自己，其命运将由在战争中胜出的大国联盟来决定，所以在不能预测战争胜利者的时候，捷克人应该有两手准备。[②] 1914 年 11 月，社民党领袖施麦拉尔在与贝奈斯的一次谈话中还提出，建立独立捷克国家的设想是荒唐的，有这一想法的那些人疯掉了。[③]

马萨里克反对帝国联邦化改革方案，认为这是一种解决少数民族问题的保守方案，欧洲要成为一个真正民主的欧洲，并获得永久和平，必须从根本上解决民族问题。他提出，在新的历史阶段，基于民主基础上的民族自决和民族国家是优先原则。在他看来，旧欧洲与新欧洲的区别在于民主替代专制与神权。从历史上看，欧洲国家都建立在皇权和教权结合的基础上，那时民族原则没有得到认可，但新欧洲建设的基础是民族原则得到认可。新欧洲的构建是民主的，不是中世纪贵族式的，神权

---

① T. G. Masaryk, *The Making of a State: Memories and Observations 1914—1918*, London Geoge Allen & Unwin Ltd., 1927, p. 80.

② Victor Mamatey, “The Union of Czech Political Parties in the Reichsrat 1916—1918”, *The Habsburg Empire In World War I*, Edited by Robert A. Kann, Columbia Uni. Press, New York, 1977, pp. 5 – 8.

③ Zsuzsa Gáspár, *Rakousko-Uherská Monarchie*, Slovart, 2011, s. 206.

政治和帝国主义将被新时代的思想、宗教、政治和社会革命所推翻。他提出，在奥匈帝国有不少政治家认为民族问题可以通过民族或语言的自治得以解决，如奥地利社民党的伦纳提出文化自治模式，而且有些民族的确满足于获得自治地位，但捷克和其他更多的斯拉夫民族不能满足于在一个别人的国家中获得自治地位，而是要争取政治独立。[①]

捷克是嵌入德国最西部的斯拉夫民族，依靠其社会经济文化的发达程度几百年来抵制着日耳曼化的侵蚀和日耳曼人向东方的扩张。捷克人既不能满足于任何帝国提出的民族自治的让步，也能不满足于帝国联邦化改造的目标，这些方案的实质只是帝国对其治下的一些民族施予小恩惠，以获得后者对帝国的继续忠诚，这样奥匈帝国仍然可以作为德国在欧洲东部的前哨。所以他提出，捷克人有与斯洛伐克人联合建国的历史权利。[②]

三、帝国解体

马萨里克采取了一种“曲线建国”的策略。1914 年 12 月他流亡国外，领导侨居国外的捷克人和斯洛伐克人进行反对奥匈帝国的斗争，并在俄、法、意等国组织捷克斯洛伐克兵团，以支持协约国。1916 年在巴黎成立了捷克斯洛伐克民族委员会。他认为自己最终做出反对奥地利的决定是不易的，但在决定命运的伟大时刻不能消极。建立海外民族委员会的原因是无力在帝国国内抵抗奥地利，但可以在国外对抗它。[③] 这时，他的政治视野超出了捷克、斯洛伐克的范围。他 1917 年写于彼得格勒的《新欧洲——斯拉夫人的立场》一书认为，奥匈帝国的衰落由来已久，表现在：一步步让出自己的瑞士、比利时和意大利北部等边远省区；被普鲁士逐出日耳曼邦联；二元结构的建立相当于内部解体的开始，因此

① Tomas G. Masaryk, *Nova Evropa*, Nakladem Gusatava Dubskeho, Praha, 1920, s. 146.

② Ibid., s. 160.

③ T. G. Masaryk, *The Making of a State*: *Memories and Observations 1914—1918*, London Geoge Allen & Unwin Ltd., 1927, p. 50.

其最终解体是必然的历史进程。[1] 他提出的更大范围的“斯拉夫方案”把民族和领土问题视为战后欧洲的紧迫任务，方案包括捷克斯洛伐克独立、南部斯拉夫人的统一、波兰复国、匈牙利建立单独国家等。同时加里西亚、布科维纳的乌克兰人自主决定未来与波兰和乌克兰的关系，黑山则由其议会决定是否加入塞尔维亚。他提出用一种民主方式、非军事手段永久分解奥匈帝国，多瑙河流域所有民族都成为好邻居。

1917 年 5 月，他在彼得格勒见到了当时威尔逊总统派往俄国的鲁特使团（Root Mission）的主要成员——在美国青年会领袖默特（J. R. Mott），第一次向他说明了自己的具体方案。1918 年 1 月，威尔逊（Thomas Woodrow Wilson）总统曾发表声明说，如果奥地利政府给予境内各民族自治，帝国在战后仍可保持原有疆土。马萨里克在俄国得知此消息后，急赴美国并得到了威尔逊接见，马萨里克再次向他阐明东欧各民族建立独立国家的设想。1918 年 10 月，威尔逊在维也纳正式提出“十四点方案”，其中在涉及到中东欧民族问题上基本采纳了马萨里克的建议。

作为大陆型帝国的奥匈帝国、奥斯曼帝国解体的共同特点是代表历史进步意义的民族运动对落后政治制度的胜利。一战摧毁了哈布斯堡、霍亨索伦、罗曼诺夫和奥斯曼等帝国，其中哈布斯堡和奥斯曼属于大陆型东方帝国，并属君主专制国家（罗曼诺夫也同样，但它属于半大陆性帝国）。在民主自由思想被普遍接受的 19 世纪，这些帝国已经无力抵挡资产阶级领导的民族主义和运动的冲击。民族运动是代表着人民主权与民主的推动历史进步的积极力量，帝国所代表的君主专制与民族压迫成为历史发展的巨大阻碍。

在 19 世纪的欧洲格局中，奥匈帝国的最大优势是具有“欧洲之必须”的地缘政治意义。作为大陆中央的大国，它有助于维持其他大国之间的平衡，并可以控制这个复杂的民族混居地区。从内部看，其长

① T. G. Masaryk, *Nová Evropa*, Praha: Doplněk, 1994, s. 119.

期存在首先主要依赖于中央集权。通过18世纪一系列改革，奥地利帝国调整了中央和地方间的权利分配，开始把行政、外交、宗教等权力集中到中央政府，特别是在经济发达地区和军事意义重要的地区都直接掌控在中央政府手中，如捷克、克罗地亚地区。这些措施起到了强化王权的作用，奥皇拥有最高权力，成为帝国唯一的代表。其次是推行统一化的宗教和语言政策，以强化帝国文化同一性。但在日耳曼人也同样是少数民族的帝国中，这些政策在一定时期里能够起到加强统治民族地位的作用，阻碍其他民族的民族意识形成和民族运动的发展，但随着经济发展和帝国中众多民族的民族意识和民主意识的不断觉醒和增强，这种代表落后保守的制度和专制政策终究无法抵挡历史发展的进步车轮。

从内部看，民族关系危机具有威胁性，但其在国家体制内仍可以控制，不足以导致君主国的灭亡。当帝国发起扩张战争时，民族关系危机扩展到君主国边境以外，导致帝国的内政和外交危机纠缠在一起时，便成为对帝国更加致命性的打击。帝国彻底瓦解是两方面作用的结果：内外部矛盾和力量撕裂的合力作用。鲍威尔曾说，只有内部和外部瓦解帝国的因素结合起来才可以引起帝国的消亡。[①] 东方三大帝国的解体是历史发展的必然规律，它们注定要成为民族主义的牺牲品。奥匈帝国被众多民族国家所取代标志着以民族国家为构成主体的现代新欧洲格局的出现。就世界格局而言，奥匈帝国以及俄帝国的解体使欧洲传统的政治经济优势受到了挑战，欧洲的霸权受到削弱。正像马克思断言资本主义不断发展的过程也是它逐步培养自己掘墓人的过程一样，奥匈帝国（以及俄国和奥斯曼帝国）的发展也是同样道理：它的经济社会发展必然要促使境内民族和民主意识的觉醒，在民族运动精英的引导下，不同民族都提出各自的文化及政治诉求，从低级的自治到高级的自决目标的演变是

① 鲍威尔："民族问题与社会民主党"，转引自［法］德罗兹著：《民主社会主义1864—1960年》，上海译文出版社1985年版，第123页。

内外因共同作用的结果。19 世纪欧洲民族运动的历史作用在于形成了人类社会民族化过程中的第一次民族主义浪潮。

奥匈帝国解体的原因是众多历史学家和民族学家关注的问题。主要的提法有民族运动论、政治结构论、经济崩溃论、战争破坏论等。虽然帝国解体是多方面内外因素综合作用的结果，但民族运动解体论仍是主流的看法。雅西认为，在历史上的大帝国中从来没有民族平等的原则，而在多民族的奥匈帝国这一情况更加严重，在帝国中各地区民族意识和运动不断发展的过程中，这些民族越来越清楚地意识到他们所希望建立的民族平等和自治的联邦国家与统治阶层的目标完全不能一致，他们开始寻求冲破帝国框架的解决方案。[①] 瓦格林（Clifford F. Wargelin）认为，帝国自诞生以来一直面临着抑制民族离心主义和激进主义的挑战，奥匈伙伴关系框架中一直存在着潜在的对抗关系，战争造成了奥匈之间的不信任和敌意，中央政府对斯拉夫人的控制也依赖于后者对前者的忠诚，战争开始后，这种忠诚中出现了反抗的因素，在波希米亚和克罗地亚都出现了分裂的民族运动趋势。作为应对多民族国家民族问题的临时性政策，人为制造的二元结构被证明完全不能应对现代战争的挑战。[②] 捷克史学家克拉尔卡（Jiři Korálka）认为，从一种非教条的马克思主义观点出发，帝国解体不是民族运动造成的，而是君主政体未能制定和实施与现代工业社会中经济快速增长相协调的民族方案造成的。[③] 奥地利史学家苏庞（Arnold Suppan）认为，帝国不能生存的原因在于它没有把自己视为一个主权国家，在中央和行省精英之间没有真正的联系，这两个特点对于现代帝国来说是必不可少，正如法国、英国、美国的例子所显示的那样。匈裔美国史学家伊斯特万（Istvan Deak）认为，帝国众多民族集团的政治领袖们在 1918 年 10 月做出关于解体君主国的决定是痛苦的，

---

① Oscar Jaszi, *Dissolution of the Habsburg Empire*, Chicago University Press, 1961, p. 296.

② Clifford f. Wargelin, "The Economic Collapse of Austro-Hungarian Dualism 1914—1918", *East European Quarterly* 34, No. 3, 2000.

③ Jiří Korálka, "Questions of Identity: Czech and Slovak Ideas of Nationality and Personality", *Slavonic and East European Review*, Vol. 74, No. 2 (Apr., 1996), pp. 320 – 321.

因为在整个战争期间，他们都曾发誓效忠帝国，但大国间协定迫使他们放弃了自己的君主，解体的原因是战争强制的。英国史学家斯凯德认为（Alan Sked）认为，在战争前夕，帝国中尽管存在各种问题，但帝国并没有明显的衰落，直到1914年底前运转有效的政治和经济体系能够支持帝国继续存在，解体是战争的破坏性后果造成的。意大利学者瓦利亚尼（Leo Valiani）认为，在1914年7月帝国对塞尔维亚宣战之前，很少有人认为这会是多瑙河帝国可能消亡的开始，战争加剧了民族冲突，也摧毁了不同地区民族运动提出的帝国政改规划。尽管战前帝国中已经出现了离心的民族运动倾向，但这与帝国的生存之间还没有根本性的矛盾，因为多数民族运动领导人都忠诚于君主国，而且对于费迪南皇储的改革寄予了很大的希望，但萨拉热窝暗杀事件是一个历史性的转折点，随着战争的爆发和拖延，民族独立的呼声更加强大。①

第四节　认识和评价

帝国解体后，新奥地利的幅员大约与1526年时奥地利相当，它又回到了约500年以前的状态。匈牙利的变化巨大，只留下了32.7%的领土和41.6%的人口，其中36.2%领土归罗马尼亚，22.3%领土归捷克斯洛伐克，7.4%归南斯拉夫，1.4%归奥地利。从匈牙利民族看，只有67.5%的匈族人留在了匈牙利，32.5%留在国外，其中16.7%在罗马尼亚，10.8%在捷克斯洛伐克，4.6%在南斯拉夫。也就是说，2/3的匈牙利人留在了其以前1/3的领土上。②

在1914年前，多数民族运动领导者的目标是通过民主化改造实现某

① Leo Valiani, *The End of Austria-hungary*, New York: Alfred A. Knopf, 1973, pp. xiii, 474.

② Raymond Pearson, *National Minorities in Eastern Europe 1848—1945*, Macmillian Press Ltd. 1983, p. 172.

种形式的族群自治。但奥皇把民族问题看成是从属于维持大国地位的次要问题，特别是在处理匈族和非匈族之间的关系问题上，他做出了一种超脱的选择。在民族问题上，帝国主要的失误在于政策上试图超越民族问题，缺乏合理和长远的民族政策规划，这是帝国君主制在民族问题上保守主义的表现。从帝国建立之初，政府就试图在民族问题上采取一种中立态度，只是每当问题激化时，政府又往往在日耳曼人的压力下采取有利于日耳曼人的措施。在匈牙利，帝国虽多次提出但并没有强制该地区扩大选举权，说明帝国政府对其他少数民族的实际境遇并不关切，只追求帝国表面上的统一和稳定。在民族关系治理上，民族政策的实质是以牺牲众多小民族利益为代价来维护两个强势民族的利益，这必然导致其他民族的不满。宪法规定的民族平等原则并没有在实际中得到切实执行，对民族问题经常采用头疼医头、脚疼医脚的临时性措施。帝国所追求的只是维持已经存在了数百年的局面。帝国试图尝试联邦制改革，1872 年的根本条款改革被一些史学家认为是帝国政府最大胆的改革设想，这一改革有助于帝国向多元联邦制转变，结束帝国二元结构的过渡状态，但是奥皇出于维持现状的固有思维考虑，最终否决了这一改革方案。

帝国政治结构的特点是把所有有效的公共特权集中到奥皇身上，以他为中心构建贵族阶层为主的上层社会，统治者极力维持其不容挑战的特权与地位。但国力的盛衰演变和经济发展带来的社会关系结构的变化使帝国不可能一直拥有对众多被统治民族的绝对优势力量，它必须要根据自身情况采取多种灵活方式协调民族关系，维持帝国统一。在缺乏足够的改革勇气和维持现状的固有思维下，帝国丧失了诸多机遇，逐渐背离了历史发展的轨道。虽然在一战爆发前，帝国经济增速加快、文化繁荣，但内部民族矛盾的固瘤愈加恶化。它没有成为一个诸多民族希望的民主联邦，而是一个在 1918 年之前仍然沿着考尼茨、梅特涅倡导的联姻政治的轨迹运行的前现代政治体，其历史结构和现代存在形式之间的矛盾造成了深刻的内部危机，成为欧洲已经过时的一片土地。帝国历史发展中的几个重要节点，如 1848 革命、1859 年奥地利与意大利的索尔菲诺战役和 1866 年奥普萨多瓦战役的失利都没有促使帝国从中获取改革的刺激因素。帝国外长阿伦塔尔在给同事的一封信中说：从长远角度看，奥匈君主国的二元政治结构是不能维持的。[①] 保罗·肯尼迪（Paul Kennedy）认为，在民族日益觉醒的时代，民族构成多元化的哈布斯堡帝国看上去越来越脱离时代了。[②] 执政时间长达 68 年的奥皇弗兰茨·约瑟夫在 1916 年离世前曾对身边的一位官员说："长久以来，我已经意识到我们在现代世界上是如何的不同寻常。就像阿伦塔尔在 1880 年所警告的那样，当斯拉夫人意识到帝国不能变成其真正的民族家园的时候，他们开始看到帝国以外的希望和选择。"

不是民族自决摧毁了帝国，而是否认民族自决摧毁了帝国。如同阶级关系一样，民族关系的实质也是利益关系，但两者的依存关系和利益实现方式不同：阶级不能独立存在，只有统治与被统治阶级存在于一个政治单位中，统治阶级才能实现自己的利益，阶级成员的构成是纵向的，阶级斗争可以实现利益关系与领导权的变化；作为社会一定发展阶段出现的民族可以相对独立存在，成员构成的横向特点使其比阶级有更广的覆盖面和更稳定的认同度，在一个多民族政治体中，当一个民族不能保证和实现自己的利益而又不能通过获得自治权改变这种状况时，它就会要求独立，帝国正是这样的政治单位，帝国框架中的民族自治实际上是统治与被统治民族之间暂时的利益安排，帝国根据自己的实际需要对不同民族采取不同对策，如具有重要经济、军事意义的地区通常被排除在自治范围之外，经济发达地区的民族矛盾才是帝国民族矛盾中的主要矛盾。

虽然君主国在前现代时期具有合法性，但民族运动出现后，代表新型社会关系的民族认同对帝国认同构成了致命的威胁，因为帝国难以培

---

① Solomon Wank, "A Case of Aristocratic Anti-Semitism in Austria Count Aehrenthal and the Jews 1878—1907", www. leobaeck. oxfordjournals. org/at yale university on march 5, 2012.

② ［美］保罗·肯尼迪：《大国的兴衰》，世界知识出版社 1990 年版，第 194 页。

养超民族的“奥地利”认同来寻求国民的忠诚，各民族的忠诚对象逐步从帝国转向民族自身。与路易十四时期的法国情况相类似，帝国解体前也正是经济增长迅速和文化繁荣活跃的时期，但是表面的繁荣不能掩盖帝国内部民族矛盾加深造成的社会问题，表现在政府继续维持强势民族的努力不能平衡多民族间的利益，不能消弭各种社会分歧。这些都是帝国内的积瘤，最终在帝国对塞尔维亚宣战引起一战爆发后，帝国全面投入战争并走向解体。

波索蒂（Stephen Borsody）认为，多民族奥匈帝国的解体是20世纪最重大的事件之一。在50年以前，当民族主义的现代力量和哈布斯堡秩序之间的斗争开始时，联邦主义代表了在现代基础上重塑帝国的适合的方案。1867年的共治协议不是一个联邦方案，相反它封闭了帝国联邦化所要求的更大范围内签署其他协议的可能性。[①] 帝国在其历史发展的过程中孕育了毁灭自己的因素。对帝国来说，民族主义和运动是其最致命的挑战。一方面，多民族共存是帝国的基本特征，民族主义思想的兴起唤醒帝国内各少数民族对于民族自治和独立的渴望。另一方面，主权在民的思想对皇帝和贵族的特权及特殊地位提出质疑，这一新意识形态的出现，冲击着帝国模式的政治合法性，那种建立在“神圣使命或更高等级文化”基础上的政治统治逐渐动摇。实际上，民族主义思想正是在帝国工业化进程和扩张中得到更大范围内广泛的传播，边缘地区民族或弱势民族接受这种理念，通过与自身历史和文化的结合，形成并强化了民族认同，并以此为基础发起了民族运动。列文说，在民族主义已经成为最强大的意识形态的时代，帝国不可避免地站到了它的对立面，帝国的困境是无法解决的，也无法逃脱毁灭的困境。[②]

在较长时间里，帝国中多数民族运动都把目标定位在帝国的联邦化

---

① Stephen Borsody, “the empire: an unrealized federal union”, *The Austrian Empire: Abortive Federation?* Edited by Harold J. Gordon, Lexington: D. C. Heath and Company, 1974, p. 149.

② Dominic Lieven, “Dilemmas of Empire *1850—1918*: Power, Territory Identity”, *Journal of Contemporary History*, Vol. 34, No. 2 (Apr., 1999), p. 196.

改造上，对他们而言，在联邦制国家中，小民族享受民主、平等地位是一种可以渴望的理想。雅西曾提出一种假设，即在帝国存在的晚期，如果进行了政体结构改造，帝国的结局会完全不一样。凯恩也提出，帝国的历史结构和现代存在形式间存在着冲突，如果它进行了联邦制改造赋予人民法律和政治的平等权，民族主义和帝国的继续存在并不矛盾。沃森认为，这种对历史进行设想的观点可能显得过于主观，并提出了不同的看法。在他看来，绝大多数奥地利日耳曼人更愿意推动和促进大日耳曼的利益，随着斯拉夫民族运动不断增强，日耳曼人在议会中处于防守地位，他们维持其固有特权的方法只能是坚持绝对主义，不妥协地反对联邦制设想，这就把帝国政府拖入了一系列僵局中。当日耳曼人发觉国家机器已经逐渐被打破，要从联邦化帝国或者解体帝国中选择其一的时候，即使是从自私的角度看，后者也是更可取的选择，因为这样他们不仅可与德国联合起来，还可避免在斯拉夫人为主的国家中成为一个少数或从属民族。[①] 这就是所谓的帝国的日耳曼情结，正如奥皇最小的女儿玛丽·瓦莱莉（Marie Valerie）在日记中曾写道：一些哈布斯堡家族的成员对日耳曼文化世界具有强烈的依赖，被排除出大日耳曼后有一种失落感。[②]

二元帝国成立后，奥地利日耳曼人的认同危机以及帝国、国家和民族意识间的冲突，使得他们比任何民族都更敏感，导致他们难以与帝国的多民族相融合。帝国的日耳曼化政策与其他民族的民族运动发生了强烈的冲突，帝国政府虽然试图在维持帝国统一和协调国内各民族关系中达成一种平衡，但举措往往是以牺牲小民族利益换取两个强势民族之间的平衡。匈牙利也有其他的考虑，其政府高层人物在帝国解体前一段时间曾多次暗示，匈牙利更倾向奥匈之间的完全分离，在一个独立的国家

① Seton-Watson, R. W., "Austria-Hungary and the Federal Solution", *Comtemporary Review*, 113, 1918: Jan./June, pp. 257 - 264.

② Soloman Wank, The Nationalities Question in the Habsburg Monarchy: Reflections on the Historical Record, April 1993 working paper 93 - 3.

中，他们能够继续与德国建立紧密的盟国关系。帝国统治者的保守思想是自 18 世纪以来维持现状治国理念的延续。这一理念已在很大程度上成为阻碍帝国强大的障碍。1866 年以后，奥地利再也没有恢复作为头等强国的信心，它在重新找回自己立足空间的过程中以其中东欧霸权地位的终结而告终。

第五章　帝国民族关系治理的影响与现代启示

不少观点认为，中欧多元文化的共存为发展一种更高层次的文明创造了条件。波普把文化多元视为开放社会不断完善和进化的活力源泉。阿克顿（Lord Acton）提出，一个国家中民族多样性是自然的、神授秩序的一部分，它体现了一种更高级的状态，多民族在一个国家内共存，就是这个国家自由程度的一个标尺，也是它最好的保障。卡莱欧（David P. Calleo）提出，文化多样性不仅是人类进步的关键，也是欧洲所拥有的特定的生命力的关键所在。奥匈帝国解体后众多民族国家的出现改变了自《威斯特伐利亚和约》以来的欧洲地图，是现代欧洲形成的重要标志。欧洲文化多样性主要体现在中东部和东南部地区的众多小民族国家身上。奥匈帝国在政治上和文化上整合了中欧地区，构成了欧洲东南边缘地区与中西欧地区之间的一座桥梁。2004 年和 2007 年中东欧国家加入欧盟在真正意义上体现了欧洲“多样性中的统一”原则，曾作为这一地区超民族概念的政治化身，帝国在多元文化治理上的经验为一战以来欧洲发展提供了重要的历史借鉴，一是欧洲的和平与发展离不开中东欧的稳定，二是帝国民族关系治理与二战后欧洲一体化进程之间存在的一个共同点是实践多元文化共存，从这一意义上看，帝国为现代欧洲的发展留下了珍贵的政治和文化遗产。

第一节　文化自治理论及其实践

一、文化自治理论

在19—20世纪之交，日趋紧张的民族关系成为奥匈帝国政府面临的头等问题。在这种背景下，社会民主党领导人之一的伦纳从帝国中民族关系和矛盾的实际情况出发，在1899年发表了《国家与民族》一文，独辟蹊径地提出和阐述了文化自治理论与模式。该党另一位领导人鲍威尔在1907年发表的《民族问题与社会民主党》一文中也阐述了与伦纳类似的主张，认为民族是文化共同体，把人类分成享有本民族文化财富和自觉地掌握本民族文化的进一步发展的民族自治共同体是国际社会民主党在民族方面的最终目标。[①] 伦纳提出文化自治的目的是为了缓和帝国国内日趋紧张的民族关系，维持帝国的统一，因为在他看来，民族关系的复杂性和矛盾的尖锐性已经对帝国的统一构成了威胁。为了维持帝国统一和稳定，帝国需要在民族关系治理方面找到行之有效的方法。

按照希腊语的意思，自治就是自我管理或自我统治。在现代政治语境中，主要是指一种自我管理的形式，即给予少数民族实质性的权利管理自己的事务。非区域自治（NTA，Non-Teriterial Autonomy）在政治学文献中也称文化自治或功能自治，是指一个族群对其成员的自我管理而不是指对一个区域的治理。由于在民族主义发展和民族国家建立过程中，区域模式普遍被接受，关于非区域模式的讨论相对较少，因此这一理论本身具有一定的创新意义。从历史上看，从14世纪开始，奥斯曼帝国曾用非区域模式治理不同的宗教团体，即米勒特宗教自治制度，希腊东正

① ［奥］鲍威尔："民族问题与社会民主党"，殷叙彝编：《鲍威尔文选》，人民出版社2008年版，第64页。

教、亚美尼亚天主教、犹太人和穆斯林对其宗教和文化事务进行自治。在1764年之前，波兰和立陶宛公国中的犹太人也享有自治权，称为卡哈（Kaha）制度。虽然区域自治模式在伦纳看来是理想的，但他认为这不适合奥匈帝国的实际情况，因为区域模式的逻辑——创造民族同质化单位的目标在帝国中是不能实现的，帝国的实际情况是不管在哪里，总会出现一些少数民族。1897年，奥地利社民党大会上提出了民族运动纲领，在民族关系治理问题上提出了文化自治概念。

伦纳在《民族与国家》文中对这一模式进行了系统的阐述，针对帝国多民族特点提出以部分国家权力下放给地方民族自治机构为特点的民族自我治理。该理论从分析传统的区域自治原则内在的结构性矛盾入手，认为区域治理原则不适合奥匈帝国民族多元化的实际情况，这一原则不能达成民族间的任何妥协和平等，只能制造斗争和压迫，加深帝国中的民族冲突。文化自治模式的核心一方面是强调个人选择民族属性并进行自我治理的个人原则，另一方面是强调帝国政府部分权力转移或下放给民族自治团体，这是文化自治对区域自治的突破所在。按照这一设想，国家职能分成区域性的州县级行政体系和民族自治委员会并行的两套治理体系，以解决多民族帝国的民族问题。其特点主要体现在以下方面：

（一）对传统区域自治的突破

伦纳把文化自治模式的理论出发点定位在对帝国宪法的质疑上。1849年3月，帝国宪法第19章规定，所有民族团体拥有平等权利，每一个团体拥有不可侵犯的保护和培养其民族性与语言的权利。他认为，这一权利只有法人才能承担，因为法人能够在权利受损时提出控告诉求。[①] 由此他认为民族团体要具有法人地位。他对比了近代早期的欧洲宗教战争与族群冲突，如三十年战争，认为地区统治者决定宗教信仰导

---

① Karl Renner, "State and nation", *National Cultural Autonomy and its Contemporary Critics*, Edit. by Ephraim Nimni, Routledge, 2005, p. 22.

致了无数的战争，因此应通过把宗教与地区主权分离的方式解决战争问题。他认为，现代国家的组织原则是区域原则，即地区统治者决定语言使用的权力，区域自治的逻辑就是如果你生活在我的地区，就要服从我的强势，我的法律和我的语言。这意味着强势和权力的不平等，即多数人对少数人的强势、当地人对外来者的强势、殖民者对土著人的强势。[1]在奥匈帝国，实质上是支配和控制的区域原则不能实现民族间妥协和平等，它只能制造斗争和压迫，加深民族冲突。它不是依靠法律来解决矛盾冲突，而是通过强力来决定冲突，不能保障在一个多民族统一的国家中每个民族都享受法律框架内的和睦与平等权利。[2] 它不仅不能解决帝国的问题，而且会导致其解体，匈牙利的例子说明奥匈之间的法律关系并不能增强帝国的凝聚力。[3] 在他看来，解决帝国民族问题的唯一方式是文化自治：国家对地区行使行政管理权，民族委员会管理自己民族的文化事务。

（二）文化自治强调中央政府权力下放和转移，形成两套地方平行治理机构

伦纳认为，民族冲突的实质就是不同民族在国家中争取强势地位的斗争，要缓和这一矛盾就要在一定程度上改变在中央和地方行省间的权力分配方式，特别是在民族矛盾最明显的文化领域，把有些权限由国家向民族共同体转移，即中央政府分离部分权限下放给由民族成员选举产生的民族委员会，其权限运行由宪法做出具体规定。作为法人，民族委员会具有法律赋予的主要负责民族文化、教育和司法事务的权利，并颁布相关法令。从法律上讲，它是权力机构。这样可避免区域治理的一个显著不足：一个区域边界范围内总是有少数族群和族群歧视的倾向。按

① Karl Renner, "State and nation", *National Cultural Autonomy and its Contemporary Critics*, Edit. by Ephraim Nimni, Routledge, 2005, pp. 27 – 28.

② Ibid., p. 28.

③ Ibid., p. 30.

照文化自治模式，即使一个人居住在其他民族占多数的地区，他也可以通过跨区域的具有法人权限的民族自治机构——民族委员会保护自己的利益，民族委员会的管辖权利是覆盖所有民族成员，不限于某一个特定的次区域，因而不是与地域范围相一致的。民族委员会包括国家、区县和社区民族委员会三级垂直部门。当一个地区的文化属于同质性时，其行政和民族文化治理功能就重合；当属于文化异质性时，就建立一个双层治理体系，一个是市政厅的行政管理体系，一个是民族文化管理体系，两个体系并行，并有一个共同的委员会。按照法律规定，各级民族委员会全权负责教育以及其他涉及民族利益的特定问题。权限下发和转移可以从地方层面直接缓和不同族群间的文化权利斗争，达到维持帝国稳定和和睦统一的目标。在民族混居地区，行使国家管理职能的民族自治机构可以在国家和个人之间发挥一种直接的传送带作用。这一模式强调把文化和教育的管理交由民族机构负责，而与各民族都相关的其他事务由国家负责。

（三）这一模式强调“个性原则”

伦纳提出，人的整体性只能根据个性，而不是地域特点来划分。根据这一模式，达到选举年龄的所有公民可自主选择其民族属性，每个民族团体成员不管其居住在什么地区，都有权通过选举组成自己的民族委员会。伦纳认为，长期以来奥匈帝国的民族冲突集中在文化语言领域，通过文化自治可以满足少数民族的文化要求，以缓解民族矛盾对帝国政府造成的压力。民族文化治理职能的分离不仅可以给个人提供加入特定民族共同体的最大选择，又能促进不同民族与国家间的和睦关系。

（四）模式创新和批判

以文化自治把同一族群的成员联系起来，是对传统区域自治思维和结构的突破，强调中央政府部分管理权限和职能转移给地方民族自治机构，从地方开始缓和不同民族在文化权利上的斗争与矛盾。它从一个新视角分析民族关系问题，如个性原则中不再会出现民族同化。国家与民族间的紧张关系被一种它们之间的协议和相互认可所替代。在民族主义发展和民族国家建立过程中，区域模式被普遍接受，关于非区域模式的讨论相对较少，从这一角度看，这一理论本身具有明显的创新意义。其实质是实现国家与民族间的新型关系，以克服两者间矛盾。

伦纳提出文化自治的背景首先与帝国中不同民族间的文化权利斗争密不可分。帝国中不同民族产生是以语言为基础的，不同的语言团体变成了不同的民族。各民族运动都把文化和语言权利作为现实的目标，弱势民族培育和发展民族文化与强势民族推行大一统的治理理念发生冲突，强势民族不愿失去其传统特权与地位，这样强势和弱势民族间的矛盾愈演愈烈。1900 年，旨在缓和捷克人和日耳曼人矛盾的巴德尼语言法令废除后，茨威格曾预言说，一场全面的内战已在奥地利拉开序幕。对这一模式的批判不少，主要集中在以下两点：

第一，忽视了民族平等权利的整体性和不可分割性，主观性强。非区域自治 NTA 模式首先是针对民族间在文化权利上的矛盾和斗争提出的解决方案，认为缓和文化矛盾就可以实现民族和睦相处。正因为如此，NCA 的片面性与主观性明显，实际上帝国民族关系中不仅存在着文化不平等，也存在着经济、政治上的不平等。帝国中民族运动在较长时间里的确把争取语言、文化平等权利作为为主要目标，但是到了后期，文化目标转变成自治和自决的政治目标，所以断定民族运动的目标仅限于语言文化领域具有一定的主观性和片面性。除了列宁提出过反对文化自治模式外，其他一些人也曾对这一模式提出质疑。1908 年，贝奈斯在《奥地利问题和捷克问题》文中提出，在民族属性上应当摒弃人的个性原则，这一模式把地域原则置于次要地位，因而也就把经济问题放到了次要地位。他们把道德利益与经济利益完全割裂开了，根本看不到经济和工业进步同一个地区的经济资源以及该地区思想文化程度之间的紧密联系和相互影响。[①] 多伊奇认为，把“文化”治理从实际生活中脱离出来，是一种乌托邦的设想。文化本身对人们来说只有在其进入人们的日常生活时才有意义。民族暴力悲剧出现的每一步都显示了民族斗争不仅是追求抽象的“文化自治”，也是追求其生活的品质。日耳曼人要保持特权地位，想把波希米亚变成大日耳曼的一部分，把奥匈帝国变成日耳曼人统治的中欧的一部分，他们只能依靠加快对捷克人的同化，以及政治、经济和军事强制来保持民族的现状。[②]

第二，伦纳虽然提出通过文化自治缓和民族矛盾，但其内心中仍有对帝国日耳曼民族传统特权受到斯拉夫民族运动威胁的担心。正如他在《国家与民族》文中一开始就开宗明义地说：“仅仅是在几代人以前，奥地利的日耳曼小资产阶级担任哈布斯堡王朝中遍布各地的公务员，但现在发现自己在帝国中，在匈牙利、加里西亚，甚至瓦茨拉夫王国（捷克）领土上越来越被剥夺更多的权力，越来越被压缩到古老世袭领地的狭小空间中。”[③] 在民族运动过程中，捷克地区民族矛盾和冲突最紧张，也是帝国民族关系中的主要矛盾。在20世纪中后期，两个民族在建立民族语言文化学校上展开过激烈的竞争，以在民族混居地区中争取更多人群认可自己民族的语言文化。伦纳提出个人自主选择民族属性以缓解高度混居地区民族间的紧张关系。但这一原则实际上常会直接反映强势与弱势民族间的关系特点。在一些混居地区，人们的民族属性经常会改变，原因是改变民族属性通常是与经济利益或者其他间接利益有关系。[④] 在实际操作中，出于现实利益的考虑，个人原则背后隐含的意思似乎是支持弱势民族成员改变民族属性，成为强势民族成员，这就变成一种主动

① 转引自［法］德罗兹著，时波译：《民主社会主义1864—1960年》，上海译文出版社1983年版，第123—124页。

② Karl Deutsch, *Nationalism and Social Communication*, The Technology Press of M. I. T., 1953, p. 80.

③ Karl Renner. “State and nation”, *National Cultural Autonomy and its Contemporary Critics*, edit. by Ephraim Nimni, Routledge, 2005, p. 15.

④ ［英］埃里·凯杜里，张明明译：《民族主义》，中央编译出版社2002年版，第119页。

性的同化。如 1906 年布拉格一家捷克语报纸对日耳曼语学校学生登记册的调查发现（只根据登记册上学生的捷克语姓氏判断，与实际情况会有出入），布拉格的日耳曼语学校中捷克学生占到了学生总数的 98%。[①] 捷克学生选择日耳曼语学校就读的主要原因是在帝国的民族关系中日耳曼人具有更强势的政治和社会地位。由此可见，民族属性的变化会受到现实利益的驱动。瑞典史学家林德斯特姆（Fredrick Lindstrom）曾提出，伦纳在早期的著作中就认为哈布斯堡帝国的存在体现着日耳曼人在东南欧的使命，其民族国家的政治概念很多时候是专门针对散居在中欧的日耳曼人的政治解决方案。[②]

NCA 的创新是显而易见的。帝国中各地区民族运动诉求具有内在的相互竞争性，在区域范围内难以实现，区域模式不能解决民族问题，民族混居的复杂性使得政治和民族边界不能达到完全的一致。生于被同化犹太家庭的匈牙利政治家雅西也把文化自治视为解决帝国民族关系问题的有效方法之一。他在早期就注意到帝国的民族关系问题，他认为少数民族有以自己的方式表达其文化的权利，具体方式是少数民族通过建立自己的学校、司法机构实现文化自治，并参与到政府机构中。[③] 1918 年 10 月他在匈牙利卡罗伊（Mihály Károlyi）内阁担任民族事务部长，提出通过给予少数民族集体权利和文化自治的方式保留匈牙利王国，并设计了把帝国改制为“东方瑞士”的具体方案，即建立多瑙河地区的主要由 5 个国家组成的邦联，这一邦联实行统一关税，有统一的军队和共同外交政策。[④] 但只是与乌克兰人的谈判（允诺给予后者自治地位为条件）取得成功，他与斯洛伐克人和罗马尼亚人的谈判最终都没有达成任何结果。

---

① Zsuzsa Gáspár, *Rakousko-Uherská Monarchie*, Praha: Slovart, 2011, s. 263.

② Rainer Baubock, “Political autonomy or cultural minority rights”, *National Cultural Autonomy and its Contemporary Critics*, edit. by Ephraim Nimni, Routledge, 2005, p. 109.

③ Nandor Dreisziger, “Oscar Jazsi: Prophet and Danubian Federalist”, *Hungarian Quarterly*, spring 2006, Vol. 47, Issue 181, pp. 160 – 161.

④ Ibid., p. 163.

二、文化自治模式的现代实践

虽然伦纳的这一设想没有在奥匈帝国大规模展开实施，但却启发了一些东欧国家在民族关系治理中采用这一方法。1920 年，欧洲少数民族大会提出文化自治原则的积极意义。1925 年，爱沙尼亚最早制定和实施了文化自治法规，匈牙利在 1993 年、俄罗斯在 1996 年、罗马尼亚在 2004 年也分别制定和实施了文化自治法规。目前国外学者对这一模式虽有争论，但基本的共识认为区域自治适合于民族成员相对集中的地区，文化自治适合于像罗姆人这样的高度分散的民族。

1925 年，爱沙尼亚制定了具有特色的文化自治法规。爱沙尼亚 1920 年的宪法规定，任何一个有 20 名讲同一种特殊语言的学生的地方，国家需为其建立使用这一语言教学的公立学校。在任何一个少数族群人数超过当地人口 50% 的地区，其语言将作为除爱沙尼亚语以外的地方官方语言。爱沙尼亚制定的《文化自治法》规定，每一个超过 3000 人的族群团体都可选举产生自己的民族文化委员会，并由这一委员会建立文化自治组织（少数民族先编制选民登记册，至少达到少数民族人数的 50%，参选人数必须达到登记选民的 50%）。自治机构负责人由立法机构任命，负责教育、文化、图书馆、剧院、博物馆、体育和青年事务等，同时组织培训和教学等活动。在实践中，委员会和文化自治机构的职能相当于发挥一个权限有限的完全由少数民族代表组成的市政厅的作用，少数民族所在的当地市政部门保留对少数民族成员其他方面的职能管理。1993 年爱沙尼亚对《文化自治法》进行了修订。

匈牙利在 1993 年制定了《少数民族权利法》。一战后，少数民族占匈牙利人口比例为 10.4%，匈牙利成为中东欧地区民族同质化程度最高的国家。[①] 早在 80 年代早期，一些社会团体就开始呼吁制定少数民族

① 根据一些学者（如 Georg Brunner）提出的标准，少数民族人口低于 10% 的民族国家称为同质化民族国家。

法。1990 年，议会通过了少数民族非区域文化自治的议案。1993 年《少数民族权利法》出台前曾广泛征求了国内外多方意见，其中包括西欧和海外的匈牙利人机构，以及捷克斯洛伐克、罗马尼亚、保加利亚、德国等的议会专门委员会以及欧洲委员会等。1997 年开始又对该法案补充修订，2005 年获得议会批准生效。这一法案把少数民族定义为：任何一个在匈牙利居住超过 100 年历史的族群，其成员为匈牙利公民，但拥有自己的语言、文化和传统，具有在历史发展中形成的共同体的利益。据此标准确立了 13 个官方承认的少数民族。① 少数民族的自治机构及其活动，以及由此形成的文化自治是少数民族的基本权利之一。② 法案进一步明确了少数民族自治机构的权利和权限，也对少数民族登记选举做出了规定。在匈牙利，少数民族地方自治机构有三种形式：第一，在少数民族人口占多数的地区，地方管理机构的多数代表都是少数民族代表时，成立单独的少数民族地方自治机构；第二，地方管理机构三分之一的代表是少数民族时，这些代表成立一个地方政府结构框架中的民族自治机构；第三，最普遍的方式是直接选举产生地方少数民族自治机构，在那些少数民族不能建立自治机构的地方，法律允许在地方行政管理机构中有少数民族代表。1994—1995 年，少数民族自治机构有 817 个，1998 年增加到 1364 个，2002 年达到 1842 个，其中罗姆人有 998 个，德国人有 340 个，克罗地亚人有 107 个，斯洛伐克人有 114 个。③ 法案规定的少数民族权利不仅包含一般的个人权利，也包含了包括文化自治的集体权利。匈政府内阁设有国家少数民族事务办公室，1998 年议会成立了常设委员会——人权、少数民族和宗教委员会。匈牙利对少数民族的保

---

① Balazs Dobos, "The Development and Functioning of Cultural Autonomy in Hungary", *Cultural Autonomy in Contemporary Europ*, Edited by David J. Smith and Karl Cordell, Routledge, 2008. p. 130.

② 杨友孙：《欧盟东扩视野下中东欧少数民族保护问题研究》，江西人民出版社 2010 年版，第 110 页。

③ Balazs Dobos, "The Development and Functioning of Cultural Autonomy in Hungary", *Cultural Autonomy in Contemporary Europe*, Edited by David J. Smith and Karl Cordell, Routledge, 2008. p. 131.

护程度在欧洲国家中属于较好的，并因此经常被欧盟、欧安组织等视为典范，匈政府这样的重要原因之一是希望换取周边国家，特别是罗马尼亚和斯洛伐克善待其国内的匈族人，即是一种有条件的保护。

一战后，罗马尼亚成为中东欧少数民族最多的国家，少数民族人口占到总人口的比例近30%。20世纪30年代初开始，罗政府就对少数民族尤其是特兰西瓦尼亚地区的匈族人实施同化政策，强行要求其放弃自身民族传统，造成罗匈两国关系一度紧张。在80年代，罗政府还一度取消了大量匈语学校，严控匈族人出版刊物。剧变后的1991—1996年，罗马尼亚仍然对少数民族采取压制政策，出台了一些与少数民族权利保护的国际协定不一致的法规，如1991年69号法规《地方行政法》对少数民族语言的使用规定了严格的限制措施（这一法规在1997年进行修订），1995年84号法令《教育法》通过歧视性条款规定对少数民族儿童使用母语教学做出了严格限制，在少数民族问题上引起了很大的争议，如法令要求学校教授《罗马尼亚人历史》，而不是《罗马尼亚历史》。[①] 2004年罗马尼亚制定了《少数民族地位法》。它对文化自治定义为：民族共同体在有关民族文化、语言和宗教认同等事务上拥有决定性权利，这一权利通过民族成员选举产生的委员会实施。[②] 法律列举了文化自治委员会可行使的的权利范围，包括：（1）制定有关少数民族母语教育的战略和目标；（2）组织和监督少数民族语言使用和教育发展情况；（3）组织和监督少数民族私立文化教育机构和文化研发机构；（4）建立和管理少数民族自己的出版机构；（5）管理和监督用于保护和发展少数民族文化、语言、宗教等方面特定活动的资金使用情况；（6）任命以少数民族语言教学的私立和公立教育机构的管理人员；（7）提名进入教育部和文化部的少数民族代表；（8）建立用于少数民族文化、科学和学术研究

---

① Chrisopher Decker, "The Use of Cultural Autonomy to Prevent Conflict and Meet the Copenhagen Criteria: The Case of Romania", *Cultural Autonomy in Contemporary Europe*, Edited by David J. Smith and Karl Cordell, Routledge, 2008. p. 104.

② Ibid., p. 108.

的奖励基金；(9) 建立符合法律的特别税收，保障文化自治的运行。在罗马尼亚，宪法规定文化自治委员会直属部级单位领导，以保障其有效行使权利。

从效果看，民族自治机构在保护少数民族利益方面发挥了一定作用，特别是有助于少数民族语言文化发展和教育水平的提高，间接地提高了少数民族成员参与社会的主动性，有助于营造和睦的社会环境。爱沙尼亚在两次世界大战之间的实践证明，非区域模式在一定程度上提高了分散的少数民族地位，如德国人和犹太人。作为对区域自治的补充，近年来关于 NCA 的讨论不仅仅局限在东欧地区，西欧国家也有实行这一模式的呼声。欧安组织少数民族事务高级代表曾表示：人们对 NCA 没有给予足够的重视，欧安组织已着手呼吁把其作为处理少数民族问题的一种方式。多数学者观点认为，文化自治有利于少数民族语言文化的保持与发展，特别是由于它主要通过地方和基层的民族自我组织和民族成员的广泛参与来实现，能够真正反映和满足少数民族的文化需求，容易被接受。对于那些过于分散的或者人数过少的不能行使或追求区域自治的少数民族来说是有用的，但不太适合于较大的人口集中的少数民族，因为他们有能力实行区域自治并愿意把区域自治作为首选。总体上看，东欧国家实行的文化自治和伦纳设计的模式有很多相似之处。

第二节　帝国民族关系治理的影响及案例分析

一、凯勒基的“泛欧”运动政治思想

奥匈帝国政治活动家凯勒基（Richard Coudenhove-Kalergi）是一战后泛欧运动主要发起人，这一运动的核心思想是欧洲联邦主义，这对一战后欧洲联合运动和二战后欧洲一体化的发展起到了积极的推动作用，他被视为“现代欧洲联合思想之父”。

卡勒基泛欧思想的背景是针对一战后欧洲混乱格局提出的。“由于仇恨，欧洲比任何时候更加分崩离析。民族主义甚于以前任何时候，甚至甚于战争期间”，“和平条约并没有在欧洲建立起一种新秩序，反而制造了新的混乱局面”。[①] 与此相反，欧洲周围出现了苏联、英帝国和美国。与这些国家相比，欧洲要显示自身的力量就必须要联合起来。在他看来，建立统一欧洲不是目的，而只是建立一个欧洲文明的未来的框架，统一欧洲是为了挽救欧洲的文明，因为分裂的欧洲将面临灭亡的危险，只有统一能够拯救自从罗马帝国衰亡后处在最危急时刻的欧洲。[②] 泛欧运动强调的原则是：把欧洲联邦作为战后国际性组织中的一个区域性集团，这一国际组织建立在欧洲联邦、英国、美国和苏联之间持久合作的基础上；联邦建立在民主原则基础上；建立欧洲联邦不是欧洲和解，而是欧洲重建，培养真正的超越所有民族对抗的欧洲精神是欧洲联邦最重要的任务之一，必须在每一个欧洲儿童的心中培养欧洲团结的情感，以及对于欧洲伟大的共同历史的骄傲和实现一个伟大的共同未来的骄傲。

他的欧洲联合思想明显受到了奥匈帝国民族关系治理的影响，其设想与奥匈帝国时期雅西、波波维奇等曾提出的奥地利联邦或多瑙河联邦有一定的相似之处。因为在他看来，欧洲联合的出发点仍是首先解决多瑙河地区的民族矛盾，这是事关欧洲和平与发展的优先问题，也是欧洲重建的重要基础。从地域上看，他设想的欧洲联邦局限在欧洲大陆，不包括英联邦和苏联的欧洲部分。在他看来，英国有着不同于大陆国家的地域特点，同时拥有广大的海外殖民地，与欧洲大陆国家的利益有所不同。苏联的欧洲部分是不同于欧洲拉丁文明的野蛮文明。首先，他把建立奥捷和法德联盟作为欧洲合众国的两个区域性支柱，而在民族集中度高的多瑙河地区建立奥地利—捷克联盟又是优先目标：一方面，因为这是该地区民族矛盾中的主要矛盾；另一方面，奥捷又分别是奥匈帝国的

---

① Richard Coudenhove-Kalergi, *Crusade for Pan-Europe*, New York: Putma, 1943, p. 67.

② Ibid., pp. 140 – 141.

市场、金融中心以及工业中心，两者是对东南欧地区经济利益影响最大的两个国家，帝国时期的经济一体化有助于建立两者间联盟关系。奥地利和捷克一旦结成联盟，就可以向北延伸到波兰和波罗的海诸国，向南延伸到巴尔干地区，吸收奥匈帝国解体后新成立的其他国家，包括匈牙利、南斯拉夫和罗马尼亚，建立起多瑙河联邦，然后推动多瑙河联邦向欧洲合众国扩展。如果仅从多瑙河地区的构想看，卡勒基的设想与雅西曾提出的奥匈帝国的改制设想有相似之处，如多元一体的多民族自治联邦国家，所以有学者提出他的设想中隐含着某种恢复多瑙河区域奥匈帝国的本意。这与他有奥匈帝国贵族家庭出身的背景有关。①

从模式上看，他把瑞士联邦作为欧洲合众国的微缩版。他认为，建立统一的欧洲是建立一个欧洲文明的未来的框架，是为了挽救欧洲的文明。位于欧洲中心位置的由 25 个州组成的小联邦国家——瑞士提供的一个现实经验就是：对于日耳曼人、法国人、意大利人来说，和睦相处是完全有可能的，他们被一种兄弟的情感和共同的忠诚联合在一起，没有战争和战争的威胁，没有武力彼此对抗，没有经济对抗和把其分散开来的关税；有共同的市场和共同货币，共同的理念，共同的象征和共同的领导。瑞士的例子说明联邦化的欧洲并非乌托邦，并证明少数民族不必受到压迫，可以和多数群体一样忠诚于国家。为了和平和统一，欧洲需要参照瑞士宪法，用瑞士的原则和机制解决自己的问题。瑞士联邦的成功值得欧洲学习，甚至参照。

从结构来看，欧洲联邦不是瑞士的翻版，但可以遵循其一般原则。比如设立众参两院，众议院由普选产生，参院由每个成员国家派两名代表组成，为保证联邦和民族国家机构的紧密合作，可以考虑参院的两名代表是所有国家的总理和外长。两院选举产生联邦办事机构——7 人组成的联邦委员会中每一人负责特定的方面：外交、军事、财政、商务、内务、司法和交通等。他们之中每年轮流更换担任欧洲合众国主席。设

① 李维："卡勒基'泛欧'联合思想的政治价值观"，《欧洲研究》2012 年第 4 期。

立最高法院。与瑞士确立4种语言为官方语言不同，确定一种联邦公用语言，每个欧洲人都有责任掌握这一除其母语之外的语言，比如英语，由欧洲议会来选择内部公用语言。瑞士宪法规定所有的州都必须是共和制政体，欧洲联邦应该给共和政体和君主立宪政体提供同等的机会，这一点由民众决定。

他提出的瑞士模式也曾被奥匈帝国的其他思想家和政治家所提起，如雅西也认为瑞士可作为奥匈帝国改制的参考，马萨里克认为瑞士模式可作为捷克民族国家的典范。如果回顾奥匈帝国民族运动发展过程，可以说卡勒基的“泛欧”运动政治思想与帝国时期的民族运动思想有着紧密的联系。作为帝国贵族家庭出身的卡勒基在一定程度上留恋帝国的辉煌，所以他提出欧洲联邦允许君主立宪制国家加入。李维认为，“泛欧”思想在本质上与西欧的自由民主制有区别，他设想的超民族国家是对解体后的奥匈帝国的怀念。其积极意义在于促进了两次世界大战时期欧洲联合思想从一种乌托邦设想发展成为西欧国家具体的外交实践，最终使欧洲观念的发展实现了质的飞跃。①

泛欧洲运动思想在战后极端民族主义思想仍然泛滥的背景下给欧洲人带来了新的思潮，得到了当时许多政治家和思想家的支持。“泛欧”运动思想在一定程度上是奥匈帝国时期曾被多次提出过的多瑙河联邦设想的扩大版，即在首先实现多瑙河流域统一稳定的基础上，扩展到中欧与西欧的联合。

二、马萨里克的“新欧洲”思想

柏拉图的民主思想和卢梭的人文思想对马萨里克产生了极大影响，他的“新欧洲”思想包括两条主线，一是民主，二是民主国家联合体，两者是一战后建设新欧洲的基础。柏拉图是他民主治国思想的来源，卢梭是其人文中心主义理念的源头。

---

① 李维：“卡勒基‘泛欧’联合思想的政治价值观”，《欧洲研究》2012年第4期。

他把民主视为一种普适性的道德原则，提出民主是政府理想的模式，把民主视为“好国家”的同义词。他认为民主的基础是科学，不是神学，民主的本质是人与人的协调一致、容忍、爱和人性。民主意味着必须从政治和社会上废除统治与被统治的隶属关系，公民不分民族区别，均应享有议会民主、自由与和平，实行民主自治，自由民主制度要建设在法律和法治基础上。他认为民主国家应由具有道德水准和哲学思想的人来治理，民主的基础在于人民或民众的权威，人民是国家一切权力的源泉。民主国家不是建立在神授权利和教会基础上，而是建立在人民和人道精神的基础上，这不是统治者的政府，而是所有人为所有人服务的政府。民主的理想是人民直接治理。但是由于民族和国家的规模不一样，民主只能通过普选确立议会代表制来实现间接民主，但议会和政府的权限来自于选民代表。在奥匈帝国，即使是国家铁路公司中最低级的官员也会对民众摆架子，但在真正的民主体制下，即使最高的官员也是自由公民，是为人民工作的民众之一。[①] 科学史和历史哲学为现代政治家建设民主机制指引了方向，尽责任的和追求民主的政治家应用哲学来思考问题。他承认民主也有缺陷，人们要不断地通过头脑和心灵的革命来改良和完善民主。在他眼中，卢梭所思考的就是人民的真正意愿，真正的人民意志是没有错误的和可靠的。

他强调政治的人文主义道德价值观。他认为，从历史演进的一开始国家就依靠教会的道德合法性，这是神权政治合法性的根源所在，战后神权政治开始向民主政治转变，在这一过程中建立政治体系中的人文主义道德价值具有重要意义，他把公民教育、道德、思想水平的提高视为广义范畴的民主内容——他称之为“非政治的政治”，是实施民主政治的重要道德基础。道德价值观主要是通过教育来培育每个公民的正直和仁爱，如果公民缺乏这种道德价值观，即使有宪法、议会、行政机构、

---

① Tomas G. Masaryk, *The Making of a State: Memories and Observations 1914—1918*, London: Geoge Allen & Unwin Ltd., 1927, pp. 391, 393.

警察和军队的存在也难以保障民主政治的实施，没有人文主义道德价值观的根基国家难以繁荣。既不能忽视国家政权的外在合法性，但也不能将其神化或崇拜国家权力。

把民主与人文主义的道德价值结合起来具有重要意义。在他看来，人文主义是民主的基础，民主是人文主义的政治形式，基于人文主义之上的人的民主意识是政治制度的最佳守护者。他举捷克为例，认为人文主义是“捷克历史的核心，过去、现在和未来之间的纽带”。14 世纪初到 18 世纪末捷克民族历史发展的突出特点是追求仁爱、和平的宗教和道德理念，具体说就是对基督教的忠诚，这是捷克民族宗教和道德的本质。他反对革命和民族激进主义，主张通过改良来促进社会的变革。他认为所有政治的根基是人文主义的道德价值观，反映在国际关系上，这一价值观具有反对暴力和侵略的积极意义。①

他反对国家和宗教的专制主义。在他看来，反对专制是经历了一系列的宗教、社会和政治革命的现代民主进程的主要特点。他认为即使在罗马时代专制也仅限于战争时期，因为在战争时期一个领导胜于多个领导。共和体制也只是一种形式，民主才是本质，共和的形式并不能保障民主的实质，就好像制定一部好宪法容易，但执行好宪法并不容易一样。② 他提出，胡斯宗教改革就是反对神权专制的民主革命，虽然失败了但不证明其原则是错误的。它奠定了捷克历史发展的民主根基，运动倡导的反对国家或教会使用任何暴力的道德理念超越了欧洲其他地区的宗教改革。③

他用这种民主观来看待战后欧洲建设，提出要建设由民主国家组成的“新欧洲”理念，对战后的国际关系产生过一定的影响。第一，他认为人类历史是不断朝着更加人文主义的方向发展的过程。历史从来都是

---

① Tomas G. Masaryk, *The Making of a State: Memories and Observations 1914—1918*, London: Geoge Allen & Unwin Ltd., 1927, p. 409.

② Ibid., pp. 418 – 419.

③ Ibid., p. 438.

信仰和非信仰之间的斗争，宗教是个人和社会生活的要素，时代要求新的宗教，但是社会运动、民主、议会主义、激进主义和革命如何能够适应历史的基本特点是战后欧洲国家面临的共同问题。他认为，哈布斯堡王朝、奥斯曼帝国解体以及德意志帝国在一战中的失败是因为它们没有道德的合法性，已经化身为民主体制的人类社会追求自由和人道的斗争必须要继续下去。在他看来，欧洲战后初期阶段是“在神权（欧洲天主教和东正教）政治和民主政治之间的过渡阶段”，神权政治和民主政治之间的差别在于他所称之为“权威问题”的解决上，神权政体权威来自于宗教、上帝和神学启示，民主政体的权威来自于大众、仁爱、文明进步等，建立民主就是去神权政治和反神权政治。① 在他看来，历史不是走向一致性，而是走向多样性。历史可以是整合的进程，也可以是分离的进程，但多样性而不是一致性才是它的方向。第二，新欧洲是民主化的欧洲。他在写于1917年的《新欧洲——斯拉夫人的立场》一书中提出了构建战后欧洲民主价值观的理念，这一观点受到了当时欧洲政治家的关注。他提出，战后欧洲建设的中心是民主化建设，达到民主化的根本前提是根据理性人文主义和天主教精神构建民族的道德教育。他认为民主价值观及其实施不仅符合国内利益，也符合国际利益。他提出是耶稣而不是恺撒才是民主欧洲的口号。他在把建设和巩固民主作为捷克斯洛克政府施政首要任务的同时，在国际关系问题上，提出国家间民主合作对于当时欧洲的稳定与和平具有重要意义，只有欧洲国家普遍的民主化才能保障欧洲的和平与稳定。他的这一建立在民主合作基础上的“新欧洲”概念曾得到了当时不少欧洲政治家和思想家的高度赞同。针对战后新独立的中东欧国家，他提出构建作为民主国家联合体的中欧合作机制，但是由于多数中东欧其他国家后来出现了集权政体，这一设想未能实现。

---

① Josette Baer, “The Conception of Europe in the Political Thought of T. G. Masaryk and Vaclav Havel”, *Stuides in East European Thought*, Vol. 52, No. 3 (Sep. 2000), p. 220.

沃森称他是胡斯精神以及18世纪捷克民族复兴精神的真正继承人，是一个以思想家成就的政治家。他主张推进建设性的和规范性的民主机制，培养一个热爱和平并能与所有其他民族和睦相处的民族，建设一个言论和思想自由的以及一个时刻警惕保护自由的国家。[①] 他对包括捷克人和斯洛伐克人在内的斯拉夫历史、宗教、文化，以及欧洲国际关系等有着独特的研究和见解，这些奠定了他在1918—1935年担任总统期间，着力民主机制建设，使捷克斯洛伐克成为一个倡导社会和宗教平等、重视公民教育的国家，以及当时东欧地区唯一的民主孤岛。他的政治思想影响着这个中欧国家的社会和政治发展。1991年成立的维谢格拉德集团（1994年成为中欧四国集团）可视为对马萨里克设想的实践。有人认为这一集团有奥匈帝国缩小版的影子。它是欧盟中唯一一个由成员国组成的次区域合作组织，成立了中欧自贸区，其实际功能在入盟后被欧洲统一市场所覆盖，因此从理论上讲四国集团没有存在的实际意义。但中欧四国仍然强调该集团在加强彼此合作和共同应对未来挑战方面的重要性，这可以理解为是四国意在更多地依靠自身力量加强自己在欧盟中的影响。从更深层次来看，他们这样做也许更多的是意在从历史和发展角度凸显一种中欧价值观，即中欧国家的历史发展和民主建设对于欧洲和平与发展的积极意义。

三、弱势或少数民族的心理恐惧情结

哈布斯堡王朝统治时期强势民族对待弱势族群的做法对帝国解体后中东欧地区民族关系的发展产生了直接的影响，也是造成这一地区不稳定的根源之一。帝国在民族关系治理上给众多小民族留下的痛苦回忆就是小民族或弱势民族总是要受到大民族或强势民族的压迫和不公平待遇，如日耳曼人对捷克人、克罗地亚人，马扎尔人对斯洛伐克人、罗马尼亚人。即使是一战后新成立的中东欧国家中每个民族仍具有一种产生于帝

---

① R. W. Seton-Watson, "Expresident Masaryk", *Spectator*, 1937. 09. 17, p. 458.

国时期的对作为弱势或少数民族的恐惧情结，这导致了20世纪以来在一些国家，如捷克斯洛伐克和南斯拉夫民族矛盾持续恶化并造成了联邦国家再次解体。

帝国中每个民族都有一种对作为少数或弱势民族的心理畏惧。1848年6月在布拉格召开的第一次斯拉夫大会上，帕拉斯基提出“奥地利斯拉夫主义”的重要考虑是在这一国家中，斯拉夫人可以占据多数。同时他也提出了捷克地区自治要求，即捷克历史王国的三部分（波希米亚、摩拉维亚、西里西亚）重新统一。但帝国拒绝给予捷克人自治地位的重要考虑之一也是在捷克地区生活着占当地人口三分之一的日耳曼人，他们坚定支持奥地利作为一个中央集权国家存在，这样在帝国中他们就可以在人口数量和比例上都超过捷克人。在民族运动发展过程中，两个民族都不承认对方政治要求的合法性，捷克人采取的措施是缺席议会或阻挠议会议案的政策，在布拉格省级议会上日耳曼人也采取类似方式来对抗。

1848年5月，在法兰克福召开的日耳曼邦联国民议会在波兰自治问题上也遇到了一个同样棘手的问题，普属波兰地区的波兰人提出自治要求，但这里同样生活着少数日耳曼人，如果这一地区自治，这些日耳曼人将生活在一个由波兰人控制的地方政府统治之下。出于同样考虑，法兰克福议会极力反对波兰人提出的自治要求。① 由此可见，即使帝国中的日耳曼人也有一种避免成为某个地区少数民族的心理畏惧。匈牙利拒绝给予斯洛伐克和特兰西瓦尼亚的罗马尼亚人自治地位，也是因为当地生活着占人口比例较小的匈族人。鲍里（Bruce F. Pauley）曾指出，在民族区域自治基础上的联邦化改造也许可以满足弱势民族的要求并保证帝国的生存，但这个方案忽略了民族混居的现实问题，很少有地方属于单一民族或者是民族同质化的地区，任何自治区域都会出现很多少数民族，如捷克地区实行自治，那么该地区的日耳曼人就会成为在人数上较少的少数民族，而他们再要求自治时就会对作为行省单位的捷克王国的地域

① ［英］埃里·凯杜里，张明明译：《民族主义》，中央编译出版社2002年版，第108页。

造成一种分割，这对捷克人来说是难以接受的。[①]

少数或弱势民族地位对于帝国中的各民族来说具有历史和现实的警示意义。对中东欧多数民族来讲，历史发展中得出的重要教训之一是如果在一个政治共同体中不能占据多数，就容易受到其他强势民族的压迫和歧视，主要是散居于中东欧各地的日耳曼人。中东欧的日耳曼人多数是中世纪早期向东征服的骑士阶层的后裔，他们作为殖民者逐步在中欧延续并定居下来，并给这一地区带来了先进技艺和产品。在 19 世纪，分散的德国拓居地从芬兰湾到波罗的海向下扩展到亚得里亚海，从波希米亚山脉扩展到俄罗斯大草原，[②] 在同斯拉夫人的长期交往中形成了对于后者的强势地位，并极力维持其强势传统。这是日耳曼人和斯拉夫人之间冲突根源之所在：一个是要维持强势地位和利益，一个是要争取平等地位和权利。

多伊奇曾用一个罗马奴隶的故事来比喻中东欧的民族关系，意思是说一个奴隶获得自由后，有人问他首先要做什么，他回答是给自己买一个奴隶。多伊奇认为，一个少数民族建立了由其成员占统治地位的民族国家，它也很可能蔑视、压迫和歧视某一个比它还要小的少数民族，或甚至一个人口多但力量弱的少数民族。中东欧的某些民族主义者也是一样，他们对任何压迫自己民族的行为十分愤慨，但又热切地寻求对其他民族的压迫。特权和压迫的习惯在他们的头脑里，同在罗马奴隶头脑里一样，已经根深蒂固。[③] 奥匈帝国统治的中东欧地区是欧洲少数民族最集中和最多的地区。这一地区经济和社会的发展有别于西欧地区，特别是族群经过民族运动转变为现代民族的过程具有自己的特点。这些少数民族自中世纪以来就在哈布斯堡王朝统治下，一直到 1918 年一战结束，多数民族才建立起自己的民族国家。这些民族国家中，除了匈牙利以外，

---

① Bruce F. Pauley, *The Habsburg Legacy 1867—1939*, Robert E. Krieger Publishing co., INC. 1977.

② ［英］埃里·凯杜里，张明明译：《民族主义》，中央编译出版社 2002 年版，第 107 页。

③ ［美］卡尔·多伊奇，周启明译：《国际关系分析》，世界知识出版社 1992 年版，第 103—104 页。

其他绝大多数国家仍然面临着少数民族问题，民族关系的尖锐性多数时候不亚于帝国统治时期，如捷德苏台德问题、罗匈之间的特兰西瓦尼亚问题，以及南部斯拉夫民族问题等都曾经反复诉诸武力和炮火，直接影响到欧洲地区安全。民族间的不和与仇恨像木马一样在这一地区的不同民族间旋转。

哈布斯堡君主国对待少数民族的做法给其后继国家留下了消极的遗产，这些后继国家的领导人以一种君主国曾经对待他们的方式来对待他们的少数民族，为中东欧地区民族关系的持续紧张带来了隐患。民族关系是决定中东欧政治地图变化的决定性因素，其演变趋势是从地域广阔的多民族帝国逐步变为地域有限的民族国家，如 20 世纪 90 年代捷克斯洛伐克和南斯拉夫的分裂，其中反映的正是弱势民族不断追求主导地位的过程。

四、捷克斯洛伐克的案例

多民族国家中的民族关系有时比多民族帝国中的民族关系更加复杂。捷克斯洛伐克联邦中两个主要民族间关系的演变很具有说服力。凯杜里（Elie Kedourie）认为，在一个民族国家由于多民族存在而产生的问题比在一个多民族帝国要尖锐得多。帝国政府通常会较平等地考虑混居地区的各民族，而在一个民族国家中，其他民族更容易被排斥，或被视为国家中的外来群体。德国的民族主义者宣称，欧洲所有日耳曼人应属于一个民族国家。实现这一方案的一种可能是占领日耳曼人生活的所有土地，并将其并入日耳曼帝国。另一种可能是将所有日耳曼人从他们作为少数民族定居的土地上驱入严格意义上的德国。在现代史上，这两种方式均已被尝试并产生了恐怖的后果。[①] 1938 年德国侵占苏台德和 1945 年捷克斯洛伐克驱逐苏台德地区的日耳曼人正是这两种方式的现实验证。[②] 二

① ［英］埃里·凯杜里，张明明译：《民族主义》，中央编译出版社 2002 年版，第 121—122 页。

② 1945 年 8 月苏美英三国签署的《波茨坦协议》第 12 章包含了将波兰、捷克斯洛伐克和匈牙利的日耳曼人逐回德国的相关内容。

战后，斯洛伐克地区大量的马扎尔人也遭到了被驱逐的命运。在1945年中，贝奈斯临时政府就制定了相关的没收日耳曼和马扎尔人财产的总统令。①

从奥匈帝国的实际情况看，斯洛伐克、罗马尼亚等民族通常也采取向奥皇递交请愿书的方式表达其政治或民族诉求，这也是一种争取平等民族地位的间接方式。在帝国中弱势民族看来，奥皇至少代表着一定程度上的公正，他们仍有向其表达诉求的机会，不管诉求是否能实现。与此相反，在民族国家中，弱势民族则失去了这种表达诉求的间接渠道，长期受到压制的不满或仇恨情绪在合适的环境下易于发泄。

哈布斯堡王朝解体后的中东欧地区出现的多民族国家的情况正是如此。帝国时期的从属民族建立了本民族主导的独立国家后有时对其他少数民族在政治权益分配上采取更不宽容的政策，正因有过帝国治下受到不平等待遇的切身经历，前者对其他民族提出的平等要求会更具戒备，强势民族常通过政策或对资源的支配在政治、经济或社会发展上获得更大的利益，造成民族间新的不平等。多伊奇说，一个民族成功地建立起自己的民族国家后马上会面临新问题：这个民族在赋予其民族成员强势或主导的社会地位与关系上越是成功，它就越害怕其他民族提出的政治要求。② 捷克斯洛伐克的民族问题也是如此。

在18世纪后期开始的捷克民族复兴时期，关于捷克人和斯洛伐克人是同一个民族还是两个民族的问题就曾被讨论过。捷克思想家多布罗夫斯基（Josef Dobrovský）较早提出了波希米亚、摩拉维亚、斯洛伐克和西里西亚四地都是捷克地区一部分的观点。19世纪，捷克史学家布拉扎克

---

① 1945年第5号总统令：关于确定接管日耳曼人、匈牙利人、叛徒、通敌分子及一些机构财产（1945年5月19日），Karel Jech（ed.），Dekrety prezidenta republiky，Brno：Doplněk，ss. 216－222. 1945年第12号总统令：关于没收和加快划分日耳曼人、匈牙利人以及作为捷克和斯洛伐克民族其他叛徒和敌人的农业财产（1945年6月21日），Karel Jech（ed.），Dekrety prezidenta republiky，Brno：Doplněk，ss. 276－281。

② Karl Duetsch，*Nationalism and Social Communication*，New York and London：Technology Press of Massachusetts Institute of Technology，1953，p. 79.

（Jiří Pražák）提出了这一地区共同族群认同——捷克斯洛伐克人的表述，认为这一地区的居民讲同一种语言，拥有共同历史传统和文化。斯洛伐克思想家科拉尔提出，捷克人是捷克斯拉夫的树干，摩拉维亚、西里西亚和斯洛伐克都是树枝。但是另一种观点主要强调捷克人和斯洛伐克人之间在语言、宗教信仰上的差异性，认为捷克人在16—17世纪初具有深厚的新教传统，这与多数斯洛伐克人信仰的天主教有所不同。

两个民族虽同属西斯拉夫民族，但历史发展有很大差异，即长期分别受哈布斯堡日耳曼人和匈牙利人统治，前者经济和社会发达程度高于后者。奥匈帝国解体后，两者组成一个联邦制国家。马萨里克是建立联邦的主要倡导者。他认为，斯洛伐克人是捷克人的一部分，这是建立独立的捷克斯洛伐克纲领的根源，尽管两者间在语言上存在一定的差别，但两个民族都相互听得懂，不存在语言问题，两者统一符合双方利益。[①] 按照最初的设计，捷克人和斯洛伐克人共同建立一个国家对双方都有好处。对捷克人来说，其在多民族国家中占据了多数地位，而斯洛伐克人保留了长期以来一直受到持续威胁的民族认同。宪法规定斯洛伐克人拥有平等的选举权，民族语言和文化得到保护和发展。1918年捷克斯洛伐克共和国成立后，在民族治理实践上，捷克人也同样体现了自己的强势民族特点，在民族认定上，联邦国家成立之初，政府大力宣传捷克斯洛伐克主义的国家理念，淡化斯洛伐克的民族性，反对斯洛伐克提出的自治要求，并限制斯洛伐克地方议会权限。基于两地不同社会经济发展水平，捷克人在国家行政管理、公共服务和司法体系中占据了相对的主导地位，斯洛伐克人没有完全享有管理本地区事务的权利，两个民族间的矛盾逐步显现出来。

20世纪20年代初，捷政府认为落后的斯洛伐克需要实行经济社会加速发展战略，而斯洛伐克人才短缺，因而派遣了大量捷克官员以及教

---

① Thomas G. Masaryk, "Selectiona from Writing and Speeches", *Slanovic and East European Review*, Vol. 13, No. 39, Apr. 1935.

师、医生、律师、警察、技术工人等到斯洛伐克工作，垄断了斯洛伐克地区的许多重要职位，使斯洛伐克人产生不满。根据1910年匈牙利人口统计，当年只有7556个捷克人在斯洛伐克，1921年这一数字增加到71733人（在捷克地区只有15630个斯人）。1930年斯洛伐克地区的捷克人达到了120926。[①] 从数字来看，1919年的联邦内阁17名部长中有2名斯洛伐克人，在254名联邦议员中有40名斯洛伐克人。[②] 在20年代，联邦国防部1300名公务员中有6名斯洛伐克人，军队131名上将中有1名斯洛伐克人，联邦教育部417名公务员中有4名斯洛伐克人。在斯洛伐克教育部中，有94名捷克人，68名斯洛伐克人。两个民族在联邦机构人员构成中的落差使得越来越多的斯洛伐克人对于捷克人的优势地位感到不满，认为在新民族国家中其地位并未改善，只是所从属的对象由马扎尔人变为了捷克人。

另外，从经济发展看，因面临捷克地区发达工业的竞争，斯洛伐克的经济发展环境更加不利。在20世纪20年代，就有260多家斯洛伐克企业主要因捷克企业的竞争而倒闭，在30年代，斯洛伐克又有680家重工业企业关门。在1919—1927年农业现代化过程中，中央政府把95.1%的财政投入用于捷克地区，仅有4.3%用于斯洛伐克地区；同期，捷克地区土地改良面积达到了87263公顷，斯洛伐克地区仅有9323公顷。农业现代化的结果是捷克地区31.7%的农业企业实现了电气化，斯洛伐克的比例仅有1.9%。[③] 两地经济发展的不平衡及两个民族间的复杂关系导致了以具有民粹主义色彩、宣传民族利益的斯洛伐克人民党在斯地区赢得了越来越多的选民支持。捷克人不愿意兑现给予斯洛伐克人自治地位许诺的原因在于他们也担心其他民族，如日耳曼人、乌克兰人或马扎尔人也提出相同的权利要求。这种心态与帝国时期的强势民族对待

---

① Ladislav Holy, *The little Czech and Great Czech Nation*, Cambridge University Press, 1996, p. 99.

② Ibid.

③ Stanislav Kirschbaun, *A History of Slovakia-The Struggle for Survival*, Hampshire: Palgrave Macmillan, 2005, p. 173.

其他弱势民族的心态非常相似。

二战后，两个地区间的民族关系有所缓解，但斯洛伐克人仍处在劣势地位。坚持捷克斯洛伐克主义的捷克政治家仍漠视斯洛伐克的政治诉求，1945 年贝奈斯领导的捷克斯洛伐克民族社会党起草了一份名为《斯洛伐克备忘录》（Memorandum on Slovakia）的内部报告，[①] 报告提出了对斯洛伐克人采取的两种同化方式：一是通过教会实现对“斯洛伐克人的精神同化”；二是通过经济、政治、军事和民族政策等实现“强制同化”。其中的一些政策在 1948 年捷共上台后被付诸实施。[②] 这主要体现在两方面，一是在经济上实施不利于斯洛伐克产业结构优化的经济政策。在 20 世纪 50—60 年代，捷共希望通过加速发展工业化来缓解两地间差距，在产业布局上，政府把多数初级原材料加工、冶金、化工等高污染企业以及军工企业集中建在斯洛伐克，使得该地产业结构失调，农业生产停滞不前，对该地区经济社会协调发展产生了不利影响。该地区并没有从加速战略中获得明显的好处，两地间差异性的经济政策使得捷克的经济发展比斯洛伐克更快，两地之间的差距不断扩大，斯洛伐克地区失业率长期率居高不下，很多斯洛伐克人只能到捷克地区寻求技能要求低的工作。

在政治上，捷克人的通常做法是削弱斯洛伐克自治权限，使其在国家政治生活中的地位不断下降，以维持对斯洛伐克的强势地位。1968 年 6 月，捷克斯洛伐克国民议会第一次批准了由两个社会主义共和国组成的联邦国家法案，从宪法角度确立了两个民族间的平等关系，同时宪法规定两个民族国家拥有退出联邦的自决权利。但在联邦与共和国政府的权限分配上，两个政府间出现了很大的分歧，斯洛伐克希望压缩联邦权力，扩大两个共和国的权力；捷克则相反。最终，国防、外交、计划、财政、外贸等职能都归联邦政府，两个共和国政府的权限与职能相对有限，捷克人通过在联邦政府中占据主要位置和控制多数权力的方式继续

---

① 1968 年 3 月 29 日，斯洛伐克《真理报》首次刊登备忘录全文。

② Stanislav Kirschbaun, *A History of Slovakia-The Struggle for Survival*, Hampshire: Palgrave Macmillan, 2005, p. 228.

保持强势地位。斯洛伐克人追求自治的目标在联邦框架中仍无法完全实现。霍利认为，从1918年建国以来捷克斯洛伐克政府民族政策的出发点实质上也是把捷克人视为主导民族，同样体现着一个曾经的从属民族不断追求主导地位的特点。①

一战后，南斯拉夫塞、克两个民族间也存在着与捷、斯民族间类似的不平等状况。奥匈所属的克罗地亚和斯洛文尼亚在一战后曾主张以民主方式实现与塞尔维亚王国的统一，建立一个民主制共和国，但塞尔维亚坚持君主制，如前两者坚持民主制而不能尽快与塞尔维亚统一的话，它们即使独立也会按照战败国对待，于是前者按照塞尔维亚的意愿统一于后者。但统一后在民族联邦国家中克、斯在政治、经济和文化上都不能取得与塞尔维亚平等的地位，加上宗教和语言差异，新的民族矛盾代替了旧的民族矛盾。尽管联邦政府承认各种族间存在差别，但1921年宪法规定南斯拉夫只有一个民族。在联邦国家中，作为南斯拉夫最大的民族——塞族人在政治上占据了绝对统治地位。在1918—1929年的南联邦24届政府中，塞族人任总理的占97%，任国防部长的占100%，任内务部长的占92%，任外长的占83%，任司法部长的占87%。直至1941年前夕，军官团主要由塞族人组成，1941年时，在165名军官中，有161名是塞族人（包括黑山人），2名克罗地亚人和2名斯洛文尼亚人。② 克罗地亚等其他民族受到压制。1934年克罗地亚获得了部分自治权，国防、外交、商业和交通等职权归属中央政府。

内部民族矛盾的恶化导致了捷克斯洛伐克和南斯拉夫联邦在20世纪90年代相继解体。19世纪的民族启蒙运动与20世纪90年代的民族国家分裂有一定的可比性。首先，发生的共同社会背景是社会关系出现新的变化。前者发生的背景是旧的社会制度出现危机、社会关系结构弱化、需要构建新的集体认同。后者的背景是计划经济崩溃和社会制度转型，

---

① Ladislav Holy, *The little Czech and Great Czech Nation*, Cambridge University Press, 1996, p. 112.

② 孔寒冰：《东欧史》，上海人民出版社2010年版，第202页。

旧的社会关系消失后，社会上存在普遍的不确定性，这时民族主义思潮承担起社会整合者的角色。第二，以不平等关系为突出特点的民族间利益冲突是民族运动发生的根本原因。前者的不平等体现在政治、经济、文化等各方面，是从属民族对抗统治民族、争取完全的民族平等权利的斗争；后者的不平等主要集中在政治权利分配上，主导民族掌握更多的权利致使其他民族处在相对的不利地位而产生了民族间隔阂分歧。

不同点在于：第一，19 世纪民族运动是民族构建的过程和载体，把实现民族认同作为目标。在运动早期，从属民族成员通常没有公民社会中的任何政治经验，他们很少能提出现代意义上的社会和人权要求，“自由”对于捷克或斯洛伐克的农民来讲是取消封建压迫和拥有自己土地的权利，而不是言论自由或议会选举。20 世纪 90 年代在捷克斯洛伐克或南斯拉夫联邦中的少数民族已具备了丰富的政治经验，他们把“自由”主要视为对政治压迫的反抗，争取恢复其民族完整的政治权利和独立存在形式。第二，社会结构上存在区别。19 世纪民族运动的主要发起者是小知识分子，在较长时期里他们的目标是争取自治地位，争取在统治民族政治精英建立的社会结构中占据一席之地，最终用了约半个世纪的时间建立起民族国家，具有自下而上发展的特点。20 世纪 90 年代民族运动是自上而下主要由上层政治精英发起和推动，这些精英在短时间内实现了国家独立的政治目标，这与 20 世纪 90 年代初中东欧经历的欧洲历史上绝无仅有的剧变环境有关系，如短期内经济急剧下滑、上层权力结构一定程度上的混乱和真空等。捷克斯洛伐克与南斯拉夫解体的突出共同点是不平等民族关系导致的民族矛盾长期受压制，剧变后新政治环境为民族主义提供了释放渠道。第三，受内外部因素影响的强度不同。前者是在不断培养族群民族认同的过程中逐步发展起来，具有不断加速的特点，并且与民族统一运动交错。在现代社会发达媒体的强作用下，后者发展快、进程短，并受到了区域外大国的影响。

从民族心理上讲，没有一个民族愿意接受不平等或承认落后。哈耶克在谈到一战后东南欧地区经济发展时说，这一地区聚集着众多的小民族，它们中每一个都相信自己胜于其他民族，如果自己提出的权利要求被列入较低等级，它就会诉诸武力或者转向那些决定其命运的强国发泄仇恨。[①] 在1925年出版的《哈布斯堡帝国解体》一书中，雅西提醒中东欧政治家避免过度的中央集权政策、官僚化和追求国家专制，呼吁重视公民教育和培育民众间的宽容。他特别提醒小协约国（捷克斯洛伐克、罗马尼亚和南斯拉夫）的政治家重视吸取哈布斯堡帝国的教训，不然它们也会面临同样的命运。1934年他访问东欧后，认为这里的民族问题并没有得到解决，甚至在捷克斯洛伐克他也看到了不断增强的民族主义情绪，罗马尼亚和南斯拉夫的情况更严重，专制盛行，少数民族甚至被剥夺了抱怨其境遇的机会。他认为如果不进行根本的改革解决民族问题，那么“将出现新的战争”。[②]

捷克斯洛伐克与南斯拉夫的类似情况证明了政策在处理民族关系中的重要作用。两国政策存在一个共同点：在不同民族的政治、经济发展权利上，国家政策较多地向某个民族倾斜，造成民族矛盾激化。宁骚认为，这一政策的实质是制度性价值的再分配，它包括政治权利、生产资料、社会福利与财富、文化知识等有形或无形的事物，民族关系中制度性价值分配不平衡更容易引发民族矛盾。通常，民族国家内部族体间已存在客观的结构性差异，如在地域、自然禀赋、语言、文化上的差异，若再加上政策导向的价值不均衡分配，不同民族从社会经济发展中获益程度不同，造成族体间不平等，较低等级的族体会产生受到剥夺的心理，它们必然要求公共权力机构对现行价值分配制度和政策做某种程度的修改，当这种期望受挫时，冲突就是不可避免的。[③] 在捷克斯洛伐克、南斯拉夫，这种政策不均衡分配是引发民族国家内民族间矛盾的重要原因。

---

① ［英］哈耶克，王明毅、冯兴元等译：《通往奴役之路》，中国社会科学出版社1997年版，第215页。

② Nandor Dreisziger, “Oscar Jazsi: Prophet and Danubian Federalist”, *Hungarian Quarterly*, Spring 2006, Vol. 47, Issue 181, p. 160.

③ 宁骚：《民族与国家——民族关系与民族政策的国际比较》，北京大学出版社1995年版，第202—203页。

捷克学者多莱扎在《捷克民族理念中的敌人》一文中提出，中欧近150年的历史就是一系列民族自我主义胜利的历史，其中的参与者不断变换压迫者和牺牲者的角色。[①] 这种民族关系的特点也正是从哈布斯堡王朝沿袭而来：强势民族与弱势民族间的不平等关系导致的共同结果是帝国的解体和民族联邦国家的分裂，不同的是前者发生在专制体制下，后者发生在民主共和的现代联邦体制中。这说明保障民族平等发展权利是处理民族关系的基石。在多数多民族国家中民族间都存在客观的结构性不平衡，如历史发展、资源分布、经济结构布局等，非主体民族或少数民族在经济发展过程中总是面临被边缘化的危险，由此会产生主观上对主体民族的不满，认为受到了不平等待遇。这与全球化过程中发达国家与发展中国家从中受益程度不同是一样的道理，奥匈帝国工业化过程中东西部之间的差距也不断扩大。结构性不平衡是造成非主体民族边缘化的重要因素，这种情况下，国家采取积极的政策性平衡政策，来缓解民族或地区间差距是必要和重要的。波普提出，民族主义的核心是少数民族应得到特别照顾，满足他们教育、语言和宗教方面的需求。[②]

捷克斯洛伐克和南斯拉夫的案例证明了东欧政治地图的一种规律：虽然族群分布和地域划分像万花筒一样不断变化，但总的趋势是沿着王朝—帝国—联邦—民族国家的轨迹朝着更小的政治体发展。这一过程中体现出来的民族关系就是从属民族不断追求主导地位的过程。以斯洛伐克人为例，1867年以前，他们占到哈布斯堡王朝人口的3.9%，1867年以后占到匈牙利人口9.4%，1919年后占到捷克斯洛伐克人口16%，1993年建立独立国家后占到86%。

---

① Bohumil Doležal, "Nepřitelé v české národi ideologii", www.bohumildolezal.lidovky.cz/cz/cz0007.html.

② ［英］卡尔·波普，王凌霄译：《二十世纪的教训》，广西师范大学出版社2004年版，第53页。

第三节　中欧的历史哲学

一、关于中欧的概念

在历史上，现在的中东欧地区长期被称为中欧。作为地理学概念，“中欧”一词最早出现在德语中（Mitteleuropa）。奥地利学者哈辛格（Hugo Hassinger）认为，中欧像古罗马神话中的两面神一样只有一个身体，它的头看着东西两部分，这两部分有着不同的自然禀赋——西北部的矿产和东南部的肥沃土地以及适宜气候，两部分相互补充，紧密联系在一起。长期以来，日耳曼文化把中欧整个地区联系在一起，它富有文化和地理上的多样性，它的边界不断变化。[①] 哈布斯堡王朝长期统治的中欧地区是一个具有特殊意义的历史空间。中世纪以来，欧洲的战争主要在波旁王朝、哈布斯堡王朝之间展开，战争的地点主要集中在莱茵河到多瑙河之间的区域，正是由于历史和社会发展因素的影响，奥匈帝国所在的多瑙河地区在较长的历史时段中呈现出一种割裂、混乱和落后的状态。从另一个方面看，多瑙河流域是欧洲天主教文明的东部边界区域，历史上，匈奴和土耳其的异族文明对于欧洲文明的侵入都止步于此，作为文明断层带，这一地区的冲突多于欧洲其他地区。17 世纪以来的欧洲历史发展说明，更多地代表着欧洲文化多样性的中欧地区对保持欧洲的和平与稳定具有重要意义。从近代欧洲规模最大的三十年战争，到两次世界大战，中欧一直是地缘政治因素最活跃的地区，也是欧洲大国争相抢食的对象，宗教冲突、王朝战争、霸权征战不断，其历史展现了欧洲文明和社会发展史的重要一面。

---

① Karl A. Sinnhuber, “Central Europe-Mitteleuropa-Europe Centrale: A analysis of a geographical term”, *Transanctions and Papers*, No. 20 (1954), p. 30.

中欧的历史概念富有争论，它经历了一个从地理、历史、政治概念转变的过程。法国学者莱涅尔—拉瓦斯汀（Laignel Lavastine）把中欧定义为一个区域，这个区域在地理、文化及历史上与日耳曼文化、尤其是奥匈帝国统一在了一起。它经历了比西欧更多的危险和破坏。[①] 中欧最早是作为地理学概念出现在德语中（Mitteleuropa）。1808 年，日耳曼学者祖尼（August Zeune）在柏林出版的一本书中第一次把中欧定义为包括多瑙河盆地和莱茵河在内的日耳曼地区，以及法国部分地区。1819 年，另一位日耳曼学者哈塞尔（G. Hassel）也使用了这一术语，指包括日耳曼地区、奥地利、匈牙利、瑞士以及意大利半岛的地区。[②] 1839 年出版的德语地理教材把中欧定义为阿尔卑斯山系及其附属低地地区。对于中欧的地理认同概念一直持续到 19 世纪 70 年代。启蒙运动时期德国历史学家和哲学家费希勒（Johann Gottlieb Fichte）、瑙曼等人提出建立以日耳曼文化为核心的中欧帝国的设想，开始在传统的中欧地理概念中加入了政治概念的含义。1915 年，德国人瑙曼（Friedrich Nauman）的《中欧》（Mitteleuropa）是重要的出版物，提出了以日耳曼为中心的中欧的政治概念，认为中欧的中心是日耳曼，德语应是这一地区的通用语，霍亨索伦与哈布斯堡两大帝国将在中欧凭借一种共同经济的牢不可破的联系而结为一体。他提出在中欧建立一个主权国家邦联，成员享有平等权利，经济计划和国防由共同的政府掌管。

基于民族形成与民族国家构建、多民族混居、地缘政治作用等的不同特点，中欧地区自 17 世纪以来就是欧洲大陆主要的军事政治冲突发源地。中欧民族的历史主要与哈布斯堡王朝约 400 年的统治联系在一起，一战后建立起独立民族国家。这期间，它们经历了没有民族意识—民族意识和民族运动出现—建立民族国家的过程。尽管二战后东欧国家经历

---

① ［法］莱涅尔—拉瓦斯汀，范炜炜等译：《欧洲精神》，吉林出版集团 2009 年版，第 7 页。

② Karl A. Sinnhuber, "Central Europe-Mitteleurope: An Analysis of a Geographical Term", *Transactions and Papers*, No. 20 (1954), pp. 18 – 20.

了不同的发展道路，但其长期共存于一个王朝和帝国的历史渊源不可改变。中欧历史发展中有一个明显的特点：历史运动的轨迹像钟摆一样，当日耳曼力量强大时，它们被日耳曼控制；当俄国和苏联力量强大时，又被后者控制。按照昆德拉（Milan Kundera）的理解就是，面对大写的历史，这些小民族总是处于自我防卫的姿态，因为历史力量超越着它们，根本不把它们放在眼里。[①] 1938 年在签署慕尼黑协定时，英国首相张伯伦（Arthur Neville Chamberlain）那句有名的“一个我们所知甚少的远方国度”就牺牲了捷克斯洛伐克是现实的精妙体现。[②]

1986 年，美国学者阿什（T. G. Ash）在《中欧存在吗?》一文中认为，中欧概念的语境经历了两个发展阶段，第一个阶段就是 1915—1945 年，即从瑙曼《中欧》一书 1915 年问世到德意志第三帝国战败，第二个阶段 80 年代以后这一术语重新回到人们视野中。[③] 在第一个阶段中，中欧的语境由于最终被纳粹理论家所滥用，随着第三帝国的覆灭而销声匿迹。在 1945 年以后的近 40 年中，这一术语在欧洲政治术语中几乎消失，后雅尔塔体系确立的欧洲分裂格局形成后，西欧国家通过“东欧”的新标签包容了具有历史含义的所有被纳入东方集团的地区，即中欧、中东欧和东南欧。整体的欧洲被“铁幕”隔绝成两个部分，作为社会主义阵营的“东欧”不仅是一个地理概念，更是一个社会制度和意识形态概念。阿什认为，中欧语境更多包涵历史价值观意义，东欧语境主要是侧重政治内涵。他从语境学角度分析了匈牙利学者康拉德（J. G. Konrad）和捷克政治家哈维尔（Vάclav Havel）的作品中共同存在的一个语境区别，就是他们使用“Eastern Europe”或“East Europe”时，其语境是中性或消极的，当使用“Central Europe”时，语境则是积极的和肯定的。到了第二个阶段，即 80 年代开始，首先是中欧学者又以新的语境谈论中欧理念，其中捷克学者昆德拉在 1984 年 4 月发表的《中欧的悲剧》

---

① ［捷］昆德拉，董强译：《帷幕》，上海译文出版社 2013 年版，第 42 页。

② 此处意指 1938 年 9 月，英、法、德、意签署瓜分捷克斯洛伐克的慕尼黑协定。作者注。

③ T. G. Ash, “ Does Central Europe Exist?”, *New York Review of Books*, Oct. 9, 1986.

一文提出中欧是“被绑架的西方”，引起轰动。他强调，1948 年以后，中欧具有一种深刻的矛盾性，它在地理上处于中间，在文化上是从属于西方，而在政治上却属于东方，这种矛盾性可以理解为什么 35 年来欧洲的重大事件主要集中于此地，这些国家生存的悲剧在于在较长的历史时期中受到外来压制。1956 年匈牙利事件的本质，在他看来就是匈牙利被迫脱离自己的命运轨道后重新寻求自身历史和身份认同的回归。[①] 他提出了一个独特的中欧文化身份存在的问题。这一文章在中东欧其他国家的独立知识分子中掀起了关于中欧历史命运的再思考，其中康拉德、波兰的米奇尼科（Adam Michnik）以及捷克的帕托什卡（Jan Patočka）和哈维尔等都参与到这场讨论中。他们对于中欧概念语境和含义的重新思考，目的在于重新确定中欧价值观，即中欧虽然是“另一个欧洲”，但其历史和文化渊源仍相同于西欧国家，任何国际体系对欧洲的人为分割只是政治和意识对抗的结果，并不能割断东西欧之间的历史一致性。哈维尔曾提到过：从东欧整个历史、精神和知识传统来看，文化、环境和政治地缘位置都属于传统西欧，任何将它们同西方的分离都将是整个欧洲的自杀。[②]

中东欧（CEE，Central and Eastern Europe）这一用语的普遍使用是在 20 世纪 90 年代后期。[③] 在冷战结束后，东欧国家通过政治经济转轨回归欧洲的历史进程后，开始普遍使用“中欧”或“中东欧”的新用语。朱晓中认为，政局剧变后，特别是“回归欧洲”进程开始后，以前被称

---

① Milan Kundera，“The Tragedy of Central Europe”，*New York Review of Books*，Apr. 26，1984，p. 33.

② Vaclav Havel，“A Call for Sacrifice：The Co-Resposibility of the West”，*Foreign affairs*，Vol. 73，No. 2，March/April 1994，p. 6.

③ 英国学者帕尔默较早在 20 世纪 20 年代也使用中东欧的用语，但其仍主要是指地理概念。他在《夹缝中的六国——维也纳会议以来的中东欧历史》书中提出，欧洲各族人民截然不同的命运是地图预先注定的。大陆西边的海岸与山脉早就决定了各个民族国家的布局。中东欧的情况与西欧截然不同，这一辽阔的地区既对东方游牧民族敞开门户，又吸引着西方人前来殖民；尽管其面积不到西欧总面积的三分之一，却成为至少 15 个不同民族的家园。参见：[英] 艾伦·帕尔默，于亚伦等译：《夹缝中的六国——维也纳会议以来的中东欧历史》，商务印书馆 1997 年版，第 3 页。

为“东欧”的国家（除苏联外）纷纷抛弃这一称谓，自称“中东欧”或使用表征政治、经济、价值观和地理位置更接近发达西欧国家的“中欧”。[①] 用中东欧代替东欧可避免意识形态和政治上的怀疑，同时也可弥补政治地理与自然地理的差距。[②] 它淡化了东欧原有的政治色彩，突出了客观的地域色彩。从中欧、东欧到中东欧的变化蕴含了从地理、政治再到地理概念回归的过程，其中也体现了这一地区特殊的历史哲学。

二、中欧视野中的欧洲理念

关于中欧与西欧或欧盟的关系曾是学者们关注的焦点问题之一，特别是由于常在夹缝中生存的历史经历，使得中东欧的历史价值观显得多少有些模糊。二战纳入东方集团，被东欧学者认为是该地区发展轨迹偏离了原有轨道，自20世纪80年代以来，首先也是在这一地区出现了对中东欧的历史价值观的再认识，由此发起了最终导致冷战结束的思想意识的斗争。那么中东欧与欧洲有什么样的历史关联性呢？这里首先通过捷克人对欧洲理念认识的变化来理解东欧民族视野中的欧洲理念。

捷克人关于欧洲理念的认识是由一系列历史和地理的矛盾性所决定的。第一，从历史发展角度看，从中世纪，捷克是神圣罗马帝国的一部分，但从来没有完全融入到这个帝国中，而是一定程度上保留着其独立的行省地位。因此，通常把民族历史认同于神圣罗马帝国历史的日耳曼史学家就认为捷克历史是日耳曼历史的一部分，但是捷克史学家却认为其民族构建过程不同于日耳曼人。第二，从语言角度看，属于斯拉夫民族的捷克人从中世纪后期拥有自己的文学和语言，但他们被包围在日耳曼的语言环境和文化中。鲍威尔曾提出捷克人是讲斯拉夫语的日耳曼人的观点。第三，尽管捷克地区，特别是一直具有一个相对固定的历史地理区域的波希米亚有着相对稳定的政治边界和行政结构，但这个地区又

---

① 朱晓中：“冷战后中国与中东欧国家关系”，《俄罗斯学刊》2012 年第 1 期。

② http：//www. baike. com/wiki/.

是居多数的捷克人与居少数的日耳曼人混居地区，后者在19世纪中期选择了日耳曼认同，前者逐步形成了自己的民族认同。第四，捷克地区多数人口信仰罗马天主教，在15—16世纪这里曾是新教占多数的地区，在1620年白山战役失败后被迫回归天主教。捷克人具有多重认同，如哈布斯堡认同、波希米亚历史王国认同、斯拉夫认同等。

18—19世纪，民族认同具有了越来越强大的生命力，从此在文化和经济上占优明显优势的日耳曼人和处于弱势的捷克人之间的政治经济斗争成为了贯穿这一地区历史发展的主线。捷克政治家认为其民族享有与包括日耳曼民族在内的其他民族完全平等的权利，但这一要求不被日耳曼这个“天生优越的民族”所接受，这是造成两个民族间紧张关系的根源。直到1914年前，绝大多数的捷克民族运动领袖和政治家们还没有提出任何政治独立的要求。

捷克人对于欧洲理念的理解随着经济社会的不断发展在变化。这里可以比较三个时期出版的捷克词典对欧洲一词的释义。1862年出版的捷克最早的百科全书——里格词典（František L. Rieger 编辑出版，他曾是捷克自由派民族运动领导人之一）对欧洲的定义是：欧洲以其实力和教育水平超越了所有其他大陆，其地理位置注定它成为世界贸易和文明的中心。[①] 这一时期民主自由思想在欧洲迅速传播，西欧主要大国的海外殖民进入高峰。中东欧民族运动大规模展开，如里格所说，所有的欧洲民族都朝着更高的文明程度发展，尽管斯拉夫民族的起步晚一些，但其民族复兴的时代即将来临。

1894年奥托百科辞典（Otto-Encyclopaedia）对欧洲的定义是：正在朝着公民自由的方向发展、领先于其他大陆的地区，欧洲的特点在于它是某种形式的民族联邦，其进一步发展取决于每个民族所做出的贡献，特别是年轻民族的贡献，因为这些民族比正处在衰落过程中的较老的民

① Frant. Lad. Rieger, *Slovník naučný*, Praha: I. L. Kober, 1862, ss. 528 - 529.

族具有更强大的能力。[①] 19 世纪后期，争取民族平等和发展权利成为中东欧各民族运动的首要目标，并希望哈布斯堡帝国改制成民族平等的联邦国家；另一方面，极力维护其传统特权利益的强势民族打压其他民族的民族运动。这时，捷克人开始对欧洲具有了一种公民价值观的规范认同。在“一种强烈的民族复兴情感在整个欧洲涌动”的环境下，捷克民族运动领袖把其运动视为是被普遍接受的“民族原则”的自然组成部分。这个词条的释义表达了新一代学者的欧洲观念。

1926 年在马萨里克词典（Masarykův slovník naučný II）的释义中则强调作为经济最繁荣的大陆，欧洲是众多民族和民族国家的大陆，其文化特殊性建立在基督教传统和历史相对性之上。[②] 捷克人对欧洲理念的变化是随着社会经济的发展而变化的，其对欧洲理念理解的变化正与捷克民族运动过程中和民族国家建立后的历史发展特点相吻合。在捷克民族运动和民族国家建立与发展过程中，欧洲主要包含着两个层次上的意义：代表着通过革命方式、朝着自由民主的公民社会发展的大陆；欧洲是自由民族的联合体。

19 世纪 30 年代，捷克学者克莱伊奇（František Václav Krejči）曾从文化角度分析了捷克和欧洲的关系，他认为欧洲是一个具有最高水准的文化、艺术成就并在民众中得到广泛传播的大陆。他提出作为欧洲成员的两个标准，一是现有的民族共同体分享欧洲文化成就、首先是文学和音乐成就；二是对欧洲文化发展与成就的贡献，从捷克情况看，捷克人通过自己的音乐成就在这一方面对欧洲文化做出了的突出贡献。同时代的另一位学者沙尔达（F. X. Salda）从文化同源性角度提出捷克是欧洲文化的一部分，他认为欧洲的特点是由一种共同文化，首先是西方普世基督教精神的文化遗产所决定的，这也是捷克文化发展的范式，为欧洲文化做出贡献是捷克民族文化的道德责任。[③]

---

① *Ottův Slovník naučný*, Praha: J. Otto, 1894, ss. 897 - 898.

② *Masarykův slovník naučný II*, Praha: Československ? kompas, 1926, s. 654.

③ Miroslav Hroch, “The Czech Discourse on Europe 1848—1948”, *Comparative Studies in Modern Europe History*, Ashgate, 2007, pp. 252 - 253.

1991 年，哈维尔从欧洲民主价值观角度讨论捷克等中东欧国家入盟的合法性。他认为，欧洲的哲学和历史涵义包括对公民和人权的尊重、政治经济多元化以及议会民主。中欧国家入盟建立在这些普世价值观基础上，欧盟成员不仅是由基本的经济纽带联系在一起，更重要的是由欧洲的民主价值观和人权观联系在一起。[①] 按照他的理解，入盟就是民主意识和传统价值观的一种回归。瑞士学者巴尔（Josette Baer）认为中欧国家入盟可分解成两个层面：一是在精神上入盟，即实行欧洲的民主和人权政策，成为欧洲人；二是机制上的入盟，这是成为欧洲人的一种政策结果。精神上的入盟先于机制上的入盟，两者的政治和道德原则都是一致的。入盟对这些国家意味着依赖和透明，是为了加强自我保护的能力和促进地区稳定。中欧国家曾长期受到外来统治和支配的威胁，它们知道保护与安全对其意义所在；从另一方面看，保障中欧民主国家生存安全也是欧洲和世界的任务。[②] 从这个意义上来理解，入盟既是对于民主和平价值观的政治追求，也是欧洲团结理念的历史延续。

20 世纪初以来，国外学者、特别是东欧开始以新视角看待奥匈帝国，并从共同体意识、多元文化融合等多角度将其与欧盟进行对比。帝国在欧洲东部的次区域以其特有的方式在几个世纪中尝试着经济一体化建设和文化融合，其经历可以为欧洲一体化提供借鉴。

帝国与欧盟间存在着不同，首先帝国是主权国家，其维持依靠联姻、武力扩张与兼并，帝国中的民族间存在着不平等关系。欧盟是超国家机构，共同价值观是其扩张的后盾，扩张方式是成员国自愿申请加入，成员国具有平等地位。在共同体意识、治理结构和多元文化融合上，两者间存在着一定的相似性。作为共同体，欧盟多元一体的特点愈加突出，在多层次治理结构上，它除了依据主权共享的方式构建超国家机构与主权国家的共同治理外，也越来越重视地区治理的重要性，目标是加强竞

---

① Václav Havel, *Letní přemitání*, Praha: Odeon, 1991, s. 64.

② Josette Baer, "The Conception of Europe in the Political Thought of T. G. Masaryk and Vaclav Havel", *Stuides in East European Thought*, Vol. 52, No. 3 (Sep. 2000), pp. 223 - 224.

争力和国际影响力。奥匈帝国是二元一体的共同体，在保证奥地利和匈牙利高度自治的同时，又强调中央集权的权威，目标是维持帝国的统一。两者都有体制上的创新特点，欧盟的创新是突破了主权专属和不可分割的概念，奥匈帝国的创新在于具有了一国两制的特点。

其次是依靠同质性文化中的共同体意识发挥规模效应优势。共同体意识是欧洲国家联合的重要思想出发点，在一个共同体中通过求同存异、协商妥协的方式寻求各方利益的最大化、增强自身力量是建立共同体的体制优势。今天欧盟已开始把建立共同外交、财政、安全防务作为多元一体建设的重要支柱，朝着政治经济全面一体化的方向发展。在欧洲历史上，1569 年成立的波兰—立陶宛王国、1859 年成立的瓦拉几亚—摩尔多瓦公国都具有共同体的特点，其共同目的之一是抵御外强。在奥匈帝国，两个政府间设立了外交、财政、军事的共同部门。从共同体建设中可以得到规模效应，在奥匈帝国体现为小民族在哈布斯堡王朝庇护下抵御奥斯曼和其他大国的外部威胁，保障其民族生存，同时也共享帝国统一市场的便利和优势；在欧盟体现为成员国共享经济社会发展的繁荣和友邻关系带来的和平，同时通过共同价值观的构建和输出来增强欧盟及成员国的国际影响力。

第三，欧洲一体化和奥匈帝国的二元结构都是自上而下的精英政治实践。奥匈帝国内部民族关系的不平等成为了导致其解体的主要内因，欧洲的一体化进程今天也遇到了民主赤字的瓶颈约束，民主化的公民社会建设已成为其下一步工作重点。

第四，多元文化融合是欧盟与奥匈帝国共同的突出特点。不少东欧学者认为，奥匈帝国将不同语言、文化、地域、民族和宗教融为一体，多元文化的互补与竞争提高了各民族在文化、艺术上的创造性，成就了帝国的文化大国地位，这是近代史上多元文化融合的宝贵实践。但民族关系不平等、忽视民主和公民社会建设是帝国存在的主要内部问题。现在欧盟也面临同样的挑战，特别是中东欧国家的入盟一方面增加了欧盟的多样性色彩，另一方面对欧洲一体化进程中的民主建设提出了更高的要求。

经过20世纪90年代的两次东扩，欧洲一体化进程达到前所未有的高度，欧盟参与国际事务的能力和影响力不断提高，但其一体化出现了越来越明显的结构性不平衡。多伊奇曾提出一体化建设的四个层面——市场、制度、再分配和民众认同。目前而言，仅有市场一体化一枝独秀，其他层面的一体化与市场一体化有着显著差距，其原因在于一体化（或欧洲主义）与成员国民族主义之间存在着矛盾关系，前者的目标是较大限度去民族国家化，后者则相反，因此一体化总是在欧洲主义和民族主义之间寻找能够交叉的临界区域。迄今，在民众的认同上，欧盟人的观念远远薄弱于国家公民的观念。而历史发展与西欧不尽相同的中东欧国家中民族主义的影响仍很广泛，因此其疑欧思潮更加显著。捷克前总统克劳斯（Václav Klaus）是其中代表之一。他提出，随着一体化的日益深入，欧盟面临着更加严重的认同危机，尽管部分政治精英不断地自上而下推动着一体化进程，但今天人们仍不相信欧洲主义，不相信一切都由布鲁塞尔决定的超民族国家主义，欧盟机制建设中存在着较大的民主赤字，对欧盟未来的发展，普通民众和欧盟政治精英间存在着巨大的鸿沟，在现实的和政治的欧洲之间存在巨大的鸿沟。[①] 现在欧洲各国公民首先还是把自己视为英国人、法国人、捷克人等；欧盟政治精英设想的欧洲民族意识没有深入人心，或者说还很薄弱。他特别提醒，借鉴捷克斯洛伐克或南斯拉夫的教训，欧洲民族不能建立在政治基础上，不能只强调把不同民族联合在一起的唯理性主义的构想。[②]

一战后，捷克斯洛伐克和南斯拉夫存在一个同样的情况是宣传国家中只存在一个民族，20世纪90年代这两个联邦国家又都重新分裂，这主要是政治家们的构想和决定。欧洲需要重视民主和公民社会建设，重视一体化的协调发展，不能只依靠经济一体化来推动。欧盟内部成员国

---

① Václav Klaus, "Why Europe Must reject Centralization", *Financial Times*, 2005. 8. 30.

② 2005年10月19日克劳斯在伦敦大学学院（University College London）所做题为《马萨里克之后90年的小民族与欧洲》的演讲（Malé národy a Evropa devadesát let po Masarykovi, www. vaclavklaus/clanky/3）。

之间经济社会发展的差距是客观存在，目前需要更重视民众对一体化的看法，改变单纯自上而下推动一体化的发展模式，在一体化设计上更多反映民意，或者让民众更多参与到一体化的设计上，这样才可以增强民众的欧盟公民意识感。

人们对欧盟未来发展的方向有不少争论，有学者认为欧盟像是一个新型中世纪帝国，按照罗马帝国的模式重建具有自己特色的松散型新式帝国，在国际舞台上发挥价值观上的竞争优势。[①] 但主流观点认为它不会成为一个具有主权国家特点的欧洲联邦，而是会在主权国家和国际组织之间寻找自己的构建和发展空间，也就是它会朝着第三条道路方向发展，这样才能突出其创新价值之所在。如果说其治理模式具有创新性，那么欧盟未来可能还会沿着这条路走下去，这一制度创新是其一体化发展的重要生命力，欧盟历史上的五次扩大至少说明，更多的欧洲国家是抱着保障和促进欧洲繁荣与和平的愿望参与到一体化进程中的。

近年来，欧盟在财政、外交和军事上整合成员国权力和加强多层治理体系的力度不断加大，其在国际舞台上的政治行为能力已经获得更多的认可，特别是其从自身历史发展中总结出来的价值观具有了越来越广泛的认同，这得益于欧洲民族国家的民主传统和经验，加上欧盟具备的思想和制度创新能力。经过长期的探索和选择之后，欧盟将找到自身的民主特点而成为具有新型民主的政治实体，摆脱一种因单纯依靠精英设计而被一些中东欧政治家视为欧洲踏上“通往奴役之路”的民主困境。其根源也许在于中东欧民族的历史形成和经历不同于西欧民族，西欧民族或国家在其形成与发展过程中体现了较强的自主性，以及在此基础上特有的认同与文化特点，这使得它们具有的自信程度能够消除其对 20 世纪中期以来朝着超国家方向发展的一体化的恐惧；中东欧民族在多个世纪中处在他族或外强统治下，语言文化等民族认同不断受到威胁，在 20

① Jan Zielonka，*Europe as Empire*，London：Oxford University Press，2006. p. 190.

世纪后半叶，这一地区又遭受集权主义的冲击，相对于前者，它们经历民族独立国家的时间短暂，因此会以不同眼光看待主权分享的一体化进程，其疑欧心理的背后反映着深刻和复杂的民族历史与发展特点。

结　语

中世纪的民族迁徙、异族入侵、封建王朝战争和领土变迁、不同宗教的传播等是形成中东欧众多民族经济融合程度不同，种族杂居，宗教和文化交叉的历史根源。[①] 自 14 世纪起，哈布斯堡王朝就开始通过联姻、兼并等方式逐步把中东欧地区各民族纳入王朝统治下，但王朝治下的各地区都有不同的历史背景、语言文化、法律体系以及经济社会发展水平。哈布斯堡是欧洲大陆统治时间最长的王朝之一，作为王朝最后的君主宪政发展阶段，奥匈帝国存在的半个多世纪正是帝国工业化快速发展和民族运动高涨的时期。由于面临着资产阶级兴起和民族运动的严峻挑战，帝国中以传统贵族为主的统治阶级把民族和民族关系治理作为优先目标，走上了对内扩张和殖民的道路。通过对帝国民族和民族关系治理的分析，我们可以得出以下结论：

一、中东欧民族和民族国家的形成具有不同于西欧的自身特点

受到 18 世纪下半叶法国大革命倡导的民族主义思想的影响，东欧各地的民族意识不断增强，至 19 世纪上半叶，民族运动如雨后春笋在各地出现。东欧地区民族运动是在西欧民族运动的影响下出现并跟随其后不断发展，它是东欧社会近代早期现代化转型过程的组成部分，即传统农业社会向资本主义社会和工业化社会转型的现代化进程中，社会生产关系的变化构成了民族运动出现的现实基础，民族运动把先前的族群转变

① 康春林：《世界战争起源新论——东欧与两次世界大战》，社会科学文献出版社 2003 年版，第 142 页。

为现代民族。这在东欧历史发展上具有重大进步意义。由于西欧国家在中世纪较早完成了族群的同化，因此经过民族运动淬炼后，西欧专制政体与民族国家基本重合。与此不同，由于民族形成较晚，东欧出现了另一种发展趋势，即专制政体超越了民族的自然疆界，并建立起多民族帝国，哈布斯堡王朝就是欧洲典型的多民族大陆型帝国。基于这一差异，西欧民族问题较多体现为民族国家进行的外向型扩张与征服，并在后来转向主要对区域外的扩张；东欧民族问题更多具有民族冲突在区域内发生的内向性特点，体现为对内扩张与殖民，特别是地处西方基督教与东方穆斯林世界交汇处的具有“文明断层带”特点的东南欧地区王朝战争与民族冲突尤甚。

二、哈布斯堡王朝的长期统治造成了中东欧众多民族具有一种作为少数民族或弱势民族的心理恐惧，这决定了其历史发展的明显轨迹是不断朝着更小的政治体方向发展

东欧是欧洲众多小民族汇集的地区，自中世纪以来，长期处在大民族或大国夹缝中生存的这些民族就通过建立联合公国的特殊政体的方式抵御外强。在19世纪70年代以前，中东欧的广袤地域被俄国、哈布斯堡和奥斯曼土耳其三大帝国统治，一战后才出现了民族国家。如果和西欧的法国相比，这一进程晚了200余年。但最终民族间的联合或联盟都没有成功，而是出现了民族同质化程度越来越高的民族国家政治体。在民族间的历史聚合与分离中，趋向多样特点的分离进程占据了上风。

与西欧不同，民族关系是决定东欧政治地图变化的重要因素之一。虽然这一地区族群分布复杂交织，地域划分像万花筒一样不断变化，但民族关系在中东欧历史发展中起到了关键或者决定性的作用，而摆脱作为弱势或从属民族的地位又是民族关系演变的一条主线，这决定了该地区的政治地图从地域广阔的多民族帝国向地域有限的民族国家演变，即沿着帝国—联邦—民族国家的轨迹朝着民族同质化程度更高、体量更小的政治体方向发展，决定这一变化趋势的内在因素是政治体中的从属民

族不断追求主导地位。从民族人口构成看，奥匈帝国中没有一个民族的人口超过帝国总人口的四分之一，多伊奇也是在这个意义上提出帝国中所有民族都是少数民族的观点。在帝国中，即使是日耳曼和马扎尔人也有少数民族恐惧情结。帝国统治者具有的强烈的日耳曼情结反映的正是其希望在大日耳曼联邦国家中占据多数民族的地位。1871 年奥皇提议起草的旨在给予捷克地区自治权的“根本条款”改革草案之所以被奥皇本人否定，重要原因在于捷克地区生活着占当地人口三分之一的日耳曼人，如果这一地区获得自治地位，那么日耳曼人将成为少数民族。

在二战后，这种少数或弱势民族恐惧情结仍是决定中东欧民族关系变化的主导因素，如捷克斯洛伐克的苏台德问题涉及日耳曼少数民族，捷克斯洛伐克的解体涉及联邦中处于弱势地位的斯洛伐克人，南斯拉夫内战主因是塞尔维亚与克罗地亚和波黑之间的少数民族区域归属问题。少数民族恐惧情结的本质是多民族国家中主导民族与少数或弱势民族间的不平等关系，历史上形成的这一情结总是习惯性驱使少数民族试图摆脱其他民族的控制，或者建立自己单独的民族国家，如斯洛伐克、斯洛文尼亚；或者回归本民族主导的国家，如南斯拉夫内战时期克罗地亚和波黑地区的塞尔维亚人。这与奥匈帝国时期众多弱势民族运动的目标并无差异。因此可以说，一战后至今，中东欧民族关系的特点在一定程度上仍有哈布斯堡王朝时期的特点：强势民族与弱势民族间的不平等关系导致的共同结果是奥匈帝国和 20 世纪 90 年代一些东欧民族联邦国家的分裂。

三、民族关系治理不力是帝国衰败和解体的主要内因

与 19 世纪的其他帝国相比，帝国的民族文化多元是其最大特色，这决定了帝国在经济发展与扩张中都走出了一条不同的道路，致力于区域统一市场建设和对内扩张。与美利坚不同，奥匈帝国是一个天然的“民族熔炉”国家，其中各民族与文化的交融造就了帝国在文化艺术上的辉煌成就，帝国拥有的产业结构优势也是独一无二的，即工业化程度高的

西部和东部的农业地区在产业结构的互补性是促进其经济一体化的有利因素。帝国在民族治理中的碎片化特征明显，缺乏统一规划，多是根据一个民族或地区在帝国政治、经济、军事上的作用来决定所采取的治理方式。在一战爆发前，虽然帝国经济增速加快、文化繁荣，但内部民族矛盾的固瘤愈加恶化，政府维持各种特权现象的努力不断激化民族矛盾。

帝国民族关系治理中不乏一些亮点，最突出的就是在奥属加里西亚地区的实施“仁政”的确增强了波兰人对帝国的忠诚感和归属感。帝国在这一地区实施不同于德属和俄属波兰地区的怀柔政策的目的是出于国内的稳定与统一，虽然这一地区经济比德属和俄属波兰地区都落后，但是帝国鼓励当地文化语言发展政策的实施使其在文化发展上取得了较其他两地更瞩目的成就，成为波兰文化的中心。克罗地亚人的情况与此类似，他们因具有自治权而有了强烈的帝国认同感。因经济文化发展权利得到保障，作为宗教群体的犹太人对帝国的认同感也很强，他们把自己族群的未来寄托在帝国的发展与繁荣上。但由于更多民族没有获得同样的民族自治或社会发展权利，他们的民族认同感逐步超越了其帝国认同感，并最终把脱离帝国、建立独立民族国家作为民族运动的目标。

孔寒冰认为，中东欧地区有四个特殊性：（1）自然地理和地缘政治地位特别重要；（2）民族和宗教关系特别复杂；（3）历史发展特别曲折；（4）经验教训特别丰富。[①] 中东欧的历史发展犹如万花筒一样不断变幻出各种图案，决定这一变化的因素既有外部的也有内部的，外部是大民族或大国的干预，内部是民族关系的变化。奥匈帝国既强大又弱小，强大是指其领土人口等自然禀赋指标在19—20世纪初的欧洲大国中并不落后，弱小是指其内部矛盾的深刻与尖锐极大地削弱了帝国的竞争力。

由于历史的各种原因，被波普视为世界大同现代雏形的奥匈帝国最终没有成为一个民族平等和睦、多元文化融合的多瑙河联邦。从其解体中可得出的重要启示之一是建设国家公平公正的社会关系重于仅追求国

① 孔寒冰：《东欧政治与外交》，北京大学出版社2009年版，第2—6页。

家表面的繁荣和稳定，在这一过程中，执政者要勇于直视自己的问题，有自我革新的决心。奥匈帝国多元文化治理的历史经验，特别是民族问题治理上的经验与教训是留给后人的珍贵遗产。19 世纪的思想家、特别是那些经历过或者在奥匈帝国成长起来的思想家，如波普、哈耶克、多伊奇、马萨里克、凯勒基等观察国际关系的重要参照物就是奥匈帝国。

四、文化的多元性决定了历史发展的多样性

奥匈帝国被众多民族独立国家所替代，开启了中东欧历史的新篇章。帝国的存在和消失都有其历史必然性，这是历史发展的规律。对中东欧地区而言，多样性而不是一致性才是历史发展的轨迹和规律。民族多样性决定了中东欧历史发展的特点，尽管其历史上经历了多次的整合与分离，但是最终方向是朝着多样性方向。该地区历史有趋向一致性方向发展的整合过程，也有趋向多样性方向发展的分离过程，前者如冷战后德国的统一，后者如 20 世纪 90 年代捷克斯洛伐克联邦和南斯拉夫联邦的分裂。出现后者的原因是什么？如果从历史发展的纵切面看，帝国民族关系治理上的一些做法仍然在二战后中东欧地区存在，如捷克人与斯洛伐克人、塞尔维亚人与克罗地亚人之间的矛盾与帝国时期强势民族压制弱势民族的做法相类似。中欧民族关系治理与两次世界大战密切相关，20 世纪 90 年代中东欧地区又出现了民族国家分裂浪潮。该地区的民族关系治理对欧洲和平与发展产生了直接的影响，通常学者们在分析该地区民族关系治理问题时，较少把视野追溯到中东欧民族形成的 18 世纪和奥匈帝国治下的 19 世纪，中东欧民族运动形成的特殊性以及哈布斯堡王朝统治下的民族关系治理模式是导致中东欧民族关系复杂的历史原因。从民族关系角度看，该地区引发的两次世界大战首先是日耳曼和斯拉夫两大民族间矛盾爆发的结果。20 世纪 90 年代中期捷克斯洛伐克和南斯拉夫联邦的分裂则是斯拉夫民族间矛盾爆发的结果，这一矛盾也在一定程度上与奥匈帝国相关，即延续了奥匈帝国民族不平衡治理的方式带来了民族关系的恶化。所以，在审视 90 年代东欧民族运动时，不能忽略哈

布斯堡王朝的影响。

波普在《历史决定论的贫困》中提出应该学习过去，不必期望和预测未来。但回顾和思考过去有益于拓展未来的视野。民族关系犹如人与人之间的关系，强势民族或大民族对弱势民族或小民族的态度往往与一个大人物对小人物的强势态度一样。以赛亚·柏林认为，所有国家不论大小一律平等是理想主义的虚言，因为就像人必须强大，因为没有实力就不会有平等，只要人的本性未变，对弱者的公正就是少有的。[①] 他的判断体现了现实主义的实力理念。而哈耶克从帝国的民族关系治理中提出了"创造适合小国生存的世界对大家都有好处"的观点，认为欧洲的稳定与发展很大程度上取决于中东欧地区小国的和平发展。[②] 这也是从历史教训中得出的更值得思考的话语。与大国相比，多数小国在资源性分配上已经处于劣势，如果大国外力的介入再带来政策性分配的不平衡，这将对小国产生更严重的打击。小国要求被承认为有自己的过去、现在和未来的主权实体，与大国争平等，要求生存、发展、自由的权利，要求发言权。[③]

中东欧历史发展证明，在构建公正合理的新型国际关系过程中，需要充分考虑小国的利益，毕竟它们占据了当前以及今后较长历史时间里国际社会成员的绝大部分，如果它们感受不到新型国际关系的公正性与合理性，那么这样的国际关系可能就不应是各国努力的方向。现在重新审视和研究奥匈帝国的民族关系与治理具有历史和现实的重要意义。

卢普尼克说，奥匈帝国是中东欧超民族概念最杰出的化身。[④] 我们要尊重并鼓励多元文化的共存与发展，多元化不仅局限于中东欧地区，也适用于欧洲和世界其他地区，其原则就是尊重文化与民族的多元性。

---

① ［英］以赛亚·柏林，潘荣荣等译：《现实感》，译林出版社2004年版，第307页。

② ［英］哈耶克，王明毅、冯兴元等译：《通往奴役之路》，中国社会科学出版社1997年版，第223页。

③ ［英］以赛亚·柏林，潘荣荣等译：《现实感》，译林出版社2004年版，第292页。

④ Jacques Rupnik, "Central Europe or Mitteleuropa?", *Deadalus*, Vol. 119, No. 1, 1990, p. 254.

这也是为什么欧盟把多元文化发展作为自己重要价值观的原因所在。欧盟扩张的重要价值基础是强调“多元文化共存”。在这个意义上，一些东欧史学者认为奥匈帝国的治理经验，特别是民族关系治理经验是留给现代欧洲的珍贵遗产。

本书试图抓住帝国民族和民族关系治理的主线研究其经济社会文化层面的特点，在写作过程中，感觉其中需要深入思考的地方很多，比如阶级意识和民族意识的关系、文化多样性与统一性、适合小国家生存的国际关系等。帝国在这些方面的治理经验给我们提供了丰富的思考空间。从这一点来说，奥匈帝国值得进行更深入的研究。历史是一面镜子，回顾和学习过去有助于认识和思考当下。希望本书有助于我们粗浅地了解帝国治理的主线。

参考文献

一、中文译著、著作

1. ［以］阿·埃班，阎瑞松译：《犹太史》，中国社会科学出版社1985年版。

2. ［美］A. E. 门罗编，蔡受百等译：《早期经济思想——亚当斯密以前的经济文献选集》，商务印书馆1985年版。

3. ［法］阿·托克维尔，冯棠译：《旧制度与大革命》，商务印书馆2012年版。

4. ［英］阿·塞西尔，复旦大学《梅特涅》翻译小组译：《梅特涅》，上海人民出版社1974年版。

5. ［英］阿克顿，王天成、林猛译：《自由的历史》，贵州人民出版社2001年版。

6. ［英］埃里·凯杜里，张明明译：《民族主义》，中央编译出版社2002年版。

7. ［奥］埃·普利斯特尔，陶梁译：《奥地利简史》，北京三联书店1972年版。

8. ［英］艾伦·帕尔默，于亚伦等译：《夹缝中的六国——维也纳会议以来的中东欧历史》，商务印书馆1997年版。

9. ［德］艾·路德维希，杨成绪、潘琪译：《德国人——一个民族的双重历史》，中国社会科学出版社2010年版。

10. ［英］埃·霍布斯鲍姆，贾士蘅译：《帝国的年代》，国际文化出版公司2006年版。

11. ［英］埃·霍布斯鲍姆，张晓华等译：《资本的年代》，江苏人民出版社1999年版。

12. ［英］埃·霍布斯鲍姆，李金梅译：《民族与民族主义》，上海世纪出版集团2006年版。

13. ［英］埃·霍布斯鲍姆，王章辉等译：《革命的年代》，江苏人民出版社1999年版。

14. ［英］安·麦迪逊，吴晓鹰等译：《世界经济千年史》，北京大学出版社2003年版。

15. ［罗］安·奥采特亚，布杜拉等译：《罗马尼亚人民史》，商务印书馆1981年版。

16. ［奥］奥托·鲍威尔，殷叙彝编：《鲍威尔文选》，人民出版社2008年版。

17. ［英］巴里·布赞、理查德·利特尔，刘德斌主译：《世界历史中的国际体系》，高等教育出版社2004年版。

18. ［美］保罗·肯尼迪，梁于华等译：《大国的兴衰》，世界知识出版社1990年版。

19. ［美］本·安德森，吴叡人译：《想象的共同体——民族主义的起源与散布》，上海人民出版社2005年版。

20. ［英］伯里：《新编剑桥世界近代史》第10卷，中国社会科学出版社1999年版。

21. ［瑞士］布克哈特，金寿福译：《世界历史沉思录》，北京大学出版社2007年版。

22. ［英］大卫·休谟，张正萍译：《论政治与经济——休谟论说文集卷一》，浙江大学出版社2011年版。

23. ［美］戴维·卡莱欧，冯绍雷等译：《欧洲的未来》，上海世纪出版集团2003年版。

24. ［英］弗·哈耶克，王明毅、冯兴元等译：《通往奴役之路》，中国社会科学出版社 1997 年版。

25. ［捷］弗·卡夫卡，叶林译：《捷克斯洛伐克史纲》，北京三联书店 1973 年版。

26. ［美］汉娜·阿伦特，林骧华译：《极权主义的起源》，三联书店 2008 年版。

27. ［美］卡尔·多伊奇，周启明译：《国际关系分析》，世界知识出版社 1992 年版。

28. ［英］卡尔·波普，王凌霄译：《二十世纪的教训》，广西师范大学出版社 2004 年版。

29. ［英］卡尔·波普，郑一明等译：《开放社会及其敌人》（第二卷），中国社会科学出版社 1999 年版。

30. ［英］卡尔·波兰尼，冯钢、刘阳译：《大转型——我们时代的政治与经济起源》，浙江人民出版社 2007 年版。

31. ［意］卡·奇波拉：《欧洲经济史》第四卷（上册），商务印书馆 1988 年版。

32. ［法］莱涅尔—拉瓦斯汀，范炜炜等译：《欧洲精神》，吉林出版集团 2009 年版。

33. ［美］麦克尔·赫克特，韩召颖等译：《遏制民族主义》，中国人民大学出版社 2012 年版。

34. ［法］米·福柯，莫伟民、赵伟译：《政治生命的诞生》，上海人民出版社 2011 年版。

35. ［罗］米·康斯坦丁内斯库，王敏生译：《罗马尼亚通史简编》中册，商务印书馆 1976 年版。

36. ［捷］米·昆德拉，董强译：《帷幕》，上海译文出版社 2013 年版。

37. ［英］佩里·安德森，刘北成等译：《绝对主义国家的系谱》，上海人民出版社 2001 年版。

38. ［法］让—雅克·卢梭，施新洲编译：《社会契约论》，北京出版社 2007 年版。

39. ［波］斯・阿尔诺尔德，史波译：《波兰简史》，商务印书馆 1974 年版。

40. ［奥］斯蒂芬・茨威格，舒昌善等译：《昨日的世界——一个欧洲人的回忆》，北京三联书店 1996 年版。

41. ［美］唐纳德・戴维斯，徐以烨等译：《第一次冷战——威尔逊对美苏关系的遗产》，北京大学出版社 2007 年版。

42. ［匈］温盖尔・马加什、萨博尔奇・奥托，龚坤余译：《匈牙利史》，黑龙江人民出版社 1982 年版。

43. ［加］威尔・金利卡，马莉、张昌耀译：《多元文化的民族身份——一种自由主义的少数民族权利理论》，中央民族大学出版社 2009 年版。

44. ［英］休・希顿—沃森，吴洪英译：《民族与国家》，中央民族大学出版社 2009 年版。

45. ［南斯拉夫］伊万・博日奇等，赵乃斌译：《南斯拉夫史》，商务印书馆 1984 年版。

46. ［美］伊・沃勒斯坦：《现代世界体系》第一卷，高等教育出版社 1998 年版。

47. ［法］雅・德罗兹，时波译：《民主社会主义——1864—1960 年》，上海译文出版社 1983 年版。

48. ［美］亚历山大・格申克龙，张凤林译：《经济落后的历史透视》，商务印书馆 2009 年版。

49. ［英］密尔，汪瑄译：《代议制政府》，商务印书馆 1984 年版。

50. ［英］以赛亚・柏林，潘荣荣等译：《现实感》，译林出版社 2004 年版。

51. 《马克思恩格斯全集》第 19 卷，人民出版社 1974 年版。

52. 《马克思恩格斯全集》第 21 卷，人民出版社 1974 年版。

53. 《马克思恩格斯全集》第 8 卷，人民出版社 2008 年版。

54. 陈乐民：《“欧洲观念”的历史哲学》，东方出版社 1988 年版。

55. 陈乐民：《欧洲文明的扩张》，东方出版中心 1999 年版。

56. 陈乐民、周弘：《欧洲文明的进程》，北京三联书店 2003 年版。

57. 董小川主编：《现代欧美国家民族的同化与排斥》，上海三联书店 2008 年版。

58. 何蓉：《奥匈帝国》，三秦出版社 2001 年版。

59. 郝时远：《帝国霸权与巴尔干“火药桶”》，社会科学文献出版社 1999 年版。

60. 孔寒冰：《东欧史》，上海人民出版社 2010 年版。

61. 孔寒冰：《东欧政治与外交》，北京大学出版社 2009 年版。

62. 康春林：《世界战争起源新论——东欧与两次世界大战》，社会科学文献出版社 2003 年版。

63. 李宏图：《西欧近代民族主义思潮研究》，上海社会科学院出版社 1997 年版。

64. 刘祖熙主编：《多元与冲突》，人民出版社 2011 年版。

65. 刘祖熙：《波兰通史》，商务印书馆 2006 年版。

66. 宁骚：《民族与国家——民族关系与民族政策的国际比较》，北京大学出版社 1995 年版。

67. 钱乘旦：《欧洲文明：民族的融合与冲突》，贵州人民出版社 1999 年版。

68. 杨友孙：《欧盟东扩视野下中东欧少数民族保护问题研究》，江西人民出版社 2010 年版。

69. 周桂银：《欧洲国家体系中的霸权与平衡》，陕西师范大学出版社 2004 年版。

70. 姜义华编：《康有为全集》第九卷，中国人民大学出版社 2007 年版。

71. 朱晓中：《中东殴与欧洲一体化》，社会科学文献出版社 2002 年版。

72. 中国社会科学院民族所编：《马克思恩格斯论民族问题》（上册），民族出版社 1987 年版。

73. 余建华：《民族主义——历史遗产与时代风云的交汇》，学林出版社 1999 年版。

74. 于沛等著：《斯拉夫文明》，福建教育出版社 2008 年版。

75. 美国时代—生活图书公司编著，张帆译：《帝国的末日：奥匈帝国（公元 1848—1918）》，山东画报出版社 2001 年版。

二、论文

77. 朱伟华：“科学和真理必胜——记查理大学教授盖鲍威尔和马萨里克”，《东欧》1995 年第 2 期。

78. 李明浩：“奥匈帝国的建立与现代自治的探索”，《中国民族报》2009 年 7 月 24 日。

79. 李晔、温文治：“1815—1914 年欧洲均势关系探析”，《东北师大学报》1997 年第 3 期。

80. 刘成：“欧洲社会民主主义的起源及早期演变”，《史学月刊》2008 年第 3 期。

81. 张玉芬：“19 世纪后期奥匈帝国二元体制评析”，《郑州大学学报》2004 年第 4 期。

82. 张玉芬：“奥地利 1867 年改革原因探析”，《商丘师范学院学报》2003 年第 3 期。

83. 朱晓中：“回归欧洲与中欧概念的嬗变”，《欧洲研究》2004 年第 2 期。

84. 李维：“卡勒基泛欧联合思想的政治价值观”，《欧洲研究》2012 年第 4 期。

三、捷文著作及论文

1. Aleš Skřivan，*Císařská politika*：*Rakousko-Uhersko a Německo v*

evropské politice v letech 1906—1914, Praha: Karolinum, 1996.

2. Christophe Charle, *Intelektuálové v Evropě 19. stoleti*, Brno: Centrum pro stadium demokracie a kultury, 2004.

3. Gary B. Cohen, *Němci v Praze 1861—1914*, Praha: Nakladatelství Karolinum, 2000.

4. Helena Pavlincová, *T. G. Masaryk ačeská státnost*, Praha: Ústav T. G. Masaryka, 2008.

5. István Bibó, *Bída malých národ ů vychodní Evropy*, Brno: Doplnek. 1997. Jiří Pernes, Pod Habsurským orlem, Praha: Brana, 2006.

6. Jan Hájek, Lacina Vlastimil, *Kdy bylo nám nejlépe?*, Praha: Libri, 2002.

7. Jan Křen, *Konfliktní společenství*, Praha: Nakladatelství Karolinum, 2013.

8. Jan Rychlík a kolektiv, *Mezi Vídní a Cařihradem*, Praha: Vyšehrad, 2009.

9. Jiří Pokorný, *Nacionalismus, společnost a kultura ve střední Evropě 19. a 20. Století*, Praha: Karolinum, 2007.

10. Josef Frais, *Reformy Marie Terezie a Josef II.*, Třebíč: Akcent, 2005.

11. Júius Mésároš, *Slovensko a slováci*, Bratislava: Dějiny, 1971.

12. Ladislav Holý, *Malý český člověk a skvělýčeský národ*, Praha: Slon, 2010.

13. Milan Ivanka, *Slováci a Madari*, Bratislava: Eko-konzult, 2006.

14. Marie L. Neudorflová, *Češi a Němci v pojetí a politice T. G. Masaryka*, Praha: Masarykův ústav AV ČR, 2004.

15. Miroslav Hroch, *Pohledy na národ a nacionalismus*, Praha: Slon, 2004.

16. Miroslav Hroch, *Národy nejsou dílem náhody*, Praha: Slon, 2009.

17. Miroslav Hroch, *Evropská národní hnutí v 19. století*, Praha: Svoboda, 1986.

18. Miroslav Hroch, *V národním zájmu-požadavky a cíle evropských národních hnutí devatenáctého století ve srovnávací perspectivě*, Praha: NLN

(Nakladatelství Lidové noviny), 1999.

19. Petr Prokš, *Konec říše Habsburků*, Praha: ISV nakladatelství, 2004.

20. Petr Prokš, *České země a moderní dějiny Evropy*, Praha: Historický ústav AV, 2010.

21. T. G. Masaryk, *Rusko a Evropa*, Praha: Ústav T. G. Mararyka, 1996.

22. T. G. Masaryk, *Česká Otázka*, Praha: Melantrich, 1969.

23. T. G. Masaryk, Nová Evropa, Praha: Doplněk, 1994.

24. Urban Otto, *Kapitalismus ačeská společnost*, Praha: Lidové noviny, 2003.

25. Vlado Clementis, *Mezi nami a Madarmi*, Bratislava: Eko-konzult, 2010.

26. Václav Havel, *Letní přemítání*, Praha: Odeon, 1991.

27. Zsuzsa Gáspár, *Rakouzsko-uherská monarchie*, Praha: Slovart, 2011.

28. *Masarykův slovník naučnv II, Praha: ? eskoslovenk? kompas, 1926.*

四、英文著作及论文

1. Adrian G. V. Hyde-Price, *The International Politics of East Central Europe*, Manchester: Manchester University Press, 1996.

2. Alan Sked, *The Decline and Fall of the Habsburg Empire*, Addison-Wesley Longman, 1989.

3. Barbara Jelavich, *The Habsburg Empire in European Affairs 1814—1918*, Chicago: Rand Mcnally & Company, 1969.

4. Bruce F. Pauley, *The Habsburg Legacy 1867—1939*, New York: Robert Krieger Publishing Compan, 1977.

5. Bruce Garver, M., "Palacky and Czech Politics After 1876", *East European* (1981: Spring).

6. David J. Smith and Karl Cordell, *Cultural Autonomy in Contemporary Europe*, London: Routledge, 2008.

7. David Turnock, *The Economy of East Central Europe 1815—1989*, London: Routledge, 2006.

8. Daniel Unowsky, *The Pomp and Politics of Patriotism: Imperial Celbration in Habsburg Austria 1848—1916*, West Lafayette: Purdue University Press, 2005.

9. Ephraim Nimni, *National Cultural Autonomy and its Contemporary Critics*, London: Routledge, 2005.

10. F. R. Bridege, *From Saldova to Sarajevo: the Foreign Policy of Austria-Hungary 1866—1914*, London and Boston: Routledge & Kegan Paul, 1972.

11. F. R. Bridege and Roger Bullen, *The Great Powers and the European States System 1814—1914*, Harlow: Pearson Education Limited, 2005.

12. Harold J. Gordan, *The Austrian Empire-Abortive Federation*, Lexington: D. C. Heath and Company, 1974.

13. David Turnock, *The Economy of East Central Europe 1815—1989*, London: Routledge, 2006.

14. Ivan T. Berend and Gyorgy Ranki, *Economic Development in East-Central Europe in the* 19th *and* 20th *Centuries*, New York: Columbia University-Press, 1974.

15. Jan Zielonka, *Europe as Empire-The Nature of the Enlarged European Union*, London: Oxford University Press, 2006.

16. John Coakley, *Nationalism; Ethnicity & the State*, London: Sage, 2012.

17. Karl Duetsch, *Nationalism and Social Communication*, New York and London: Technology Press of Massachusetts Institute of Technology, 1953.

18. Keith Hitchins, *A Nation Discovered: Romanian Intellectuals in Transylvania and the Idea of Nation 1700—1848*, Bucarest: Encyclopaedic Publishing House.

19. Malcolm Andewrson, *The Frontiers of the European Union*, New York: Palgrave, 2001.

20. Maria Bucur and Nancy M. Wingfield, *Staging the Past-The Politics of*

Commemoration in Habsburg Central Europe 1848 *to the Present*, West Lafayette: Purdue University Press, 2001.

21. Mark Corwell, *The Last Years of Austria-Hungary*, Exeter: University of Exeter Press, 1990.

22. Maxwell, Alexande, *The Impact of Miroslav Hroch on Nationalism Studies Twenty-five Years of A-B-C*, London: Routledge, 2011.

23. Marius Turda, *The Idea of National Superiority in Central Europe 1880—1918*, Lampeter: The Edwin Mellen Press, 2004.

24. Miroslav Hroch, *Comparative Studies in Modern Europe History*, Hampshire: Ashgate, 2007.

25. Miorslav Hroch, *Social Preconditions of National Revival in Europe*, London: Cambridge University Press, 1985.

26. Monika Baar, *Historians and Nationalism: East-Central Europe in the* *19th Century*, London: Oxford University Press, 2010.

27. Oscar Jászi, *The Dissolution of the Habsburg Monarchy*, Chicago: The University of Chicago Press, 1961.

28. Paul Brass, *Ethnic Groups and the State*, London & Sydney: Croom Helm, 1985.

29. Paula S. Fichtner, *Historical Dictionary of Austria*, Maryland: Scarecrow Press, 2009.

30. Paula S. Fichtner, *The Habsburg Empire: From Dynasticism to Multinationalism*, Florida: Malabar Krieger, 1997.

31. Peter F. Sugar, *East European Nationalism, Politics and Religion*, Hampshire: Ashgate, 1999.

32. Piotr S. Wandycz, *The Lands of Partitioned Poland 1795—1918*, Seattle and Londun: University of Washington Press, 1974.

33. Robert A. Kann, *The Multinational Empire: Nationalism and National Reform in the Hansburg Monarchy 1848—1918*, Columbia University

Press, 1950.

34. Robert A. Kann, *The Habsburg Empire: a Study in Integration and-Disintegration*, New York: Frederick a. Praeger, 1957.

35. Robert A. Kann, *The Habsburg Empire In World War I*, New York: East European Quarterly, 1977.

36. Robert A. Kann, *The Peoples of the Eastern Babsburg Lands 1526—1918*, Washington: University of Washington Press, 1984.

37. Stanley B. Winters, *Masaryk 1850—1937: Thinker and Politician*, New York: St. Martin's Press, 1989.

38. Richard Coudenhove-Kalergi, *Crusade for Pan-Europe*, New York: Putman, 1943.

39. Rene Wellek, *The Meaning of Czech History by T. G. Masaryk*, The University of North Carolina Press, NC, 1974.

40. Raymond Pearson, *National Minorities in Eastern Europe 1848—1945*, London: Macmillan Press Ltd., 1983.

41. Ray Taras, *National Identities and Ethnic Minorities in Rastern Europe*, London: Macmillan Press Ltd., 1998.

42. Stanislav Kirschbaun, *Central European History and the European Union*, Hanpshire: Palgrave Macmillan, 2007.

43. Stanislav Kirschbaun, *A History of Slovakia-The Struggle for Survival*, Hanpshire: Palgrave Macmillan, 2005.

44. Stanley Winters and Joseph Held, *Intellectual and Social Developments in the Habsburg Empire From Maria Theresa to World War I*, New York: East European Quarterly, 1975.

45. T. G. Masaryk, *The Making of a State: Memories and Observations 1914—1918*, London: Geoge Allen & Unwin Ltd., 1927.

46. T. G. Masaryk, *Czech and Slavs: The Time of Kollar and Jungmann*, *The Meaning of Czech History* by Tomas G. Masaryk, Edited by Rene Wellek,

University of North Carolina Press, 1974.

47. Huge Seton-watson, *The Sick Heart of Modern Europe*, Seattle and London: University of Washington Press, 1975.

48. Clifford F. Wargelin, The Austria-Polish Solution: Diplomacy, Polytics and State Building in Wartime 1914—1918, *East European Quarterly*, XLII, No. 3, September 2008.

49. Dominic Lieven, Dilemmas of Empire 1850—1918: Power, Territory Identity, *Journal of Contemporary History*, Vol. 34, No. 2 (Apr. , 1999).

50. Ernst Brucmuller, Was There a "Habsburg Society" in Austria-Hungary? *Austrian History Yearbook* 37 (2006).

51. František Palacky, Letter Sent by František Palacky to FrankfurtAuthor, *Slavonic and East European Review*, Vol. 26, No. 67 (Apr. 1948).

52. František Palacky, Manifesto of the First Slavonic Congress to the Nations of Europe, *Slavonic and East European Review*, Vol. 26, No. 67 (Apr. , 1948).

53. Frederick Hertz, The Destruction of Austria-Hungary, *Contemporary Review*, Dec. 1962.

54. Hilde Weiss, A Cross-National Comparison of Nationalism in Austria, the Czech and Slovac Republics, Hungary, and Poland, *Political Psychology*, Vol. 24, No. 2, Jun. , 2003).

55. Jacques Rupnik, Central Europe or Mitteleuropa, *Deadalus*, Vol. 119, No. 1, 1990.

56. Josette Baer, The Conception of Europe in the Political Thought of T. G. Masaryk and Vaclav Havel, *Stuides in East European Thought*, Vol. 52, No. 3 (Sep. 2000).

57. J. Hagen, Redrawing the imagined map of Europe: the rise and fall of the center Europe, *Political Geography*, 22 (2003).

58. J. W. Long, T. G. Masaryk and the Strategy of Czechoslovak Independ-

ence: An Interview in Russia on 27 June 1917, *Slavonic and East European Review* (Jan. 1978).

59. János Mazsu, The Social History of the Hungarian Intelligentsia 1825—1914, *Slavonic and East European Review*, Vol. 78, No. 2 (Apr., 2000).

60. Karl A. Sinnhuber, Central Europe-Mitteleuropa-Europe Centrale: A analysis of a geographical term, *Transanctions and Papers*, No. 20 (1954).

61. Katherine Verdery, Internal Colonialism in Austria-Hungary, *Ethnic and Racial Studies*, Vol. 2, No. 3, July 1979.

62. K. M. Ensen, Humanity: The Political and Social Philosophy of Thomas G. Masaryk, trans. Peter Staples, *Journal of the History of Philosophy*, 16: 2 (Apr. 1978).

63. Keith Hitchins (ed.), The Nationality Problem in Austria-Hungary-The Reports of Alexander Vaida to Archduke Franz Ferdinand's Chancellery, *Studies in East European History*, Vol. XVIII. Leiden: E. J. Brill, 1974.

64. Keith Hitchins, *A Nation Discovered: Romanian Intellectuals in Transylvania and the Idea of Nation, 1700—1848*, Bucharest: The Encyclopaedic Publishing House, 1999.

65. L. Evans, Economic Aspects of Dualism in Austria-Hungary, *Slavonic and East European Review*, Vol. 6, No. 18 (Mar., 1928).

66. Milan Kundera, *The Tragedy of Central Europe*, The New York Review of Books, Apr. 26, 1984.

67. Miroslav Hroch, Learing From Small Nations, *New Left Review*, 58 July/Aug. 2009.

68. MIiroslav Hroch, From ethnic group toward the modern nation: the Czech case. *Nations and Nationalism* 10 (1/2), 2004.

69. Nandor Dreisziger, Oscar Jazsi: Prophet and Danubian Federalist, *Hungarian Quarterly*, Spring 2006.

70. Orton Lawrence, Palacky at the Slav Congress of 1848, East Europe-

an (1981: Spring).

71. Oscar Jászi, Some Recent Publications Concerning the Dissolution of the Habsburg Monarchy, *Journal of Modern History*, Vol. 2, No. 1 (Mar., 1930).

72. Palecek Antonin, The Good Genius of Czechoslovak Democracy: Masaryk and Beneš?, or Švehla?", *East European Quarterly*, 1979: Summer, Vol. XIII.

73. Plaschka, Richard Georg, The Political Significance of Frantisek Palacky, *Journal of Contemporary History* (July 1973).

74. Robert A. Kann, German-Speaking Jewry During Austria-Hungary Constitutional Era (1867—1918), *Jewish Social Studies*, Vol. 10, No. 4, 1948.

75. R. W. Seton-Watson, Expresident Masaryk, *Spectator*, September 17, 1937.

76. R. Szporluk, Masaryk's Idea of Democracy, *Slavonic and East European Review*, Dec. 1962.

77. Romsics, Gergely, Myth and Remembrance: The Dissolution of the Habsburg Empire in the Memoir Literature of the Austro-Hungarian Political Elite, *Austrian History Yearbook*, 39 (2008).

78. Robert Kann, Hungarian Jewry: During Austria-Hungary's Constitutional Period 1867—1918, *Jewish Social Studies*, 7 (1945).

79. Robin Okey, Central Europe / Eastern Europe: Behind the Definitions, *Past & Present*, No. 137, Nov., 1992.

80. R. W Seton-Watson, Austria-Hungary and the Federal Solution, *Contemporary Review*, 113 (1918: Jan./June).

81. Stephen Borsody, The New Central Europe: Triumphs and Tragedies, *Perspectives on Political Science*, 23: 3 (1994: Summer).

82. Scott M. Eddie, The Terms of Trade as a Tax on Agriculture: Hungary's Trade with Austria 1883—1913, *Journal of Economic History*,

Vol. 32, No. 1.

83. T. G.. Ash, Does Central Europe Exist?, *The New York Review of Books*, Oct. 9, 1986.

84. T. G. Ash, Central Europe or Mitteleuropa?, *Daedalus*, Vol. 119, No. 1, (Winter, 1990).

85. Robert Kann, German-Speaking Jewry During Austria-Hungary's Constitutional Era (1867—1918), *Jewish Social Studies*, 10 (1948).

86. Solomon Wank, The Grouth of Nationalism in the Habsburg Monarchy 1848—1918, *East Central Europe*, 10, 1983.

87. R. N. Berki, The Realism of Moralism-The Political Philosophy of Istvan Bibo, *History of Political Thought*, Vol. XIII, No. 3, Autumn 1992.

88. Vάclav Havel, The Nationalities Question in the Habsburg Monarchy: Reflections on the Historical Record, April 1993 Working Paper 93 – 3.

89. Vάclav Havel, A Call for Sacrifice: The Co-Resposibility of the West, *Foreign Affairs*, Vol. 73, No. 2, March/April 1994.

90. Wiskemann Elizabeth, Thomas Masaryk's legacy, *Spectator*, (1968: Oct. 25).

91. Wiskemann Elizabeth, Masaryk and Czechoslovakia, *History Today*, 18: 12 (1968: Dec.).

五、网站

1. www. klaus. cz/projevy-a-vystoupeni/, 1998. 10. 14.

2. www. klaus. cz/projevy-a-vystoupeni/, 1997. 06. 26.

3. www. bohumildolezal. lidovky. cz/cz/cz2002. html.

4. www. lipa. cz/dco/19/strevr. doc.

5. www. clovek. ff. cuni. cz.

6. www. jstor. org/stable/621131.

后记

本书是在我博士论文的基础上修改而成的。这是我第一次对奥匈帝国的民族及民族关系问题进行系统和深入的研究。作为民族万花筒的哈布斯堡王朝是多瑙河流域典型的大陆性帝国，民族与文化的多元性是帝国最突出的社会结构特点。帝国给后人留下了丰富多彩的历史记忆，人们耳熟能详的可能首先是帝国时期出现的一批杰出的音乐家和艺术家，《蓝色多瑙河舞曲》《匈牙利狂想曲》《新大陆交响曲》等都已成为人类共同的文化遗产。巴托克曾说，正是多元民族文化的相互渗透与融合造就了中欧音乐的伟大成就。

因工作原因，我曾去过很多中东欧国家，在很多地方参观古迹时，都能体会到其历史发展中多元文化融合的突出特点，但那时对中东欧历史和民族关系并没有系统的了解和研究，多是从口头讲解或书面介绍材料中获得一些不够连贯的中东欧历史王国和贵族人物关系知识，因此也就难以体会到这一地区历史发展的曲折和独特性。很多次在参观布拉格附近的费迪南王储猎场城堡的时候，捷克导游总是会详细介绍城堡中茜茜公主画像的故事以及相关的欧洲家族历史，从中能感觉到这些家族间头绪纷繁的关系特点。此外，接触到的很多人也是有着日耳曼、斯拉夫、马札尔甚至穆斯林的混合血统。尽管那时对帝国历史细节的了解不足，但当时心中总是有种想法，能不能把这一地区的民族和民族关系搞清楚？后来翻阅了不少书籍后发现国内学界对于帝国民族与民族关系的研究寥寥无几，与此相反，欧美学界、特别是中东欧国家学者对此问题的研究系统而深入。该书写作的初衷可能源于此。

我的理论基础并不扎实，书稿写作过程中参阅了大量中外文资料，所以写作的过程也是自己不断学习和探索的过程，特别是在看到有意义或者有说服力的文献细节时总会感觉到文献阅读带来的乐趣。当然，在最初文献搜集阅读和线条梳理的过程中多数时候是比较艰难的，最终接近完成写作的时候，心里多少有些欣慰，因为从最初对帝国民族关系没有多少头绪到有了一些较系统深入的了解，并在区域和社会关系的层面上构建了帝国民族及民族关系治理的纵横框架，由此逐步形成了对帝国民族关系治理动态化、立体化的认知空间，这对于我长期以来所从事的中东欧研究来讲又打下了更坚实的史学基础。鉴往知来，民族与文化多元既是多瑙河地区的历史内生性特点，也是决定中东欧历史轨迹变化的重要因素。

需要承认，最初写这个课题的时候，自己心里也没有底。值得庆幸的是，在写作过程中我得到了潘兴明导师的悉心指导，这不仅提高了我对学术的认识，也拓宽了写作思路，从选题到谋局布篇，以至遣词造句，都耗费着导师的辛劳，与导师的每一次交流都能使我对一些问题有新的思考和认识，他严谨的治学精神是我学习的榜样。在写作过程中，还得到了其他前辈和同行的帮助，如冯绍雷老师、汪诗明老师、刘军老师等，从他们身上获得的收益非只言片语所能表达。同时感谢李括、孙超等人校对书稿。捷克友人 Alexej Zájic、David Weber 帮助购买和复印了很多外文图书，德国莱比锡大学 Alina Osiac 女士也帮助提供了很多资料，感谢他们为此付出的时间和精力。时事出版社谢琳女士对书稿进行了精心的编辑与校对，她对书稿中诸多错误的纠正使得书稿的文字表述更加清晰流畅。尤其要感谢家人对我的支持，爱人徐妙勤在忙于工作和家务的同时，又经常帮我复印资料，其中辛苦自不待言。写作过程中，常常和儿子在一个书房，有时他认真写作业的样子也会鼓励我。

欧洲民族和民族问题的学术研究博大精深，国内学界对帝国民族关系的研究相对较少。学无止境，本书只是做了有一些探索的开端性研究，自己学术水平和知识文献积累的限制都会使书中有不少舛误疏漏之处，仅望它能够有助于开拓和启发读者的视野与思路，同时也起到抛砖引玉的作用。具体到本书，如果能把 19 世纪欧洲民族运动与资产阶级民主主义以及社会主义政治思潮与实践更多地结合起来的话，其理论层次无疑会获得新的提升；同时，帝国以维护统一为目标的周边治理也还有很大的研究空间，值得进一步深入挖掘。所以今后仍需潜心研读，不敢懈怠，争取把历史与现实、理论与实践更紧密地结合起来。

2012 年中国中东欧国家合作机制建立以来，中国中东欧国家间的经贸文化交往日益密切，特别是波兰、捷克、斯洛伐克和匈牙利等国成为越来越多的中国商旅及文化团组青睐的热点地区。中国和中东欧国家间有着传统友谊，又都是多年来欧亚大陆中经济增长较快的转型或后转型经济体。优越的投资环境和地缘经济优势使得中东欧地区已成为“一带一路”的重要区域性支点，那里富有特色的旅游资源也为中国商旅之士打开了了解新欧洲的窗口。如果该书有助于读者更深地去体会多瑙河边维谢赫拉德城堡的斑驳墙壁或者布拉格老城里幽幽碎石子路透出的历史积淀感，或会使读者对帝国的民族万花筒多些了解的话，作者也会略感欣慰。此后记。

图书在版编目（CIP）数据

奥匈帝国民族治理研究/高晓川著．—北京：时事出版社，2017.4

ISBN 978-7-5195-0086-3

Ⅰ.①奥…　Ⅱ.①高…　Ⅲ.①奥匈帝国—民族关系—研究
Ⅳ.①D754.362

中国版本图书馆CIP数据核字（2017）第030796号

出版发行：时事出版社
地　　址：北京市海淀区万寿寺甲2号
邮　　编：100081
发行热线：（010）88547590　88547591
读者服务部：（010）88547595
传　　真：（010）88547592
电子邮箱：shishichubanshe@sina.com
网　　址：www.shishishe.com
印　　刷：北京市昌平百善印刷厂

开本：787×1092　1/16　印张：15　字数：220千字
2017年4月第1版　2017年4月第1次印刷
定价：98.00元
（如有印装质量问题，请与本社发行部联系调换）